【제2판】

사회복지실천론

이승연 · 탁순자 · 현영렬

KNOWLEDGE COMMUNITY 공동체

머리말

사회복지실천은 인간의 삶의 질 향상이라는 목적 달성을 위하여 개인, 가족, 집단, 지역사회를 대상으로 각자의 문제와 욕구를 스스로 해결할 수 있도록 하는 개인의 역량 강화에서부터 지역사회나 전체사회의 향상과 변화를 위해 노력하는 전문적인 활동이다. 최근 우리사회는 4차 산업시대, 저출산, 가족기능 변화, 고령사회 등 급격한 변화를 맞게 되었다. 이러한 급격한 사회의 변화로 여러 가지 사회문제와 더불어 사회복지에 대한 다양한 욕구가 증가하게 되었다. 즉, 사회복지 전문가들은 국민들의 다양한 사회복지 요구에 부응해야 하는 시대적 요구에 직면하게 된 셈이다. 따라서 사회복지사들에게도 실천의 기반이 되는 전문적이고 실천적인 지식이 요구되고 있다.

사회복지실천론은 이러한 요구들을 반영하여 사회복지실천의 개념과 가치, 윤리 등을 정립하고, 사회복지전문직과 사회복지사 자기 자신에 대한 이해를 비롯하여 사회와 현장에 대한 이해, 도움을 필요로 하는 사람들에 대한 이해, 그리고 이러한 사람들에 대하여 다양한 관점을 기반으로 한 통합적 접근을 통해 전문적인 서비스를 제공하는 데 필요한 사회복지사들의 이론서라고 할 수 있다. 따라서 사회복지실천론은 사회복지사들의 역량을 갖추기 위한 교육에 기반하여 교과목의 목표와 내용을 구성해야 할 필요가 있다.

이러한 관점에서 본 교재의 공동저자들은 사회복지실천 현장에서 요구하는 유능한 사회복지사의 역량에 대하여 논의하고 합의하여 교재의 목차를 정하여 총 14장으로 구성하였다. 제1장은 사회복지실천에 대한 전반적인 이해를 도모하기 위하여 사회복지실천의 정의, 범위와 구성요소, 목적과 기능에 대하여 살펴보았다. 제2장은 사회복지실천의 가치와 윤리, 제3장은 사회복지실천의 역사적 발달과정을 살펴봄으로써 사회복지전문직으로서의 이해의 폭을 넓이고자 하였다. 제4장은 사회복지사가 전문가로서의 역량을 발휘하면서 활동하게 되는 다양한 사회복지실천 현장을 분야별로 소개하면서 아동복지 현장, 청소년복지 현장, 노인복지 현장, 장애인복지 현장, 여성복지 및 가족복지 현장 등에 속하는 사회복지기관 및 시설들에 대해 세부적으로 다루었다. 제5장은 사회복지사가 사회복지실천의 전문가로서 활동하는 데 있어서 실천 활동을 뒷받침할 수 있는 사회복지실천의 전문적 기반에 대하여 지식적 기반과 이론적 기반으로 분류하여 파악하였다. 제6장은 사회복지사가 개인, 집단, 지역사회에서 제기되는 사회문제에 활용할 수 있는 사회복지실천의 관점인 통합적 접근을 제시하면서 통합적 접근의 주요 관점, 통합적 접근의 이론적 기반, 통합적 방법론의 모델을 소개하였다. 제7장은 사회복지실천의 대상들이 경험하는 다양한 문제와 상황들을 제시하였으며, 이러한 문제들을 해결하는 과정은 제12장 사회복지실천 과정 - 개입단계에서 다루었다. 제8장에서는 사회복지사가 클라이언트의 문제를 파악하고 원조 · 개입하는 데 있어 가장 기본적인 의사소통 방식이며 실천을 위한 정보수집의 도구인 면접의 방법과 기술을 파악하였다. 제9장은 사회복지실천에서 관계형성의 이해를 위한 관계형성의 중요성, 관계형성의 구성요소, 관계형성의 장애요인 등을 살펴보았다. 제10장에서 제13장까지는 사회복지실천 과정으로서 각 단계를 접수, 자료수집 및 사정단계와 목표설정 및 계약단계, 개입단계, 그리고 평가 및 종결단계로 구분하여 각 단계별 사회복지사가 현장에서 직접적으로 적용할 수 있는 실제적인 내용을 다루었다. 마지막으로 제14장은 사회복지사의 중요한 도구이자 사회복지실천의 한 방법인 사례관리를 다루면서 사례관리의 등장배경 및 이론적 배경, 사례관리의 개념 및 목적, 사례관리의 개입원칙 및 과정, 사회복지실천으로서의 사례관리에 대하여 살펴보았다.

본 교재를 집필하는 과정에서 3명의 공동저자들은 각자 전문성을 바탕으로 각 장별 분담을 하였고, 수차례 모임을 갖고 서로의 집필내용을 교환, 검토, 수정하는 등 좋은 내용의 교재를 만들려고 노력하였다. 그러나 이러한 정성과 노력에도 불구하고 내용의 편협함과 미비점이나 오류도 많을 것으로 생각되며, 이러한 부족한 부분은 앞으로 계속 수정 · 보완하고자 한다. 끝으로 집필진들의 바쁜 일정으로 인하여 많은 어려움이 있었지만 끝까지 지지와 독려를 아끼지 않으신 도서출판 공동체 가족 여러분들께 감사함을 전하고 싶다.

2023년 3월

서정대학 서정관에서 공동저자 일동

CONTENTS

■ 머리말 / 3

CHAPTER 01 사회복지실천의 개관

1. 사회복지실천의 정의와 사회복지와의 관계 ···································· 11
2. 사회복지실천의 범위와 구성요소 ···································· 19
3. 사회복지실천의 목적과 기능 ···································· 22

CHAPTER 02 사회복지실천의 가치와 윤리

1. 가치의 이해 ···································· 29
2. 사회복지 전문직의 윤리강령 ···································· 36
3. 사회복지실천 현장의 가치갈등 ···································· 38

CHAPTER 03 사회복지실천의 역사적 발달과정

1. 서구 사회복지실천의 역사적 발달과정 ···································· 51
2. 한국 사회복지실천의 역사적 발달과정 ···································· 63

CHAPTER 04 사회복지실천 현장에 대한 이해

1. 사회복지실천의 현장 ···································· 73
2. 사회복지사의 활동 ···································· 88

CHAPTER 05 사회복지실천의 전문적 기반

1. 사회복지실천의 지식기반 ···································· 95
2. 사회복지실천의 이론적 기반 ···································· 103

차 례

CHAPTER 06 사회복지실천의 관점 – 통합적 접근

1. 전통적 방법의 한계와 통합적 접근의 등장배경 ······ 119
2. 통합적 방법의 개념과 특징 ······ 120
3. 통합적 접근의 주요 관점 ······ 122
4. 통합적 접근의 이론적 기반 ······ 126
5. 통합적 접근의 모델 ······ 136
6. 사회복지실천에 있어서 통합적 접근의 의의 ······ 145

CHAPTER 07 사회복지실천 대상과 문제

1. 개인체계와 문제 ······ 151
2. 가족체계와 문제 ······ 155
3. 집단체계와 문제 ······ 159
4. 지역사회체계와 문제 ······ 164

CHAPTER 08 면접의 방법과 기술

1. 면접의 개념 및 목적 ······ 173
2. 효과적인 면접의 구성요소 ······ 177
3. 면접기록 ······ 184

CHAPTER 09 관계형성에 대한 이해

1. 관계형성의 중요성 ······ 193
2. 원조관계 형성의 구성요소 ······ 197
3. 관계형성의 장애요인 ······ 205

CONTENTS

CHAPTER 10 사회복지실천 과정 – 접수, 자료수집 및 사정

1. 접수(Intake) 및 참여유도 ······ 215
2. 자료수집 ······ 222
3. 문제사정 ······ 225

CHAPTER 11 사회복지실천 과정 – 목표설정 및 계약

1. 목표설정 ······ 241
2. 계 약 ······ 245

CHAPTER 12 사회복지실천 과정 – 개입

1. 개인수준의 개입 ······ 251
2. 가족수준의 개입 : 가족치료 ······ 260
3. 집단수준의 개입 ······ 277
4. 지역사회수준의 개입 ······ 284

CHAPTER 13 사회복지실천 과정 – 평가 및 종결

1. 평 가 ······ 293
2. 종 결 ······ 299

CHAPTER 14 사례관리

1. 사례관리의 등장배경 및 이론적 배경 ······ 315
2. 사례관리의 개념 및 목적 ······ 318
3. 사례관리의 개입원칙 및 과정 ······ 324
4. 사회복지실천과 사례관리 ······ 331

■ 부록 / 339
■ 참고문헌 / 349

01

CHAPTER

사회복지실천의 개관

1. 사회복지실천의 정의와 사회복지와의 관계
2. 사회복지실천의 범위와 구성요소
3. 사회복지실천의 목적과 기능

■ 개요

이 장에서는 사회복지실천에 대한 정의와 사회복지실천에 영향을 미치는 사회복지실천의 특성, 목적, 구성요소 등의 영역으로 구성하였다. 이에 사회복지실천이 무엇인지 구체적인 정의를 파악하면서 사회복지와의 관계를 이해하고, 사회복지실천에 영향을 미치는 범위, 구성요소, 특성, 목적 등에 대해 살펴보고자 한다.

■ 학습목표

- 사회복지실천의 정의를 이해한다.
- 사회복지실천과 사회복지의 관계를 분석한다.
- 사회복지실천의 특징, 범위, 구성요소, 목적 등에 대해 이해한다.

01
CHAPTER

사회복지실천의 개관

1. 사회복지실천의 정의와 사회복지와의 관계

1) 사회복지실천의 유사개념

사회복지실천이라는 용어는 1970년 Carol Meyer(1970)에 의해 처음으로 사용되었지만 이에 대한 최초의 정의는 1917년 『사회진단(Social Diagnosis)』에서 Richmond(1917)의 개별사회사업의 정의를 들 수 있다. Meyer가 사회복지실천이라는 용어를 사용하기 이전에는 개별사회사업(social case work), 임상 사회사업(clinical social work), 사회사업(social work) 등 다양한 용어들이 사용되어 오늘날에도 이러한 용어들과 사회복지실천이 함께 혼용되어 사용되는 경우가 종종 있다. 이에 사회복지실천에 대한 정의에 앞서 사회복지실천과 함께 혼용되어 사용하고 있는 유사한 개념들부터 살펴봄으로써 사회복지실천에 대한 이해를 높이고자 한다.

(1) 사회복지

사회복지에 대하여 Richmond(1917)는 개인의 변화와 동시에 사회의 개선을 달성하기 위해서 다른 사람들과 협력하여 일하는 기술이라고 하였고, Friendlander와 Apte(1980)는 사회복지란 국민복지에 기본적인 것으로 인정된 사회적 욕구를 충족시키며, 사회질서의 회복을 위하여 제반 급부를 확보하거나 강화시키는 법률, 프로그램, 급여 및 서비스체계라고 하였다. Boehm(1958)은 사회복지는 개인이 단독적으로나 집단 안에서 그의 사회적 기능을 강화시켜 주기 위한 하나의 모색이며, 사회적 기능의 강화는 인간과 그의 주변을 둘러싸고 있는 환경과의 상호작용으로 이루어지는 상호관계에 초점을 두는 활동으로 병든 개인의 능력을 복귀시키는 기능, 개인이 요구하는 사회자원을 보충시켜 주는 기능 그리고 역기능 현상을 예방하는 기능이라고 하였다(조미숙 외, 2021).

이상과 같이 제시한 사회복지의 개념에 대한 학자들의 정의를 종합해 보면, 사회복지란 사회구성원들이 가지고 있는 심리적, 사회적, 경제적인 문제와 욕구를 해결하고, 이들의 잠재능력과 사회적 기능을 향상시켜 행복하고 만족스러운 삶을 영위하도록 도와주는 사회적 서비스와 기관들의 조직화된 체계이며 제도라고 할 수 있다.

(2) 사회사업(social work) 및 개별사회사업(social casework)

먼저 사회사업에 대한 개념을 살펴보면, 미국사회사업교육협회(CSWE : Council on Social Work Education, 1992)에서의 정의를 들 수 있는데 사회사업은 인간과 환경 간의 상호작용을 이루는 사회적 관계에 초점을 두는 활동을 통하여 개인의 사회적 기능을 향상시키기 위함이라고 정의를 내리는 한편 사회사업기능으로는 손상된 능력의 회복, 개인적 · 사회적 자원의 제공, 사회적 기능 장애의 예방에 중점을 두고 있다.

Friedlander(1955)에 의하면 사회사업은 개인으로 하여금 개인을 집단의 구성원으로서 사회적이며 인간적인 만족과 독립을 성취할 수 있도록 원조하고, 인간관계에 대한 과학적 지식과 숙련된 기술을 기초로 하는 전문적 활동이라고 하였다(한국전문대학사회복지교육협의회, 2005).

개별사회사업에 대하여 개별사회사업의 창시자라고 불리는 Richmond(1922)는 그의 저서 『What is Social Case Work?』에서 "개별사회사업이란 개인과 사회 환경 간의 개별적이고 의식적인 조정을 통하여 개인의 인격적인 발달을 도모하는 제반 과정이다"라고 정의를 내리면서 인간의 인격발달의 측면을 강조하였다.

Perlman(1957)은 "개별사회사업이란 사람들이 사회적 기능을 수행함에 있어서 그들의 문제를 보다 효과적으로 처리해 나가도록 돕는 사회복지기관에서 사용되는 한 과정"이라고 하였다.

이상과 같이 여러 학자들의 견해를 종합해 보면, 사회사업이란 개인, 집단, 가족, 지역사회 수준에서 사회적으로 인간관계상의 기능 수행에 문제를 겪고 있는 사람들이 문제를 해결하거나 예방하도록 돕는 전문적인 활동이라고 정의할 수 있다.

여기에서 굳이 사회사업과 개별사회사업을 구분하자면 사회사업은 대상을 개인, 집단, 지역사회 등 넓은 범위라고 한다면 개별사회사업은 개인을 대상으로 그의 가족, 환경 등을 대상으로 펼치는 전문적인 활동이라고 할 수 있다.

(3) 임상사회사업(clinical social work)

미국사회복지사협회(NASW : National Association of Social Workers)가 사회변화에 관심을 가지고 있던 사회복지실천 지지자들을 중심으로 1971년에 임상사회사업연맹을 구성하였다. 그리고 1984년에 "임상사회사업은 개인, 가족 및 소집단의 심리사회적 기능을 유지하고 강화하려는 목적을 모든 사회복지실천과 공유하며, 정서 및 정신 장애를 포함하여 심리사회적 역기능, 장애, 손상의 치료와 예방을 위해 사회사업 이론 및 방법을 전문적으로 적용하는 것"이라고 임상사회사업에 대하여 정의를 내렸다(임상사회사업연구회, 1999).

이를 종합해 보면, 임상사회사업은 개인, 가족, 소집단들의 사회 심리적 기능수행능력을 향상시키고 유지시키는 모든 사회사업의 목적을 공유하며, 대인관계적 상호작용, 정신내적인 역동성 등을 지향하는 개입이라고 할 수 있다.

(4) 사회복지와 사회사업 비교

앞의 유사개념에서 살펴볼 때, 사회사업은 사회복지실천과 같은 개념으로 이해할 수 있다. 그러면 사회복지와 사회사업의 개념을 비교할 때 그 차이점은 다음 〈표 1-1〉과 같다(한국전문대학사회복지교육협의회, 2005).

〈표 1-1〉 사회복지와 사회사업 비교

구분	사회복지	사회사업
어의	• 제도나 정책의 개념 중시 • 이상적 측면 강조	• 사회복지 운영의 실질적 전문적 활동 • 실천적 측면 강조
목적	• 사회정책, 제도적 체계 • 바람직한 사회, 예방 목적	• 전문적 기술 체계치료에 목적 • 바람직한 인간, 치료 목적
대상	• 일반적, 전체적, 보편적, 비특정적	• 개별적, 부분적, 선별적, 특정적
기능	• 사회제도, 정책을 통해 인간의 삶의 질 향상 (제도, 정책－거시적)	• 인간의 적응 면을 향상 (지식과 기술－미시적)
실천	• 고정적(제도, 법이 바뀌지 않는 한)	• 역동적(개인의 차이에 따라)
성격	• 예방적, 사전적, 적극적, 일반적	• 치료적, 사후적, 소극적, 선별적

이를 종합하면, 사회복지는 국민의 복지를 위한 일련의 목표와 제도인 반면 사회사업은 지식과 가치, 그리고 기술을 포함하는 전문직으로 간주되고 있음을 알 수 있다.

2) 사회복지실천의 정의

사회복지실천에 대한 정의는 Richmond의 정의를 들 수 있다. 그는 자신의 저서 『사회진단(Social Diagnosis, 1917)』에서 개인 대 개인, 그리고 사람과 그 환경 사이에서 의식적인 조정을 통해 개인이 인격발달을 이루어 가는 여러 가지 과정이라고 정의하였다. 그러나 사회복지실천이 무엇인지 한마디로 정의하기에는 한계가 있다. 그 이유는 시대의 흐름에 따라, 또는 대상, 방법, 범위, 상황에 따라 조금씩 다르게 정의할 수 있기 때문이다. 그 다양한 정의를 살펴보면 다음과 같다.

(1) 학자들의 시대별 정의

① Marcus(1938)에 따르면 사회복지실천은 클라이언트로 하여금 현실에서 당면하고 있는 특별한 문제를 적극적으로 책임 있게 감당할 수 있도록 그의 능력을 최대한 발휘할 수 있도록 도와주는 일이다(조미숙 외, 2021).

② Towle(1947)에 따르면 인간의 충족되지 않은 요구와 필요의 범위 내에서 어떤 특정적인 서비스가 이루어짐으로써 그의 필요가 충족되게 해주는 하나의 방법이다(조미숙 외, 2021).

③ Pincus와 Minahan(1973)에 따르면 사람들이 생활과업을 수행하고 가치를 실현시키기 위하여 사람들의 능력에 영향을 미치는 환경과 그 사람 사이의 상호작용에 관여하는 것이다.

④ 최해경(2009)은 사회복지실천을 상담, 서비스 제공, 자원계발 및 연계 등 사회복지사의 전문적 활동으로 개인, 집단, 가족, 지역사회의 문제해결과 변화를 돕는 직접실천과 간접적 실천을 포괄하는 종합적인 전문활동으로 정의하였다.

⑤ 임은희(2010)는 사회복지실천이란 개인의 사회적 기능 향상과 사회 정의를 위해 사회사업의 전통적인 방법론인 개별사회사업, 집단사회사업, 지역사회조직의 3대 방법론을 모두 포함한 통합적인 실천방법이라고 하여 방법론을 강조하였다.

(2) 미국사회복지사협회(NASW) 및 미국사회복지교육협의회(CSWE)의 정의

사회복지실천에 대한 미국사회복지사협회의 정의(윤찬중, 2005)와 미국사회복지교육협의회(한국전문대학사회복지교육협의회, 2005)에서는 다음과 같이 정의하고 있다.

① 인간과 사회 환경 간의 생태체계적인 관점에 기초하여 개인, 집단, 가족이 자신들의 문제 해결 능력과 대처능력을 향상시키는 것이다.

② 인간이 필요로 하는 사회자원, 서비스, 기회 등의 환경체계가 원활하게 상호작용할 수 있도록 도와주는 것이다.

③ 자원과 서비스를 제공하는 다양한 사회복지기관이나 조직이 클라이언트에게 보다 좋은 서비스를 제공할 수 있도록 효과적이고 효율적인 운영을 추구하는 것이다.

④ 새로운 사회정책의 개발과 향상을 목적으로 하는 실천 활동이다.
⑤ 인간과 사회 환경의 부조화로 인해 나타나는 개인이나 집단의 문제를 해결하거나 최소화하며 이러한 문제를 미리 예방하여 개인, 집단, 지역사회의 잠재력을 최대화하는 것을 목적으로 하는 원조활동이다.
⑥ 사회복지실천은 인간의 삶의 질을 향상시키고 빈곤과 억압을 감소시키기 위해 공적인 영역과 사적인 영역에서 권한을 위임받아 다양한 분야에서 사회복지서비스를 제공하는 것이다.

이상에서 살펴보듯이 사회복지실천에 대한 정의는 시대의 흐름과 환경의 변화와 함께 매우 다양하게 변화되어 왔다는 것을 알 수 있다. 종합하면, 사회복지실천(social work practice)은 인간의 삶의 질 향상을 위하여 개인의 욕구를 스스로 해결하고, 행동변화 및 기능강화를 지원하기 위하여 개인, 가족, 집단, 지역사회를 대상으로 개입하는 종합적이고 체계적인 통합적 접근방법의 전문적 활동이라고 할 수 있다.

우리나라에서는 사회복지실천이 서비스 대상, 실천 방법 및 범위에 따라 개별사회사업, 집단사회사업, 지역사회조직으로 구분되어 발달되어 왔다. 1970년대 이후 사회복지에 있어서 이러한 전통적 방법론이 여러 가지 비판을 받으면서 새로운 방법을 모색하게 되었다. 한편 이 시기 체계론적 관점이 사회복지 분야에 도입되면서 통합적 접근 방법이 강조되며 활성화되어 통합실천방법론이 대두되었다(김효선 외, 2022).

1998년 한국사회복지사협회에서 사회복지사업법의 개정과 더불어 2000년부터 사회복지실천이라는 용어를 공식적으로 사용하게 되었다. 2006년 한국사회복지교육협의회에서는 기존의 전통적 사회복지 3대 방법론을 없애고, 사회복지실천론과 사회복지실천기술론으로 통합·구분하여 사회복지실천론은 이론 중심, 사회복지실천기술론은 기술 중심으로 설명하고 있다.

3) 사회복지실천의 특징

앞에서 살펴본 바와 같이 사회복지실천의 정의 안에는 사회복지실천의 특징도 함께 어우러져 있음을 알 수 있다. 그 특징을 정리해 보면 다음과 같다.

- 사회복지사의 실천적 활동을 강조한다.
- 클라이언트의 욕구(need)를 생활이라는 시점에서 통합적 · 생태적으로 파악하며, 클라이언트 중심의 전문성을 강조한다.
- 사회복지의 고유한 목적과 가치를 공유한다.
- 독립적인 학문으로서 지식체계와 전문적인 실천기술을 강조한다.
- 목표를 문제의 경감, 제거, 구제, 보호라는 비물질적인 상황의 해소뿐 아니라 풍요로운 삶의 질 향상의 실현이라는 욕구의 확대에 대응한 적극적, 생산적, 창조적 복지에 초점을 둔다.
- 원조기관과 그 서비스에 대한 활동 또는 미시에서 거시에 이르는 제도 및 정책의 개선방향으로 조직적 관계를 가지며 간접적 원조를 포함한다.
- 원조는 실천 활동으로서 과정을 조직적으로 한다.
- 사회복지 실천 활동이란 원조활동이 전문직업인에 의해 과학적으로 실행되는 전개과정이며 클라이언트의 생활원조를 목표로 한 각종의 원조기술은 사회복지원조기술이라 총칭되고 제도로서 사회복지를 생활 속에 실현하기 위해 체계과정에서 직접적 원조와 간접적 원조의 전개를 통하여 제공되는 전문적 원조 서비스 활동으로 사회복지실천은 성립된다.

4) 사회복지와 사회복지실천의 관계

사회복지는 사회복지실천보다 일반적으로 더 포괄적인 개념으로 사회복지가 사회복지실천을 포함한다고 볼 수 있지만 이를 구분 없이 사용하고 있는 실정이다.

(1) 사회복지(social welfare)

사람들의 삶의 질을 향상시키기 위한 체계적이고 조직적인 노력으로 일찍이 Wilensky와 Lebeaux(1965)는 잔여적 개념과 제도적 개념으로 구분하여 설명하였다. 먼저, 잔여적 개념의 사회복지는 협의의 사회복지로 가족이나 시장경제가 개인의 문제나 욕구를 해결할 수 없을 때에 한하여 국가가 일정 기간 개입해서 기본적인 삶을 유지해 주는 보완적, 일시적, 선별적인 기능이라고 하였다. 제도적 개념의 사회복지에 대해서는 광의의 사회복지로 개인과 사회의 복지를 국가가 책임진다는 것을 강조하고 모든 사회구성원들의 다양한 기본 권리를 보장해 주는 복지국가 이념의 기초로서 포괄적이고 보편적인 기능을 의미한다고 설명하였다(임은희, 2010).

(2) 사회복지실천(social work practice)

개인, 가족, 집단, 지역사회가 지닌 사회적 문제와 사회적 기능 수행상의 어려움을 개별적, 집단적, 조직적, 지역사회적으로 도움을 제공함으로써 이러한 문제 및 어려움을 해결하기 위한 통합방법 중의 하나라는 것을 앞에서 이미 정의하였다.

이러한 정의에서 알 수 있듯이 사회복지실천은 사회복지의 추상적이고 광범위한 용어의 제한점을 해결하고 사회복지의 정체성과 사회복지사의 전문성을 부각할 수 있는 용어의 필요성으로 인해 대두되었다. 한편 사회복지(social welfare)는 사회구성원들이 가지고 있는 심리적, 사회적, 경제적인 문제와 욕구를 해결하고, 이들의 잠재능력과 사회적 기능을 향상시켜 행복하고 만족스러운 삶을 영위하도록 도와주는 사회적 서비스와 기관들의 조직화된 체계이며 제도이다.

이렇듯 사회복지와 사회복지실천의 관계를 종합하면, 사회복지가 이념, 사회적 제도와 정책을 의미하고, 사회복지실천은 사회복지 이념을 실현하기 위한 구체적인 서비스와 실천기술 그리고 전문적인 실천 활동을 말한다.

2. 사회복지실천의 범위와 구성요소

1) 사회복지실천의 범위

사회복지실천의 범위는 개입대상인 클라이언트 및 클라이언트체계의 규모에 따라 미시적 실천, 중범위적 실천, 거시적 실천과 개입방식에 따라 간접실천, 직접실천으로 구분할 수 있다(엄명용 외, 2020).

(1) 미시적(micro) 사회복지실천

미시적 사회복지실천은 사회복지사가 개인, 집단, 가족을 대상으로 개인의 심리, 사회적 심리상태, 부모와 아동 사이의 관계, 부부관계, 동료관계, 기타 가족구성원들 간의 관계 등에 문제가 있을 경우 문제해결 과정에 사회복지사가 개입하는 전문 활동을 말한다. 이때 클라이언트와 일대일로 직접 만나 문제해결을 지원하게 되므로 직접실천이라고도 한다.

미시적 실천에서 사회복지사는 클라이언트의 사회기능 향상과 사회적 문제를 경감시키고 대처하기 위한 변화전략으로 직접 상담, 위기개입, 옹호활동 등을 펼친다. 개별사회사업, 집단사회사업, 가족 중심적 사회사업 등이 대표적 미시적 실천방법이다.

(2) 거시적(macro) 사회복지실천

거시적 사회복지실천이란 주로 지역사회 자원의 개발, 취약계층 권익 옹호 등에 관여하는 활동을 말한다. 이는 지역사회의 기관이나 조직들 혹은 국가나 사회의 복지정책 개발, 정책분석, 정책대안을 발굴하고 제시하는 사회복지실천으로 간접적인 사회복지 서비스 지원 형태이므로 간접실천이라고도 한다.

거시적 사회복지실천에 있어서 사회복지사의 활동은 제한적이진 않지만 전문직 직원에 대한 지도감독, 위원회에서의 활동, 연구계획서 작성, 프로그램의 개발 등을 포함한다.

(3) 중범위적(mezzo) 사회복지실천

중범위적 사회복지실천이란 미시와 거시의 중간 수준의 활동을 의미한다. 개인적으로 의미 있는 상호관계 양상에 관여하는 한편, 자조집단 및 치료집단 등의 소집단을 통한 활동이다.

사례

이혼위기에 봉착한 부부가 마지막으로 부부 상담을 받은 후 이혼 여부를 결정하기로 하고 종합사회복지관 가족상담지원 팀을 찾아 왔다.

- **미시적 사회복지실천 & 직접실천** : 이들 부부를 대상으로 이혼을 생각하기까지의 갈등 문제 해결과 부부관계 개선을 위한 상담을 실시하였다.
- **중범위 사회복지실천 & 간접실천** : 이들 부부를 대상으로 상담을 하는 가운데 이들 부부에게는 5세 된 지적장애인 아들이 있어서 장애인 아들의 양육문제가 이들 부부의 주된 갈등의 중심 요인임을 알게 되었다. 사회복지사는 이들 부부를 도울 수 있는 주변의 환경을 사정한 결과 친정어머니가 가까이 살고 있음을 알고 친정어머니와의 상담 및 교육을 통하여 친정어머니께서 장애인 손주를 돌보는 도움을 제공하게 하는 한편 지역사회에서 제공하는 장애인 돌봄 서비스를 연계함으로써 이들 부부가 경험하는 장애인 자녀 양육의 부담을 줄일 수 있게 하였다.
- **거시적 사회복지실천 & 간접실천** : 사회복지사는 장애인 자녀들의 양육으로 인하여 경험하는 부모들의 부담을 줄이기 위한 장애인 자녀 양육지원 서비스를 개발하기 위하여 노력하며, 장애인 지원에 필요한 법 및 정책 제정(개정)을 위해 목소리를 내며 사회적 활동을 한다.

2) 사회복지실천의 구성요소

사회복지실천의 구성요소가 무엇인가에 대한 정의는 사회복지실천의 정체성을 말하기 때문에 매우 중요하다. 이에 대하여 학자들의 다양한 견해를 중심으로 살펴보면 다음과 같다.

(1) Perlman의 구성요소

Perlman은 1957년 사회복지실천의 구성요소에 대하여 4P로 사람, 문제, 장소, 과정을 제시하였다. 그 후 1986년에는 2P로 전문가와 제공물을 추가하여

6P를 제시하였다(엄명용 외, 2020).

① Person(사람) : 도움을 필요로 하는 보편적인 인간으로서 스트레스 상황에 놓여 있으며 자신의 삶의 영역에서 적응에 실패하거나 곤란을 경험하고 있는 클라이언트를 말한다.

② Problem(문제) : 클라이언트가 직면하고 있는 고통이나 사회적 부적응, 즉 해결되어야 하는 문제 및 욕구를 말한다.

③ Place(장소) : 문제를 가진 사람들이 문제를 해결하기 위하여 찾아오는 곳으로 사회복지실천기관을 말한다.

④ Process(과정) : 기관에 속한 사회복지사에 의하여 도움이 제공되는 업무상의 절차를 의미한다.

⑤ Professional(전문가) : 도움을 제공하는 사회복지사 또는 상담사 등을 말한다.

⑥ Provision(제공물) : 클라이언트에게 제공되는 유·무형의 서비스를 의미한다.

(2) Compton과 Galaway의 구성요소

Compton과 Galaway는 1999년에 사회복지실천의 구성요소에 대하여 6개의 체계를 제시하였다.

① **변화매개체계** : 변화매개인으로 기능하는 사회복지사와 사회복지기관 등 조직을 의미한다.

② **클라이언트체계** : 문제를 해결받기 위해 서비스를 요청하거나 도움을 필요로 하는 개인, 집단, 지역사회를 의미한다.

③ **표적체계** : 변화매개체계가 목적을 달성하기 위해 변화시킬 필요가 있는 대상을 말한다.

④ **행동체계** : 변화매개체계가 목적을 성취하기 위해 상호작용하는 체계로 가족, 이웃, 전문가 등을 말한다.

⑤ **전문가 체계** : 전문가를 양성하는 교육체계, 전문가 단체, 전문적 실천의

지식 및 가치 등을 의미한다.

⑥ **의뢰-응답체계(문제인식체계)** : 다른 사람이나 타 기관의 요청에 의해 변화매개체계로 오는 경우를 말한다. 이 경우 의뢰체계는 클라이언트의 서비스를 요청한 사람 또는 기관이며, 응답체계는 의뢰되어 오는 사람, 즉 잠재적 클라이언트를 의미한다.

3. 사회복지실천의 목적과 기능

사회복지실천의 목적과 기능은 사회복지 역사의 초기부터 논의되어 사회나 문화, 시대의 가치 등에 영향을 받아 조금씩 달라져 왔다. 하지만 사회복지실천의 궁극적인 목적은 "인간의 삶의 질 향상"이라는 사실에는 모두가 변함없이 동의할 것이다.

1) 사회복지실천의 목적

(1) Pincus와 Minahan의 사회복지실천의 목적

Pincus와 Minahan(1973)은 사회복지실천의 목적을 다음과 같이 제시하는 한편 목적을 달성하기 위한 사회복지사의 역할을 설명하고 있다.

첫째, 사회복지실천은 인간과 사회 환경 간의 상호작용을 보는 생태계적 관점에 기초하여 개인, 집단, 가족이 자신들의 문제해결능력과 대처능력을 향상시키는 것이다. 이를 위해 사회복지사는 개인이 스스로 자신의 문제를 해결할 수 없거나 욕구를 충족시킬 수 없을 때 지지적 서비스를 제공하는 조력자의 역할을 수행해야 한다. 여기서 사회복지사의 조력자 역할은 상담자, 교사, 클라이언트의 어떤 구체적인 행동을 변화시키는 행동 변화자 등이 있다.

둘째, 인간이 필요로 하는 지역사회자원, 서비스, 기회를 제공해 주는 체계와 연결시켜 주는 것이다. 이를 위한 사회복지사의 역할은 개인과 자원체계 사이의 초기 연결 관계를 확립하는 데 있어서 중재자의 역할을 할 수 있다.

셋째, 자원과 서비스를 제공하는 다양한 사회복지기관이나 조직이 클라이언트에게 보다 좋은 서비스를 제공할 수 있도록 효과적이고 효율적으로 운영되도록 장려하고 촉진시키는 것이다. 이를 위한 사회복지사의 역할은 개인과 개인이 속하는 사회적 자원체계를 새롭게 확립하여 서비스전달의 효과성과 효율성을 증가시킴으로써 원활히 상호작용을 활용할 수 있도록 프로그램을 개발하고 감독하고 자문하는 역할을 담당해야 한다.

넷째, 새로운 사회정책을 개발하거나 발전시키는 데 이바지하는 것이다. 이를 위해 사회복지사는 지속적으로 인간의 문제를 다루는 실천가로서 국가적인 수준에서 사회정책의 변화의 필요성을 느끼는 한편 자신들의 직무 자체가 사회문제와 현존하는 사회적 자원 체계의 결핍과 직접적으로 접촉하기 때문에 실질적이고 중요한 자료를 수집할 수 있어야 한다.

(2) 미국사회복지교육협의회의 사회복지실천의 목적

미국사회복지교육협의회는 사회복지실천의 목적을 다음과 같이 설명하고 있다(CSWE, 1992, 한국전문대학사회복지교육협의회, 2005).

첫째, 개인, 가족, 집단, 조직, 지역사회가 각자 목적을 달성하고 자신의 고통을 완화하며 자원을 활용할 수 있도록 도와줌으로써 이들의 사회기능을 촉진(promotion), 회복(restoration), 유지(maintenance), 강화(enhancement)시키는 것이다.

둘째, 인간의 기본욕구를 충족하고 잠재능력과 가능성을 개발하도록 돕는 데 필요한 사회정책, 서비스, 자원 그리고 프로그램을 계획, 공식화, 시행하는 것이다.

셋째, 어려움에 처한 집단에게 힘을 실어주고(empower), 사회적, 경제적 정의를 실현하기 위해 조직, 행정적 옹호와 사회정치적 운동을 통해 정책, 서비스, 자원, 프로그램을 추구하는 것이다.

넷째, 이러한 목적과 관련된 모든 전문적인 지식과 기술을 개발하고 시험하는 것이다.

이상의 내용을 요약하면, 사회복지실천의 목적은 개인의 문제해결 및 대처능력을 향상시키기 위함이며, 지역사회자원 및 서비스 연결, 기회제공, 자원과 서비스체계의 운영과 효과성 증진, 사회정책 개발과 개선 등이라고 할 수 있다.

2) 사회복지실천의 기능

사회복지실천의 기능에 대해 미국사회복지사협회(NASW, 1981)는 다음과 같이 제시하고 있다(엄명용 외, 2020).

- 개인으로 하여금 자신의 역량, 능력을 확대하고 자신의 문제해결과 대처능력을 향상시키도록 도움을 제공하는 것이다. 예를 들면, 문제해결 전략 또는 절차를 교육시키는 일, 대인관계기술을 개발하도록 돕는 일 등이 이러한 목표에 해당된다.
- 각종 자원을 확보할 수 있도록 도움을 제공하는 것이다. 예를 들면, 가정폭력 피해자인 여성들을 위한 쉼터, 새로운 프로그램을 마련하는 일이 이에 해당된다.
- 사람들의 욕구에 반응하는 조직이 되도록 해야 한다. 예를 들면, 최근 확산되고 있는 시민운동 단체들의 사회복지 관련 분야의 활동이 이에 해당한다.
- 개인과 개인 주변 환경에 속한 사람들 간의 상호작용을 촉진한다. 이를 위해 개인과 주변 사람들과의 원만한 상호관계를 촉진하는 역할을 담당해야 한다.
- 조직과 제도 간의 상호관계에 영향력을 행사한다.
- 사회정책과 환경정책에 영향을 미친다. 예를 들면 물리적 · 사회적 환경의 개선, 물질적 서비스의 확보 등 정책형성 및 법 제정을 위해 활동하는 일이 이에 해당한다.

이상의 내용을 종합하면 사회복지실천의 기능은 아주 다양하다. 그 가운데서도 클라이언트의 사회적 기능 증진과 사회정의 향상이 대표적인 기능이라고 할 수 있다.

요점정리

사회복지와 사회복지실천의 관계

- 사회복지 : 이념, 사회적 제도와 정책을 의미
- 사회복지실천 : 사회복지 이념을 실현하기 위한 구체적인 서비스와 실천기술 그리고 전문적인 실천 활동을 의미
- 사회복지와 사회복지실천의 관계 : 사회복지가 이념, 사회적 제도와 정책을 의미한다면, 사회복지실천은 사회복지 이념을 구현하기 위한 구체적인 서비스와 실천기술, 전문적인 실천 활동의 의미

사회복지실천의 범위

- 미시적 실천 : 사회복지사가 개인, 집단, 가족을 대상으로 클라이언트를 직접 대면하여 개입하는 실천 방법(직접실천)
- 거시적 실천 : 지역사회, 기관이나 조직들을 대상으로 한 사회복지실천(간접실천)
- 중간적 실천 : 미시와 거시 수준의 중간 수준의 활동을 의미하며 자조집단 및 치료집단 등의 소집단을 통한 활동

사회복지실천의 구성요소

- Perlman의 4P : Person(사람), Problem(문제), Place(장소), Process(과정)
- Compton & Galaway : 변화매개체계, 클라이언트체계, 표적체계, 행동체계, 전문가체계, 의뢰-응답체계

사회복지실천의 목적

- 인간의 능력향상 : 개인의 문제해결 및 대처능력 향상
- 인간과 체계와의 연결 : 지역사회자원 및 서비스와 기회제공 및 연결
- 자원과 서비스체계의 운영과 효과성 증진
- 사회정책 개발과 개선

사회복지실천의 기능

- 자신감을 고양하고 문제해결과 대처능력 향상을 돕는다.
- 자원을 취득하도록 돕는다.
- 조직이 사람에게 반응하도록 돕는다.
- 개인과 환경 내의 사람, 조직과 상호 관계하도록 촉진한다.
- 조직과 제도 간의 상호관계에 영향력을 행사한다.
- 사회정책과 환경정책에 영향을 미친다.

02

CHAPTER

사회복지실천의 가치와 윤리

1. 가치의 이해
2. 사회복지 전문직의 윤리강령
3. 사회복지실천 현장의 가치갈등

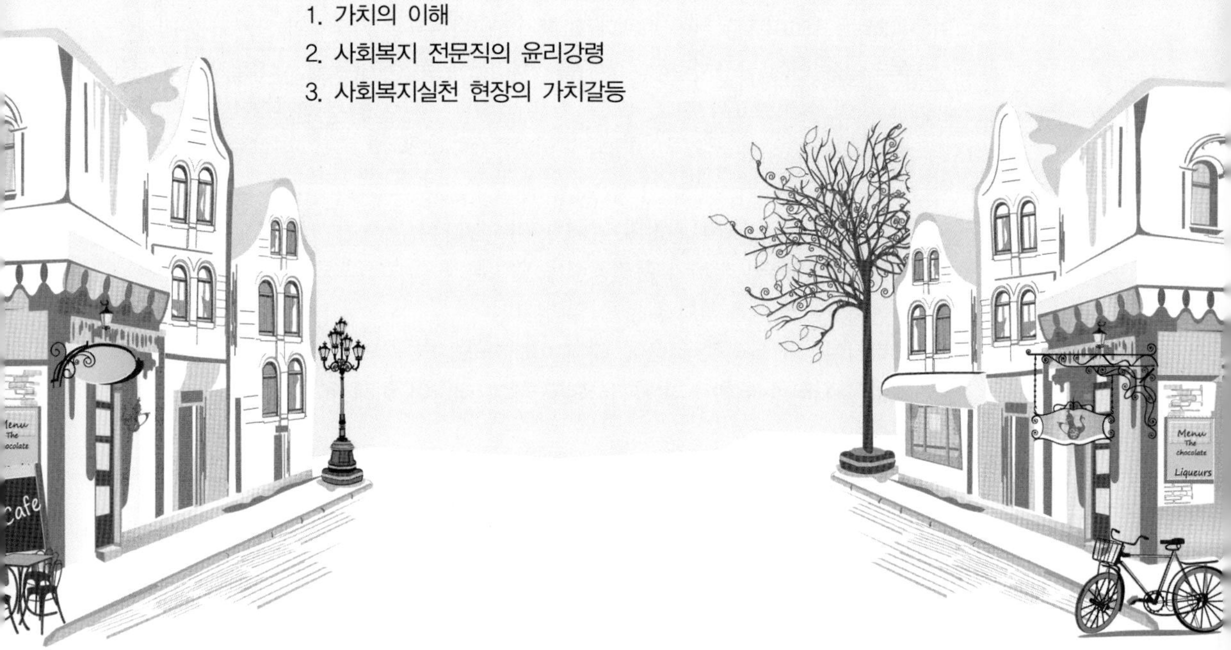

■ 개요

사회복지실천 현장에 종사하는 사회복지사는 전문적인 지식은 물론이거니와 사회복지실천의 가치와 윤리 그리고 자신의 가치관을 알아야 한다. 그 이유는 사회복지실천의 가치와 윤리, 사회복지사 개인의 가치와 윤리, 클라이언트의 가치와 윤리의 관계는 서비스 전달과 효과성에 중요한 영향을 미치기 때문이다.

이 장에서는 사회복지실천의 가치에 대한 이해, 사회복지 전문직의 가치와 윤리강령, 사회복지실천 현장의 가치갈등, 가치갈등 처리를 위한 준거틀 및 사회복지사의 자세 등에 대하여 살펴보고자 한다.

■ 학습목표

- 사회복지실천의 철학적 기반과 가치를 이해한다.
- 사회복지 전문직의 가치와 윤리강령을 알아본다.
- 사회복지실천 현장의 가치갈등을 알아본다.
- 사회복지실천과 윤리적 결정에 대해 이해한다.
- 가치갈등 처리를 위한 사회복지사의 자세에 대하여 이해한다.

02
CHAPTER

사회복지실천의 가치와 윤리

1. 가치의 이해

1) 가치의 개념

가치(value)는 경험적인 방법으로는 인식할 수 없는 다소 포괄적인 의미로, 믿음 또는 신념과 같은 개념으로 다수의 사회구성원이 "좋다", "바람직하다"와 같이 선호하는 것에 대한 암묵적 견해로서 행동선택의 방향과 동기를 제공하는 지침과 같은 것이다.

가치는 사람마다 다른 가치를 가지며 개개인이 어떠한 가치에 비중을 두느냐에 따라 의사결정과 행동방향은 다르게 나타날 것이다. 사회복지실천에서 다루게 되는 많은 문제들은 가치에 따라 의사결정과 깊게 관련되어 있으며 사회복지실천의 활동 결정을 좌우할 수도 있다.

2) 사회복지실천 가치의 특성

김효선 등(2022)은 사회복지실천의 가치는 다음과 같은 특성을 가진다고 설명하고 있다.

- 가치는 개인의 다양한 경험에서 유추되어 감각, 정서, 반응, 욕구 등 그 이상의 의미를 가진다.
- 가치는 감정적인 특성이 강한 한편 현실적으로 표현될 수 있는 잠재성도 있다.
- 가치는 목표를 결정하는 기준은 되지만 구체적인 행동목표 자체는 아니다.

- 가치는 인간이 가지는 희망, 느끼는 의무, 성취하고자 원하는 것 등을 포함한 모든 관심의 대상으로 인간행동의 조직과 방향을 제시하는 정서적 성격을 지닌 규범원리이다.

3) 사회복지 가치 분류

Congress(1999)는 사회복지 가치를 다음과 같이 분류하고 있다.

(1) 개인적 가치

개인적 가치는 가족 및 문화, 사회의 가치에서 비롯되며 종교적, 문화적 가치로부터 강력히 영향을 받으므로 각 개인의 환경에 따라 다르게 형성될 수 있다.

(2) 사회적 가치

사회적 가치는 개인적 가치에 영향을 미치며 시대의 변화에 따라 변하는 특성이 있다. 이는 그 사회의 일반화된 정서적 공감대를 반영하는 것으로 역사적으로 형성되었으며 경험에서 비롯된다.

(3) 기관의 가치

사회복지기관은 역할, 기능, 책임에 따라 고유한 가치를 갖는다. 이러한 기관의 가치는 종종 클라이언트의 가치와 갈등을 빚을 수 있다.

(4) 전문가 가치

전문가 가치는 전문가 집단이 견지하는 전문적 가치, 전문적 활동의 평가와 책임소재의 근거가 된다.

4) 사회복지실천의 철학적 가치

(1) 개인존중의 원리(인간의 존엄성)

'개인존중'의 원리는 사회복지실천의 기본 이념으로 모든 사람은 인간으로서의 가치, 품위, 존엄을 가지며 개인은 그 이용가치와 상관없이 존중받을 권리가 있고 존엄성을 지닌 독특한 존재이므로 개인 간의 다양성과 차이는 인정되고 존중되어야 한다는 이념을 말한다. 즉, 모든 인간을 가치가 있는 존재로 인정하는 데에서 사회복지실천의 서비스가 제공된다는 것을 의미한다. 이것은 인간이 천부적으로 가지고 있는 가치로 모든 인간은 실제로 무엇을 하고 있고, 무엇을 할 수 있는가 혹은 어떤 상태나 상황에 놓여 있는가 하는 것과는 상관없이 존중되어야 한다는 것을 의미한다.

따라서 사회복지사는 인종, 성, 경제적 · 정치적 · 사회적 지위, 종교, 국적, 지능, 육체적 조건이라는 속성으로 인하여 클라이언트를 무시하거나 차별하지 말아야 한다. 또한 주변 환경으로부터 클라이언트의 이러한 속성으로 인하여 무시되거나 차별받지 않도록 활동하여야 한다.

(2) 자기결정권의 원리

'자기결정권'의 중요성에 대해 Hollies와 Woods(1990)는 사회복지사가 갖추어야 할 자질 가운데 가장 중요한 두 가지의 기본적 자질로 클라이언트에 대한 '비심판적 태도'와 '자기결정에 대한 존중'을 들었을 정도로 중요하다(최승희, 2004). 이처럼 자기결정권의 원리는 사회복지의 실천과정에서 중요한 원칙으로 인간의 타고난 존엄성에 대한 신념으로부터 나오며 각각의 자기 능력과 판단에 따라 자신의 태도와 행동을 결정할 권리인 동시에 스스로 결정하도록 허용되어야 하는 기본적 인권을 존중하는 사회복지의 철학이다.

따라서 사회복지사는 클라이언트의 환경과 그의 능력이 허용하는 범위 내에서 자기 자신 스스로 자신이 원하는 결정을 할 수 있도록 최대한 허용적인 환경 및 분위기를 조성해야 한다. 즉, 클라이언트가 잘못된 판단을 할 우려가 있거나 정신장애로 건전한 사고능력이 없는 특별한 경우는 예외로 하되 어디까지나 클라이언트의 올바른 이해와 판단과 결정을 기본으로 해야 하며, 일방적인 명령이나 금지 혹은 위협으로 자기결정을 저해하지 않도록 해야 한다. 더불어 클라이언트가 자신의 결정을 신뢰하고 시도해 볼 수 있도록 격려와 지지로 원조해야 한다. 이러한 자기결정을 통하여 보다 신뢰성 있는 관계를 형성하고 민주적인 사회복지 실천이 가능할 수 있다.

자기결정의 개념에는 '대안'의 의미가 포함되어 있다(최승희, 2004). 그러므로 사회복지사는 클라이언트의 자기결정을 돕기 위해 다양하고 객관적인 정보와 자원을 제공하면서 가능한 대안을 찾아 가는 작업을 해야 한다.

(3) 기회균등의 원리(평등 및 기회 균등권)

인간은 누구나 평등하고 균등한 기회가 차별 없이 제공되어야 한다는 이 원리는 복지국가의 기본 이념인 동시에 사회복지실천에 있어서 반드시 수반되어야 할 기본 가치로서 사회적 평등에 기초하고 있다.

일반적으로 재산, 교육, 지위, 종교, 직업 등에 의해 인간을 여러 계층으로 분류하기도 하는데 사회복지에서는 이들에게 어떠한 차별 없이 똑같은 기회를 제공해야 할 도덕적 · 직업적 원칙이 있다. 따라서 돕는 과정에 있어서 앞서 논한 개인의 기본적인 인권의 존엄성과 자기 결정권을 결코 훼손하지 않음은 물론 어떠한 기준에 의한 차별이 있어서는 안 된다. 즉, 모든 클라이언트에게 동등한 기회를 제공하고 제한된 자원을 공정하게 분배해야 한다는 것이다. 이와 같이 사회복지는 자유와 평등 위에 비로소 성립될 수 있으므로 자유와 평등 이념은 사회복지체계의 핵심적 기반인 것이다. 그러나 이러한 가치는 물려받았다기보다는 앞으로 기대되며 쟁취해야 할 중요한 가치개념이라 할 수 있다.

(4) 국가책임의 원리

우리나라 사회보장기본법 제1장 제1조에는 "사회보장에 관한 국민의 권리와 국가 및 지방자치단체의 책임을 정하고 사회보장정책의 수립 · 추진과 관련 제도에 관한 기본적인 사항을 규정함으로써 국민의 복지증진에 이바지하는 것을 목적으로 한다"고 명시되어 있다(법제처, 2021). 이는 모든 국민들이 인간다운 생활을 유지할 수 있도록 최저생활보장을 통하여 생존권을 보장해 주는 것이 국가의 책임으로 간주되는 것은 규범적인 측면이나 당위적인 측면에서 당연한 일로서 국가가 책임지는 원리를 말한다. 따라서 사회복지사는 국가의 책임을 대신 수행하는 대행자로서의 책임감을 가지고 클라이언트를 원조해야 할 것이다.

5) 사회복지실천 전문직의 기본적 가치

사회복지실천의 세 가지 중심축은 사회복지실천의 전문적 지식과 기술, 가치, 윤리이다. 이 세 가지 중심축은 클라이언트에게 만족할 만한 서비스를 제공하기 위한 사회복지사의 활동에 영향을 미치게 된다.

한국전문대학사회복지교육협의회(2005)에서는 사회복지실천 전문직의 기본적 가치에 대해 다음과 같이 제시하고 있다.

(1) 인간존중

인간존중이라는 가치는 사회복지실천의 모든 가치를 이끌어 내는 중심적인 도덕적 가치이다. 즉, 인간존중의 가치 안에는 개별화, 수용, 자기결정이란 사회복지실천도 포함되어 있다.

① 사회복지사가 인간의 존엄성과 개인의 독특성을 존중하는 구체적인 방법은 다음과 같이 요약할 수 있다.

- 클라이언트의 존엄성에 관해 의사소통하는 내용을 민감하게 인식할 것
- 클라이언트를 스테레오타이프(stereotype)화 하지 말 것
- 클라이언트가 그들의 장점을 발견하여 활용하도록 도와줄 것
- 문제해결에서 클라이언트의 참여를 기대할 것
- 클라이언트의 요구(need)보다 욕구(wants)에 초점을 둘 것

② 사회복지실천에서 자기결정권에 대한 클라이언트의 권리를 존중하는 구체적 방안은 다음과 같다.

- 대안을 마련할 것
- 의사결정을 위한 기회를 극대화할 것
- 사회복지사 자신의 견해를 제공할 것
- 클라이언트의 자기결정이 목표달성을 위한 클라이언트의 노력을 방해하거나 다른 사람의 복지를 침해할 때 가치를 수정하기 위한 노력을 할 것
- 클라이언트의 자기결정과 사회복지사의 자기결정을 구분할 것

(2) 인간의 사회성

사회복지는 클라이언트의 사회생활 상의 곤란을 문제로 하고 있기 때문에 사회적 존재로서의 인간을 강조하는 것이며 그 때문에 생활문제에 대한 사회적인 해결을 강조하고 있다.

(3) 변화의 가능성

변화의 가능성이란 인간의 변화와 성장 및 향상의 가능성에 대한 신념으로 인간이 삶의 의미를 스스로 찾고 주체적으로 살아가는 자유로서의 변화 가능성을 말한다. 사회복지실천은 변화를 위해 개입하는 것이나 변화라는 결과를 중시하기보다는 그 변화 자체를 추구하며 실현시키려는 과정을 중시한다.

6) 사회복지전문직의 중심 가치

(1) 미국사회복지교육협의회(CSWE, 1992)

미국사회복지교육협의회에서는 사회복지전문직에 대한 중심 가치를 다음과 같이 제시하고 있다(한국전문대학사회복지교육협의회, 2005).

① 사회복지사의 전문적 관계는 개인의 가치와 인간존엄에 기초하며, 클라이언트의 참여, 가치존중 및 수용, 비밀보장, 정직성, 갈등을 다루는 책임성 등의 가치에 의해 증진된다.

② 사회복지사는 클라이언트의 선택권리, 서비스 계약권리, 원조과정에 적극적으로 참여할 권리를 존중한다.

③ 사회복지사는 클라이언트 체계가 필요한 자원을 획득하도록 원조할 책임이 있다.

④ 사회복지사는 사회제도보다 인본주의적이며 인간의 요구에 반응하는 제도가 되도록 하는 데 기여한다.

⑤ 사회복지사는 다양한 인구집단이 가진 고유한 특성을 존중하고 수용하는 데 솔선한다.

⑥ 사회복지사는 자신이 행한 윤리적 행위와 실천내용에 대해 책임을 져야 한다. 따라서 질 높은 실천을 위해서 전문적 지식과 기술을 끊임없이 발전시키는 노력을 해야 한다.

(2) Morales와 Sheafor

Morales와 Sheafor가 제시한 사회복지사들에게 공유되는 가치기준을 윤찬중 등(2002)은 다음과 같이 정리하고 있다.

① 인간이 선호하는 개념으로서의 가치

- 사회복지사는 모든 사람들의 선천적 가치와 존엄성의 가치를 믿어야 한다.
- 개개인은 선천적 재능을 가지고 있으며 인생을 보다 풍요롭게 만들어 줄 수 있는 변화를 향해 나아간다.
- 각 개인은 그 자신과 사회를 포함한 그의 동료 인간들에 대한 책임을 갖고 있다.
- 사람들은 어딘가에 속해야 할 필요가 있다.
- 개개인은 공통적인 인간의 욕구가 있다.

② 인간을 위해 선호하는 결과로서의 가치

- 사회는 반드시 자신의 충분한 잠재성을 스스로 인식할 수 있도록 성장과 발달의 기회를 제공해야 한다.
- 사회는 반드시 사람들이 자신의 필요를 알게 하고 배고픔, 불충분한 교육, 차별, 보살핌 없는 질병, 부족한 주택공급과 같은 문제를 피할 수 있도록 돕는 서비스를 공급해야 한다.
- 사람들은 사회를 구성하는 데 동등한 참여기회를 가져야 한다.

③ 인간을 다루기 위해 선호하는 가치

- 사회복지사들은 모든 사람들이 존경과 존엄으로 다루어져야 하고, 그들 인생의 지향을 결정할 최대의 기회를 갖도록 하며, 욕구에 대해 사회적 반응을 세우는 데 다른 사람들과 상호작용할 수 있도록 해야 한다.
- 특별한 개성이나 인생 경험으로 인한 상투적인 것보다 독창적인 개성을 인식해야 한다.

2. 사회복지 전문직의 윤리강령

1) 윤리강령의 출현

사회복지실천에서의 가치는 무엇이 좋고 바람직한가와 관련이 있고, 윤리는 무엇이 옳고 바른가를 다루는 것이다.

사회복지전문직의 최초 윤리강령은 1960년 미국 사회복지사협회가 마련하였으며, 사회복지실천 윤리가 본격적으로 도입되기 시작한 것은 1970년대부터이다.

사회복지 전문 영역에서 윤리강령이 출현하게 된 배경은 과학기술 발전에 따른 다양한 형태의 윤리적 결정이 필요해졌고, 사회성숙에 따른 사회복지 대상자의 권리를 인정하자는 사회복지 영역의 분위기 대두로 인한 다양한 형태의 윤리적 갈등이 발생하여 이를 해결하기 위한 윤리적 지침이 필요하게 되었다.

2) NASW의 윤리강령 6대 원칙

1951년 미국사회복지사협회(NASW)가 공식적으로 사회복지사의 윤리강령을 채택한 이후 수차례의 수정보완을 거쳐 1996년 6대의 핵심 가치를 마련하였다(이필환 외 공역, 2001; NASW, 1996). NASW가 제시한 6대 핵심가치는 서비스(service), 사회정의(social justice), 인간의 존엄성과 가치(dignity and worth), 대인관계의 중요성(human relationships), 성실(integrity), 능력(competence)이다. 아울러 이 핵심가치에는 윤리적 원칙도 함께 포함되어 있다. 핵심가치에 수록된 윤리적 원칙은 다음과 같이 정리할 수 있다.

- 서비스 : 사회복지사의 궁극적인 목표는 도움을 필요로 하는 사람들을 돕고 사회문제에 대응하는 것이다. 따라서 사회복지사는 최상의 서비스를 전달하기 위해 최선을 다해야 한다.
- 사회정의 : 공동선과 인간의 잠재적인 발달에 필요한 자원에 대한 권리로서 사회가 가진 동일한 기본권리, 보호, 기회, 의무, 그리고 사회적 이익을 모든 사회구성원들이 누릴 수 있도록 사회적 불의와 대결해야 한다.
- 인간 존엄성과 가치 : 사회복지사는 인간의 존엄성과 가치를 존중하여야 한다.
- 인간관계의 중요성 : 사회복지사는 인간관계가 가진 중요성을 인식하여야 한다.
- 성실성 : 사회복지사는 신뢰받을 수 있도록 성실하게 행동하여야 한다.
- 능력 : 사회복지사는 자신의 능력 범위 내에서 실천 활동을 하여야 하며 자신의 전문적 기술을 개발하고 향상시켜야 한다.

3) 한국의 사회복지사 윤리강령

한국에서는 1992년 한국사회복지사협회에서 사회복지사 윤리강령을 제정·공포하였다. 그러나 이때 공포된 사회복지사 윤리강령은 사회복지실천 현장에서 발생하는 윤리적 딜레마에 대한 지침이 되기에는 역부족이라는 지적이 계속되어 2001년 12월에 미국과 같이 6개의 영역으로 구성된 전문직의 윤리지침으로서 강화된 윤리강령이 만들어지게 되었다.

한국 사회복지사 윤리강령은 다음과 같이 구성되어 있다(엄명용 외, 2020).

첫 번째, 전문으로서 인본주의, 평등주의 사상, 인간의 존엄성과 가치 존중, 천부의 자유권과 생존권의 보장, 사회정의, 평등과 자유, 민주주의 가치실현 등을 기본이념으로 선언하고 있다.

두 번째, 실천적 가치로서 클라이언트 개인의 주체성과 자기결정권의 보장, 사회복지사의 전문적 지식과 기술의 개발, 전문가로서의 능력과 품위의 유지 노력 등을 규정하고 있다.

세 번째, 윤리강령의 핵심이 되는 윤리기준에서는 사회복지사의 기본적 윤리기준, 클라이언트에 대한 윤리기준, 사회에 대한 윤리기준, 기관에 대한 윤리기준, 사회복지윤리위원회의 구성과 운영을 규정하고 있다.

3. 사회복지실천 현장의 가치갈등

1) 가치갈등

사회복지사들은 사회복지현장에서 클라이언트의 문제해결 및 삶의 질을 향상시키는 데 있어서 다양한 가치갈등을 겪게 되고 거의 매일 윤리적 결정을 내려야 하는 상황에 직면하게 된다. 사회복지사는 개인적 가치, 전문적 가치, 클라이언트의 가치, 사회의 가치에 지배를 받으면서 갈등을 겪게 된다.

이와 같은 가치갈등이나 모순에서 벗어나기 위해서 사회복지사는 자기훈련과 자기경험을 쌓아 나가야 할 것이며 사회적 기능 수행에 있어서 바람직한 가치는 무엇이며, 자신의 개인적 전문적 가치는 무엇이고, 그것이 어떻게 자신의 행동을 규제하며 클라이언트의 원조와 대인관계에 영향을 미치는가를 항상 염두에 두어야 한다.

2) 사회복지사가 겪게 되는 가치갈등의 유형

사회복지실천 현장에서 사회복지사들이 경험하는 가치갈등의 유형을 다음과 같이 구분할 수 있다(양옥경 외, 2021).

(1) 가치상충

윤리적 딜레마가 가장 빈번히 야기될 수 있는 상황으로 사회복지사는 두 개 또는 그 이상의 경쟁적 가치와 직면했을 때 윤리적 딜레마에 빠진다.

예 클라이언트의 자기결정과 인간의 생활보호 : 심각한 유전질병을 가진 남편이 부인에게 이 사실을 알리지 않고 자녀를 갖기를 원하는 경우 사회복지사는 클라이언트의 자기 삶의 결정권이라는 가치와 장애아 출산 예방이라는 가치 사이에서 윤리적인 갈등에 빠지게 된다.

(2) 의무상충

사회복지사는 기관에 대한 의무와 클라이언트에 대한 의무 사이에서 갈등하게 된다. 사회복지사는 자신이 속한 기관의 정책을 따라야 하지만 기관의 목표가 클라이언트 이익과 위배될 때에는 윤리적인 딜레마에 직면하게 된다. 또한 클라이언트의 이익이 최선이라는 가치에도 불구하고 기관에 자원이 부족하기 때문에 클라이언트에게 최선의 서비스를 제공하지 못하는 사례도 많다.

예 정원수나 자격요건의 제한으로 시설에 입소를 희망하는 클라이언트에게 불이익을 줄 수 있다.

(3) 클라이언트 체계의 다중성

누가 클라이언트이며, 누구의 이익을 최우선으로 고려하고, 어떤 문제에 최우선으로 개입해야 하는가를 결정하는 것은 어려운 일이다.

예 아동학대 문제, 심각한 부부갈등, 구타 등의 복합적인 문제를 가진 이혼부부의 자녀 문제를 다룰 때 사회복지사는 누가 클라이언트인가를 결정하는 데 어려움을 겪는다.

(4) 결과의 모호성

사회복지사가 내린 윤리적 결정의 장기적인 효과가 모호할 때 사회복지사는 선택의 딜레마에 봉착하게 된다. 특히 클라이언트가 아동일 때 어떻게 결정하는 것이 아이를 위해 최선인지, 앞으로 5~10년 후에도 최선일 수 있는지, 무슨 권리로 사회복지사가 아동에 대한 결정을 해야 하며, 바른 윤리적 결정이 어느 것인지 모호한 상황에 사회복지사는 종종 봉착하게 된다.

예 해외입양이 아동을 위한 최선의 결정인지를 확신할 수 없기 때문에 해외입양 담당 사회복지사는 자주 갈등을 겪게 된다.

(5) 힘 또는 권력의 불균형

사회복지사와 클라이언트의 관계가 권력적으로 평등하지 않다는 것은 사실이며, 이것이 기본적으로 윤리적 딜레마를 일으킨다. 클라이언트는 도움을 구하는 위치에 있으므로 전문가에 의존하는 관계가 되기 쉽다. 사회복지사들이 클라이언트의 자기결정권, 클라이언트 이익의 최우선성 등 이러한 것들을 의사결정 과정에서 충분히 반영하지 못하는 경우가 생길 수 있다.

3) 가치갈등의 예

한국전문대학사회복지교육협의회(2005)는 사회복지실천 현장에서 사회복지사들이 경험하는 가치갈등의 사례를 다음과 같이 들고 있다.

(1) 온정주의와 자기결정권

클라이언트가 자기결정권을 제대로 행사하기 어려운 상황일 경우 사회복지사는 클라이언트의 자기결정권 행사를 어느 정도 한정시켜야 할지 가치갈등에 봉착한다.

(2) 비밀보장

사회복지사가 클라이언트의 동의 없이 클라이언트에 대한 정보를 누설하지 않는 것이 윤리원칙이지만 아동학대, 노인학대, 제삼자에 대한 위협, 자살 등의 경우 비밀을 지키는 것은 곤란하다.

(3) 진실성 고수와 알 권리

클라이언트는 자신의 치료와 처우에 대해 진실을 알 권리가 있지만 진실을 앎으로써 클라이언트가 상처를 입을 수도, 위험에 빠질 수도 있기 때문에 비밀보장과의 갈등이 유발되는 경우도 있다.

(4) 제한된 자원의 공정한 분배 : 형평성의 기준

원칙적으로 사회복지사는 사회자원(사회복지사의 시간, 금전, 서비스 등)을 필요로 하는 클라이언트에게 공평하게 배분하여야 하며 서비스를 구하러 온 클라이언트부터 차례로 서비스를 제공해야 한다. 하지만 제한적인 자원으로 클라이언트의 욕구에 맞추어 분배하지 못하는 상황이나 혹은 배분의 순서를 지키지 못할 상황이 발생할 경우 갈등하게 된다.

(5) 상충되는 의무와 기대

클라이언트, 동료, 상사, 기관, 사회 등 서로 상충되는 기대를 가질 때, 사회복지사는 누구를 우선으로 의무를 행사해야 하는지 갈등하게 된다.

(6) 클라이언트의 이익과 사회복지사의 이익

사회복지실천 현장에서 사회복지사는 자신과 기관의 이익, 그리고 클라이언트의 이익이 상충되는 상황을 경험할 수 있다. 이때 어떻게 결정을 해야 할지 선택에서 갈등하게 된다.

(7) 전문적 동료관계

동료 사회복지사가 전문가로서 권위를 남용해 클라이언트나 전문직에 해를 끼치는 행동을 했을 때 클라이언트를 보호해야 하는지 아니면 동료를 보호해야 하는지 갈등하게 된다.

(8) 법률, 규칙, 정책 등의 준수

원칙적으로 사회복지사는 법률, 정책, 규칙 등을 준수하는 것이 윤리적이다. 하지만 이것을 따르다 보면 오히려 클라이언트에게 불이익을 줄 수 있으므로 법을 따르지 않는 경우도 있다. 이럴 경우 사회복지사는 갈등하게 된다.

4) 사회복지실천과 윤리적 결정

윤리적 딜레마를 해결하기 위한 절대적인 공식은 없으나 윤리적 결정에 도움을 줄 과정에 대해 전문단체와 학자들은 다음과 같이 제시하였다.

(1) Reamer의 윤리적 의사결정의 과정(한국전문대학사회복지교육협의회, 2005)

① 상충되는 사회복지 가치와 의무를 포함해서 윤리적 쟁점이 무엇인지 확인한다.

② 윤리적 결정에 영향을 받을 수 있는 개인, 집단, 단체 등이 누구인지 확인한다.

③ 가능해 보이는 모든 실천 활동과 관련된 당사자, 그에 따른 이득과 위험 등을 잠정적으로 분명히 해본다.

④ 각각의 행동방안에 대한 찬성과 반대 논리들은 다음 사항들을 고려하여 충분히 검토한다.

- 윤리이론, 원칙, 지침
- 전문직 윤리강령
- 사회복지실천 이론들과 원칙

- 종교적, 문화적, 민족적 가치와 정치적 이념을 포함한 개인적 가치

⑤ 동료 혹은 적절한 전문가(기관 직원, 슈퍼바이저, 변호사 등)와 상의한다.

⑥ 결정을 내리고 의사결정 과정을 기록한다.

⑦ 결정내용을 모니터, 평가, 기록한다.

(2) Sileo와 Kopala(1993)의 A-B-C-D-E 전략(엄명용 외, 2020)

① Assessment - **평가** : 사회복지사는 클라이언트의 상태, 가치, 자원, 그리고 상담자의 가치, 감정, 상황에 대한 반응 등을 파악한다.

② Benefit - **도움 되기** : 사회복지사는 클라이언트 그리고 클라이언트와 관계되는 특정 다른 인물에게 도움이 되는 것이 무엇인지를 생각한다.

③ Consequences and Consultation - **결과와 자문** : 사회복지사는 윤리적, 법적, 감정적 그리고 치료적 결과를 고려한다. 또 주요한 윤리적 문제를 정의하고 처리함에 있어 슈퍼바이저에게 자문을 구한다.

④ Duty - **의무** : 사회복지사는 누구를 보호해야 할 의무가 있는가를 고려해야 한다. 때로 상담자는 내담자가 아닌 다른 사람을 보호해야 할 의무를 가진다.

⑤ Education - **교육** : 사회복지사는 유사한 윤리적 딜레마를 다룰 때 적절한 행동을 취하기 위해서 자신이 받은 교육 내용을 수시로 점검하고 그 가운데서 적절한 내용을 선택한다.

(3) 윤리적 딜레마 해결을 위한 준거틀

① Lowenberg와 Dolgoff(1996)의 윤리적 준거틀

Lowenberg와 Dolgoff는 윤리적 의무들이 서로 상충될 때 어떤 원칙이나 법적 의무를 우선시해야 할지 결정에 도움을 제공하기 위해 '윤리원칙 준거틀'을 다음 〈표 2-1〉과 같이 제시하였다(엄명용 외, 2020).

〈표 2-1〉 윤리원칙 준거틀

순 서	원 칙	내 용
윤리원칙1	생명보호의 원칙	인간의 생명에 대한 보호가 모든 다른 것에 우선하는 최고의 의무이다.
윤리원칙2	평등과 불평등의 원칙	능력이나 권력이 같은 사람들은 똑같이 취급받을 권리가 있고, 능력이나 권력이 다른 사람들은 다르게 취급받을 권리가 있음을 나타낸다.
윤리원칙3	자율성과 자유의 원칙	클라이언트의 자율성과 독립성 그리고 자유는 중시되나 무제한적인 것은 아니다.
윤리원칙4	최소해악(손실)의 원칙	사회복지사는 불가피하게 손실을 초래할 가능성이 높은 선택을 해야만 하는 경우 손실이 가장 최소화되거나 발생할 손실이 가장 쉽게 회복될 수 있는 기회를 선택해야 한다.
윤리원칙5	삶의 질의 원칙	인간의 삶의 질을 더 향상시키는 기회를 선택한다.
윤리원칙6	사생활과 비밀보장의 원칙	모든 사람들의 사생활보호의 권리를 신장시키는 실천적 결정을 해야 한다.
윤리원칙7	진실과 사실을 성실히 알릴 원칙	클라이언트와 다른 사람에게 진실을 말하고 모든 관련 정보를 충분히 개방하는 것을 허용하는 실천적 결정을 해야 한다.

윤리원칙 1은 윤리원칙 2~7보다 상위의 원칙이며, 윤리원칙 2는 윤리원칙 3~7보다 높은 위계서열에 있다.

② Mattison의 윤리적 준거틀

Mattison은 윤리적 준거틀로 다음 〈표 2-2〉와 같이 제시하였다(임은희, 2010).

〈표 2-2〉 Mattison의 윤리적 준거틀

단 계	내 용
1단계	사례 이면의 사실과 사례의 세부 사항에 대한 수집 및 평가
2단계	실천에 대한 고려와 윤리적 요소를 구분하는 단계
3단계	가치갈등에 대하여 확인하는 단계
4단계	사례에 영향을 미치는 윤리강령 원칙들을 확인하는 단계
5단계	가능한 행동양식을 결정하는 단계
6단계	어떤 의무가 우선인지 평가하고 행동의 선택을 정당화하는 단계
7단계	해결과 반성의 단계

이상과 같은 윤리적 의사결정과 윤리적 준거틀을 종합하면, 어떤 실천상황에서든지 우선 관련되는 윤리원칙과 적용되는 법적 의무를 확인해야 한다. 그런 다음 만일 갈등이 생기면 '윤리원칙 준거틀'에 제시된 범주를 따라 결정하는 것이 바람직하다.

5) 가치갈등 처리를 위한 사회복지사의 준비

가치갈등의 본질은 주어진 사례와 관련하여 개인적 가치, 사회적 가치, 기관의 가치, 전문적 가치, 클라이언트의 개인적 가치 등이 일치하지 않는 데에 기인한다. 이를 해결하는 것이 윤리적 의사결정이다. 사회복지사는 가치갈등 속에서 바람직한 윤리적 의사결정을 위해 준비된 자세가 필요하다. 그 준비에 대한 내용을 다음과 같이 요약할 수 있다.

- 끊임없는 자기경험과 자기훈련이 필요하다.
- 사회적으로 기본적이고 바람직한 가치관을 확인한다.
- 사회의 법, 도덕, 규범, 관습들을 익히고 있어야 한다.
- 자신의 편견과 선입견을 인식한다.
- 자기 자신의 가치관을 객관적이고 현실적으로 스스로 평가하도록 노력한다.
- 클라이언트의 욕구가 충족된다면 클라이언트의 자유로운 생활양식을 허용하고 사회복지사 자신의 생활양식과 서로 다르다는 사실을 인정해야 한다.
- 다방면의 경험을 쌓고 많은 부류의 사람과 만나본다.

요점정리

사회복지실천의 철학적 기반

- 개인존중(인간존중) 원리, 자기결정권의 원리, 기회균등의 원리, 국가책임의 원리

사회복지실천의 전문직의 가치

- 가치의 개념 : 다수의 사회구성원이 "좋다", "바람직하다"와 같이 선호하는 것에 대한 암묵적 견해로서 행동선택의 방향과 동기를 제공하는 지침과 같은 것

사회복지실천의 기본적 가치

- 인간존중, 인간의 사회성, 변화의 가능성

사회복지 전문직의 윤리강령

- NASW의 윤리강령의 6대 핵심가치 : 서비스, 사회정의, 인간 존엄성과 가치, 인간관계의 중요성, 성실성, 능력
- 한국의 사회복지사 윤리강령
  - 전문 : 인본주의, 평등주의, 인간의 존엄성과 가치 존중, 자유권과 생존권 보장, 사회정의, 평등과 자유, 민주주의 가치 실현
  - 실천적 가치 : 개인의 주체성과 자기결정권 보장, 전문적 지식과 기술 개발, 전문가로서의 능력, 품위 유지 노력
  - 윤리기준 : 사회복지사의 기본적 윤리, 클라이언트에 대한 윤리, 사회에 대한 윤리, 기관에 대한 윤리, 사회복지윤리위원회의 구성과 운영 규정

사회복지사가 겪게 되는 가치갈등의 유형

- 가치상충, 의무상충, 클라이언트 체계의 다중성, 결과의 모호성, 힘 또는 권력의 불균형

로웬버그와 돌고프(1996)의 윤리적 준거틀

- 윤리원칙 1 – 생명보호의 원칙
- 윤리원칙 2 – 평등과 불평등의 원칙
- 윤리원칙 3 – 자율성과 자유의 원칙
- 윤리원칙 4 – 최소손실의 원칙
- 윤리원칙 5 – 삶의 질의 원칙
- 윤리원칙 6 – 사생활과 비밀보장의 원칙
- 윤리원칙 7 – 진실과 사실을 성실히 알릴 원칙

매티슨의 윤리적 준거틀

- 1단계 : 사례이면의 사실과 사례의 세부 사항에 대한 수집 및 평가
- 2단계 : 실천에 대한 고려와 윤리적 요소를 구분하는 단계

- 3단계 : 가치갈등에 대하여 확인하는 단계
- 4단계 : 사례에 영향을 미치는 윤리강령 원칙들을 확인하는 단계
- 5단계 : 가능한 행동양식을 결정하는 단계
- 6단계 : 어떤 의무가 우선인지 평가하고 행동의 선택을 정당화하는 단계
- 7단계 : 해결과 반성의 단계

03

CHAPTER

사회복지실천의 역사적 발달과정

1. 서구 사회복지실천의 역사적 발달과정
2. 한국 사회복지실천의 역사적 발달과정

■ 개요

이 장은 사회복지실천의 역사적 발달과정을 서구 사회복지실천의 역사적 발달과정과 우리나라 사회복지실천의 역사적 발달과정을 구분하여 살펴보고자 한다.

■ 학습목표

- 서구 사회복지실천의 역사적 발달과정을 학습한다.
- 우리나라 사회복지실천의 역사적 발달과정을 학습한다.

03
CHAPTER

사회복지실천의 역사적 발달과정

1. 서구 사회복지실천의 역사적 발달과정

사회복지실천의 변화와 발달의 양상은 각 나라마다 차이가 있으며 그 나라의 시대의 사회구조와 사상적 흐름 속에서 찾아볼 수 있다. 사회복지실천의 역사적 배경은 영국에서 1601년에 제정된 엘리자베스 구빈법에 그 기원을 둘 수 있다. 엘리자베스 구빈법 제정 이후 산업 혁명기를 거치면서 자선조직협회와 인보관 운동의 발달은 현재의 사회복지실천의 발달에 큰 영향을 미치게 되었는데, 이 시기를 전문사회복지실천의 태동기라 할 수 있다.

여기에서는 사회복지실천의 역사적 발달과정을 양정남 등(2012)이 구분한 내용을 바탕으로 전문사회복지실천의 태동기부터, 전문사회복지실천의 성장기, 사회복지실천의 전문적 분화기, 사회복지실천의 통합기, 사회복지실천의 발전기, 1980년~현재(다중적 관점)까지 6단계로 구분하여 살펴보고자 한다.

1) 전문사회복지실천의 태동기(19세기 말~1900)

18세기부터 시작된 영국의 산업혁명으로 산업화, 도시화가 진행되면서 많은 인구가 도시로 유입되었고 이에 따라 도시빈민들이 발생하게 되었다. 이로 인하여 발생한 질병, 빈곤, 범죄, 비행 증가 등과 같은 사회문제를 해결하기 위해 개인이나 민간 차원의 자선사업이 시작되었다. 그 결과 자선조직협회가 설립되고 사회복지실천에 있어 새로운 전환점을 맞이하게 되었다.

(1) 자선조직협회(COS : Charity Organization Society)

구빈법에 기초하여 19세기 말에 출현하기 시작한 민간사회복지기관들의 활동을 체계적으로 조정하여 구빈활동의 중복이나 낭비를 방지하고 구제서비스를 보다 효과적으로 실시하기 위하여 민간자선단체들을 중심으로 협회를 조직한 것이 자선조직협회이다. 자선조직협회는 1869년 런던에 세계 최초로 설립되었으며, 미국은 1877년 뉴욕 버팔로에 최초의 자선조직협회가 세워졌다.

① 자선조직협회의 활동

이 시기에 자선조직협회의 회원들은 주로 중산층의 부인들로 구성된 우애방문자들(friendly visitors)로서 빈민층 교화를 위한 활동을 하였으며, 빈곤가족을 방문하여 빈민조사 및 등록을 통한 조직 간 활동의 조정과 협력을 추구하였고, 가정생활지도, 아동교육, 가계경제에 대한 조언 등을 제공하였다. 여기서 말하는 우애방문단(friendly visitors)의 활동은 오늘날 사회복지사들의 활동과는 차이가 있다. 적절한 자원을 제공하기 전에 조사, 등록, 협력, 조정 등을 거친 면에서는 오늘날의 사회복지사의 활동과 유사하였으나, 구조를 받을 만한 가치가 있는 빈곤자에게는 도움을 제공한 반면 일할 능력이 있는 빈곤자, 알코올중독자, 게으른 자 등에게는 도움을 제공하지 않음으로써 도덕적 의무를 강조하였다는 점에서는 차이가 있다.

COS에 소속되어 있던 우애방문원은 1900년대부터 점차 보수를 받는 정식직원으로 인정받기 시작하였고, 이들이 점차 전문화되면서 나중에 사회복지사(social worker)로 불리기 시작하였다.

② 자선조직협회의 기능

- 자선조직협회는 자선의 의미로 직접 돕는 것이 아니라 자선단체가 과학적으로 통합 조정하는 역할을 담당하였다.
- 구제신청자에 대한 과학적이고 면밀한 조사를 통해 구제의 중복과 누락을 피하고 효율적으로 구제 활동을 전개하기 위한 구제등록의 실시,

여러 구제기관 간의 연락 · 조정 등을 실시하였다.

- 우애방문원에 의해 시작된 가정방문, 면담, 기록, 사례연구 등의 활동들은 개별사회사업실천기술의 기초가 되었고, 사회복지 조사 및 지역사회실천 활동의 뿌리가 되었다.

(2) 인보관 운동(Settlement House Movement)

1880년대에는 자선조직협회와는 이념을 달리하는 인보관 운동이 발달하였다. 인보관 운동은 사회문제가 집중적으로 나타나고 있는 빈민지역에 빈민들과 함께 살면서 우애관계를 갖고 지역주민의 문제를 해결하며, 생활을 개선하고자 하는 목표로 시작되었다.

1884년 Barnett 목사에 의해 런던에 세계 최초의 인보관인 토인비 홀(Toynbee Hall)이 설립되었고, 1898년 Adams와 Star가 시카고의 빈민가에 헐 하우스(Hull House)를 설립하여 주민 상호 간에 서로 배우고 가르치고 돕는 인보관 운동이 전개되었다.

① 인보관의 활동

인보관 운동은 빈곤문제가 심각한 지역사회의 문제를 해결하기 위해 지식인이 그 지역에서 주민들과 함께 거주하면서 지역사회의 문제를 해결하고자 활동을 하였다. 이러한 활동은 빈민지역의 환경개선과 빈민의 도덕적 교화에 힘써야 한다는 믿음을 갖고 있는 사람들에 의해 주도되었다.

② 인보관의 기능

- 인보관 운동 참여자들은 주택의 개선, 공중보건의 향상, 고용주들에 의한 빈민착취의 방지 및 해결 등 제반 사회문제에 대한 집합적인 해결을 강조하였다.
- 직업기술훈련, 언어훈련, 교육 및 환경개선운동 등을 공동으로 전개함으로써 빈민들이 자립할 수 있는 여건 형성을 위한 집단적 노력을 실천하였으며 지역사회 거주자들의 자생력을 강화하기 위해 성인교육도 실

시하였다.

- 인보관 운동은 집단사회사업, 사회행동 및 지역사회조직활동의 시초라 할 수 있으며 이러한 활동은 나중에 사회복지정책과 관련한 사회복지 실천 활동에 영향을 주었다.

〈표 3-1〉 자선조직협회와 인보관의 비교

구 분	자선조직협회	인보관 운동
대표인물	리치몬드(Mary Richmond)	아담스(Jane Adams)
문제의 근원	개인	사회환경
방법론	개별사회사업	집단사회사업, 지역사회조직사업
빈곤의 책임	개인책임 강조	사회, 환경, 제도적 측면
문제해결 관점	빈민개조	사회개혁, 사회개량
지향점	개개인의 복지	일반대중의 복지
주도층	상류층, 자산가	중산층, 지식인층
활 동	가치 있는 빈민/ 가치 없는 빈민을 구분하여 구제, 구제의 공정성 문제 해결을 위해 현존 자선단체들의 상호관계 밀접, 구제 신청자의 엄격한 조사 및 가정 방문을 통한 적합한 대상자 선정	지역 내 빈민과 함께 거주하며 자원봉사자로서 빈곤자들을 위한 교육, 문화적 활동을 향상시키며 사회개량, 사회입법 위해 노력
공통점	궁극적인 목적을 복지와 안녕의 추구에 둔다는 공통점이 있기 때문에 상호의존적인 관계를 유지함	

2) 전문사회복지실천의 성장기(1900~1920)

19세기 후반부터 도시화에 수반되는 다양한 사회문제들을 해결하기 위해 새로운 전문적 사회복지실천 이론이 확립되기 시작하였고 사회복지 관련 단체가 전국적으로 조직화되는 등 사회복지실천이 전문적 특수영역으로의 확대라는 차원에서 전문직으로서 성장해 가는 시기였다고 할 수 있다. 또한 자선조직협회의 활동이 점차 전문화·조직화되어 가면서 봉사자 교육 및 조직·관리 과정에서 일정한 기준과 지침서가 요구됨에 따라 전문적인 교육의 필요성이 대두되었다.

(1) 전문적 교육과 훈련

사회복지실천의 전문적 교육은 1898년 뉴욕 자선조직협회에 의해 미국 최초의 사회복지 전문인력 양성과정이 '여름자선학교'라 불리는 6주간의 프로그램으로 실시되었다. 이것은 1904년에 현재 컬럼비아 대학의 전신인 '뉴욕 자선학교'로 명칭이 변경되고 1년 정규과정으로 시행되다가 1910년에 2년의 정규교육 과정으로 채택됨으로써 사회복지실천교육 체계화의 기틀이 되었다. 1919년까지 미국 내에 17개의 전문사회복지학교가 설립되었으며, 그중 12개가 대학 내에 설립되면서 현장 유급직원들에 대한 현장교육 중심의 교육이 이루어졌다.

(2) 전문지식의 이론화

전문적 이론의 확립에 있어서는 '개별사회사업의 어머니'라 불리는 Mary Richmond의 이론서가 시초가 되었다. 그녀는 1917년 『사회진단』이라는 저서를 통하여 사회복지실천에 관한 이론과 방법을 최초로 체계화하였고, 1920년에는 『개별사회사업이란 무엇인가?』를 통해 개별사회사업의 이론화를 명확히 하여 사회사업실천의 전문화에 커다란 공헌을 했다.

(3) 전문적 실천활동

1905년 Cabot에 의해 매사추세츠 종합병원에서 의료사회사업이 처음으로 시작되었다(Trattner, 1989). 1906년 같은 병원의 Putnam은 정신의료 부서에 활동할 사회복지사를 채용하였다. 이 무렵 공립학교에서는 사회복지사를 활용하기 시작하였고, 1913년 교육위원회는 학교사회복지사를 정식으로 승인하였다. 그 밖에 아동복지, 교정사회복지 분야 등에서도 사회복지사의 활동이 활발하게 전개되었다.

3) 사회복지실천의 전문적 분화기(1920~1950)

1920년까지 사회복지실천이 점차 전문직으로서의 기틀을 다지면서 전문영역의 확장 및 이론적 기초를 이루기 위한 성장을 이루었다면 이 시기에는 사회복지실천의 이론적·방법론적 발달이 각 영역별로 분화되어 발전하는 시기였다.

(1) 개별사회사업의 발달

이 시기에는 의료현장, 학교, 법정 등 다양한 영역으로 사회복지사들의 역할이 넓어짐에 따라 공통의 지식기반의 필요성에 대한 요구가 사회복지계 내부에서 일어났다.

① 사회복지실천 초점의 이동

1920년대 이후 정신분석적 사고에 영향을 받아 사회복지사들은 Freud 이론과 신프로이트학파인 Rank 이론을 추종하였으며, 이 두 이론과 Richmond의 『사회진단』의 직접적인 영향으로 형성된 것이 개별사회사업이다.

1920년대에 들어서 Freud의 정신역동학 이론이 유럽을 비롯해 전파되기 시작하면서 인간의 성격발달과 문제행동에 관한 Freud 이론은 특히 사회복지실천 활동에 큰 영향을 주었다. 이러한 이론은 환경의 변화를 통한 인간의 성장과 발달 및 변화와 적응을 강조하던 초기 사회복지실천가들을 매료시켰다. 따라서 사회복지실천의 초점도 환경에서 개인 내부문제로 옮겨가기 시작하여 이후 30여 년간 사회복지실천은 개인의 내적인 문제와 변화에 초점이 맞추어졌다.

② 진단주의와 기능주의의 갈등

㉠ 진단주의

1920년대 개별사회사업은 Richmond의 『사회진단』의 흐름을 이어받으면서 정신분석 지향적 접근의 프로이트학파의 개념과 방법을 기초로 하였다. 이들은 클라이언트의 문제를 개인 내적 정신과정의 산물로 보고 무의식, 전이, 저항과 같은 개념들을 기초로 접근하였다. 이는 기계론적 · 결정론적 관점과 실천으로 하는 전통적인 접근법이다.

이 시기에 등장한 진단주의는 정신의학 분야의 실천가와 가족복지관이나 아동상담소 등에도 널리 확대되었다. 그 이후 이 이론은 Hamilton에 의해 이론화가 진행되었고 이어 Hollis에 의해 심리사회적 모델로 체계화되어 현대 사회복지실천 모델의 하나로 발전되었다.

㉡ 기능주의

1930년대 제2차 세계대전과 대공황으로 대량실업이 발생하여 빈곤문제가 제기되면서 전통적인 프로이트학파를 중심으로 한 진단주의에 불만을 가지고 기능주의가 등장하게 되었다. 신프로이트 학파인 Rank가 진단주의에 대한 비판을 가하면서 인지심리학에 기초를 둔 기능주의를 수립하게 되었다.

기능주의 학파는 인간에 대한 낙관적인 견해를 채택하였다. 기능주의 학파의 초점은 사회복지사와 클라이언트 간의 관계에 있었는데 상호 간의 관계는 성장과 촉진을 하며 무엇보다도 클라이언트 내부의 힘을 중요시 여겼다. 그러므로 '치료' 라는 말 대신 '원조과정'이라는 용어를 사용했다.

기능주의의 핵심은 원조과정이 전개되는 기관의 기능과 중요한 관계를 갖고 있었는데 진단학파의 주장과 달리 기능주의자들은 사회사업기관이 사회복지사의 실천을 위한 초점, 방향, 내용을 공급해야 한다고 생각했다.

이러한 기능주의 논쟁은 사회복지관점이 의학모델에서 생활모델로 전환되는 실마리를 제공했다는 점에서 역사적 의의가 매우 크며, 기능주의의 대표학자로는 Robinson과 Taft가 있다.

1930년대 Freud의 정신분석 이론을 중심으로 사회복지실천을 행하는 진단주의 학파와 Rank의 이론을 중심으로 사회복지실천을 행하는 기능주의 학파 사이에서 전통적 정신분석 이론에 대한 비판이 제기되어 1950년대까지 논쟁이 계속되었다.

진단주의는 병리를 강조하며, 기능주의는 환경의 요구에 부응하지 못하는 개인의 역기능적 능력에 강조를 두었는데, 개인의 내부에 잠재한 건전 성장을 위한 의지를 강조하는 기능주의의 영향으로 진단주의는 Freud의 개인 내적 진단 경향에서 다소 벗어나 '환경 속의 인간'을 이해하는 방향으로 변화되었다.

〈표 3-2〉 진단주의와 기능주의의 비교

구 분	진단주의 학파	기능주의 학파
강 조	치료	원조과정(process)
영향 받은 이론	Freud의 정신분석개념	Taft의 관계, 내부의 힘 개념
접근 방법	개인의 과거중심적인 접근방법 선택	인간과 환경의 관계를 중심적으로 분석, 현재에 초점을 맞춰 문제접근

③ 문제해결 접근

진단주의와 기능주의 간의 논쟁은 약 25년 이상이나 지속되었다. 이러한 상황에서 두 학파 간의 갈등해결에 영향을 미친 이론이 등장하게 되었고, 그것은 Perlman이 제시한 문제해결 접근이다.

한편 1950년대의 혼란이 어느 정도 제거되고 안정이 되었을 때 기능주의는 사라져버렸지만 성장과 변화를 위한 자극제로서 과정의 개념과 치료적 관계를 포함하는 기능주의의 많은 이론과 태도, 기술들은 사회복지실천을 발전시키는 데 남아 있게 되었다.

(2) 집단사회사업의 발달

집단사회사업이 사회복지실천에 도입된 것은 1930년대이며, 1935년 미국 사회복지사 전국대회에 집단사회사업 부분이 등장하였고, 1936년 집단사회사업 연구회가 결성되었으며 1946년 미국 집단사회사업협회로 발전하였다.

집단사회사업의 등장 배경은 1920년대에 접어들어 지역사회 공동시설과 지역사회센터 건설 등으로 주민들의 자발적인 여가활동과 집단 활동이 활성화되기 시작하면서 전문적이고 이론적으로 체계화된 집단지도기술이 요구됨에 따라 집단사회사업전문교육을 시작하게 된 것이다. 그 이후 정신병원과 아동상담소 등에서 같은 대상층에 대해 유사한 문제를 경험하고 있는 사람들을 돕기 위한 방법으로 활발히 도입되기 시작하여 1960년대에 이르러서는 가족에 대한 개입에도 집단사회사업이 활용되기 시작하였다.

(3) 지역사회조직사업의 발달

1929년 경제대공황은 그동안의 민간사회사업의 한계점을 알게 된 계기가 되었다. 대공황에 대응하기 위하여 Roosevelt 대통령은 새로운 정책인 뉴딜정책을 추진하게 되었다. 이 정책으로 인하여 민간영역에서 일하던 사회복지사들이 공공영역으로 대거 이동하는 계기가 되었다. 이것은 1920년부터 미국에서 주 단위 공적 복지 기관이 설치되어 새로운 국면으로 접어들기 시작한 지역사회조직사업에 활성화를 가져오게 되었다.

이러한 상황 속에서 지역사회조직의 이론화에 크게 공헌한 것은 미국사회사업협의회에 제출되었던 Raine의 보고서이다. 이 보고서에서는 지역사회조직의 이론을 체계화하였고, 산재해 있는 지역사회 자원과 지역주민의 욕구 간의 조정을 주요한 기능으로 제시하였다. 지역사회조직은 1944년 사회사업 필수 교과목 중 하나로 포함되었고, 1946년 미국사회사업회에서 '지역사회조직연구회'를 발족하게 되었다. 그 결과 사회복지실천기술에 있어서는 개별사회사업, 집단사회사업, 지역사회조직사업의 세 가지 방법을 절충적으로 사용하면서 사회행동, 사회조사, 사회행동계획, 정책론을 포함한 거시적 방향으로의 발전이 요구되었다.

4) 사회복지실천의 통합기(1950~1960)

1950년대는 사회복지실천에 있어서 이론적 측면이나 전문적 활동 측면에서 기존 접근법의 통합을 추구한 시기라고 볼 수 있다. 통합을 모색하게 된 배경에는 기존의 접근방법으로는 급격한 사회변화나 여러 사회문제에 적절히 대응할 수 없다는 한계점이 드러나게 되어 사회복지실천 통합방법론의 요구가 절실하게 되었다.

(1) 사회복지실천 이론의 통합

이 시기에 사회복지실천 통합방법론의 요구에 힘입어 대두된 이론들은 다음과 같다.

① Pincus와 MInahan은 4체계모델에서 포괄적이고 전체적인 관점에서 클라이언트 체계를 사정하는 기초를 제공하였다.

② Goldstein은 단일화 모델에서 사회체계모델, 사회학습모델, 과정모델들을 결합하여 사회학습에 관한 사회복지사의 기능과 자원 확보 및 활용능력을 통해 사회변화가 가능하다는 것을 강조하였다.

③ Compton과 Galaway는 Perlman에 의해 제시되었던 문제해결과정모델을 통하여 인간의 생활은 끊임없는 문제해결의 과정으로 문제는 병리가 아님을 분명히 하면서 문제해결 자체보다 과정이나 단계에서의 활동에 중점을 두었다.

④ Germain과 Gitterman은 생활모델을 통하여 개인과 환경을 동시에 아우르는 데 초점을 두어야 한다는 관점을 제공하였고 문제나 장애를 생활과의 맥락 속에서 파악하는 통합적 관점을 취하였다.

⑤ Perlman은 진단주의와 기능주의를 혼합한 문제해결모델, Smalley의 현대 기능주의 모델, Rogers의 클라이언트 중심모델, 집단사회사업을 포함한 상호작용모델, 그리고 체계이론을 사용한 현대적 모델로 연결하였다.

(2) 전문직 단체의 통합

이 시기에는 이론의 통합에 힘입어 전문직단체의 통합도 활발하게 이루어진 시기라고 할 수 있다. 사회복지전문직 단체는 실천분야나 방법론에 따라 각기 다른 7개의 전문협회를 구성하였다가 오랜 기간 타협 끝에 1955년에 전국사회복지사협회(National Association of Workers)로 통합하기에 이른다. 또한 NASW

는 다섯 개의 전문직단체인 의료사회복지사협회, 학교사회복지사협회, 미국사회복지사협회, 정신의료사회복지사협회, 집단사회복지사협회와 두 개의 연구단체인 지역사회조직사업, 사회조사사업이 연합하여 결성되었다(NASW, 1995). 이로써 사회복지사들은 실천분야나 접근 방법론에 관계없이 모두 동일한 전문직으로서의 정체성을 확립하기 시작하였다.

5) 사회복지실천의 발전기(1960~1980)

이 시기는 새로운 문제 및 클라이언트 집단이 등장하게 됨에 따라 새로운 이론과 서비스의 개발이 필요하게 되었다. 이에 사회사업 통합이론이 진행되는 한편 전통적인 사회복지실천도 새로운 이론이 도입·형성되어 발전하는 과정을 거치면서 전문사회복지실천은 새로운 도약을 하게 되었다.

(1) 사회복지실천 초점의 재이동 및 다양한 실천모델의 개발

1960년대 이르러 개인에 초점을 둔 사회복지실천이 새로이 나타난 다양한 클라이언트의 근본적인 문제를 해결하기에는 한계가 있다고 인식하게 되었다. 이러한 인식의 영향으로 기존의 방법론을 보다 발전시켜 가는 한편 새로이 등장한 특정 클라이언트 집단에 적용하기 위한 새로운 접근법 개발에 중점을 두는 통합적 접근법을 모색하게 되었다. 이는 사회복지실천의 개입방향이 개인에서 사회변화 및 사회적인 접근으로 변화하기 시작했다는 것을 알 수 있다.

1970년대에는 생태체계이론의 등장과 함께 환경과 인간을 함께 이해하는 관점에서 Rapoport의 위기개입모델, Reid와 Epstein의 과제중심모델 그리고 Germain의 생활모델에 대한 이론화가 진행되었다.

1960년대 후반부터 1970년대에는 사회목표모델, 치료모델, 상호작용모델, 인본주의모델, 사회학습모델, 목표형성모델의 여섯 가지로 성장하게 되었다. 또한 Hollis의 심리사회적 모델, Rank의 기능주의 모델, Perlman의 문제해결모델, Thomas의 행동주의 모델 등 다양한 실천모델이 등장하였다. 이러한 결과로서 개별사회사업실천은 의료모델에서 생활모델로 전환을 구축하였다.

(2) 임상사회사업의 발전

기존의 NASW가 사회변화에 관심을 지나치게 가지고 있다고 생각하던 직접적인 실천의 지지자들은 1971년에 임상사회사업 연맹을 구성하였다. 이 시기에 개업 사회복지사(private practice)의 출현도 이와 같은 클라이언트의 심리사회적 문제에 대한 사회복지사의 전문적 직접 서비스에 대한 관심의 반영이라고 할 수 있다.

임상사회사업가의 역할에 대한 요구는 건강보호시스템, 보건교육, 가족계획 상담을 위한 입·퇴원 서비스 영역, 산업체의 서비스 욕구, 아동학대, 교정, 그리고 가정폭력 분야 등에서 점차 증가되고 있다.

6) 1980년~현재(다중적 관점)

이 시기의 사회복지 분야는 복지예산 삭감 및 사회복지 서비스 축소에 대한 압력, 사회복지서비스의 민영화 등 보수주의적 분위기의 영향으로 인하여 사회복지실천 역시 움츠러들 수밖에 없는 분위기였다. 그러나 새로운 관점이 등장하고 개입전략도 확장되는 시기이다. 대표적인 개입기법으로 먼저, 개별사회사업실천의 확장으로 다양한 개입방법이 개발되었으며 단기 문제해결 중심의 개입 기법의 개발을 들 수 있다. 다음은 집단사회사업실천의 확장으로 권한부여가 중요한 단서로 등장하게 되었고, 마지막은 지역사회사업실천의 확장에서 권한부여 전략의 필요성을 인정하는 한편 여성적 관점 및 실천전략이 강조되었다.

이어 1980년대에는 NASW를 중심으로 공통적인 지식기반, 실천방법, 실천현장, 가치와 기술 등에 대한 합의를 도출하려는 노력을 통해 통합방법론과 일반사회사업실천이 정착되었다. 이로서 적절한 서비스를 제공하기 위해 노력하는 동시에 프로그램도 다양하고 폭넓게 수행하려고 노력하였다. 1990년대 이후 최근에는 강점관점을 비롯한 다중관점 및 다중 개입전략이 각광을 받고 있다.

지금까지 발전하여 온 사회복지실천 중 개인대상, 가족대상, 집단대상은 미시 또는 임상으로 분류되고, 지역사회조직은 행정, 정책과 함께 거시로 편입되었다. 그리고 전문화에 대한 강조가 약화되면서 일반적 실천(generalist practice)이 등장하였다. 결국 오늘날의 사회복지실천은 자선조직협회와 인보관 운동의 영향, 지역사회조직운동 등의 영향이 통합되어 이루어진 것이라고 볼 수 있다.

2. 한국 사회복지실천의 역사적 발달과정

서구의 사회복지실천 발달과정은 오랜 기간에 걸쳐 점진적으로 발전해 온 반면, 우리나라의 사회복지실천은 대체로 왕조 중심의 시혜적 태도로서의 민생구호정책이 위주였고, 그 후 일제 식민지 아래에서는 조선 민중의 반일 행동을 억제하려는 정치적 목적이 그 저변에 깔려있다고 볼 수 있다. 현대적 의미의 한국 사회복지실천의 역사적 발달과정은 20세기 100년을 중심으로 크게 3단계로 나누어 설명할 수 있다. 제1단계는 1970년 후반까지의 80년간이고(차홍봉, 2001), 제2단계는 1980년대 이후부터 2000년대 전후, 3단계는 2000년 이후로 볼 수 있다.

이에 본 서에서는 근대 이전, 즉 왕조시대는 거론하지 않고, 제1단계를 근대 이후부터 한국전쟁 이전과 이후로 구분하여 초기 사회사업의 발달의 시기로, 한국전쟁과 외원기관의 활동으로 분류하였고, 다음은 제2단계인 1980년대부터 2000년 전후로 3단계는 2000년 이후로 분류하여 살펴보고자 한다.

1) 초기 사회사업의 발달

근대 사회복지사업이 우리나라에서 시작된 것은 한국에 왕도정치가 끝나고 근대로 이행해 오는 시기로 조선 말엽인 1888년에 프랑스의 천주교회에 의해 고아원이 설립된 것이 최초이며, 1907년 평양 맹아학교의 개교이었다.

일제 강점기와 미 군정기는 우리나라의 정치가 자주적인 정권을 행사할 수 없는 시기였으나 역사적으로 보면 외부의 힘으로나마 사회복지실천이 도입되기 시작한 시기로 볼 수 있다. 조선시대의 민생구휼제도는 1905년 을사늑약과 함께 끝난 것으로 볼 수 있으며, 1910년 한일합병으로 일본의 강제정책이 시작되었다.

(1) 일제강점기시대의 사회복지실천

1921년 조선총독부는 내무국에 사회과를 신설하고 각종 사회정책에 관한 사업을 관장하게 되었고 그 후 일본의 강제성에 의한 의도적인 사회사업이 전개되었다. 한국에서의 개별사회사업실천의 기원은 일제강점기의 방면위원에서 그 뿌리를 찾을 수 있다. 방면위원제도는 1927년 일제에 의해 인보사업과 사회사업 서비스를 원활히 한다는 명목으로 도입되었다. 1921년에는 한국 최초의 사회복지관인 태화기독교사회관 설립으로 지역사회사업이 실시되기 시작되었다.

(2) 미군정시대의 사회복지실천

미군정시대의 사회복지시책은 기아의 방지, 최저생계유지, 보건 및 의료보호, 응급 주택보급 등에 중점을 두고 있었으나 적극적이고 계획적인 사업추진이나 장기계획은 거의 이루어지지 않았다. 그런 상황에서도 1947년 이화여자대학교 기독교사회사업학과가 신설되었으며, 1953년에는 중앙신학교에서 사회복지학과가 설치되어 전문적인 사회사업에 대한 교육이 시작되었다.

2) 한국전쟁과 외원기관

우리나라에 미국식 사회복지실천 방법이 본격적으로 도입되기 시작한 것은 1950년대 초반이라고 볼 수 있다. 한국전쟁으로 인한 사회적 혼란과 인간생활의 황폐 현상에 개입하고자 많은 외국 민간원조단체가 한국에 들어오기 시작한 것이다. 물론 한국전쟁 이전인 미 군정기에도 전쟁 이재민과 월남 동포들의 구호를 위해 외국 자선단체들이 한국을 찾았다. 하지만 외국 원조에 의한 사회복지실천이 대대적으로 전개되기 시작한 것은 한국전쟁 시기부터라고 할 수 있다.

(1) 외원단체의 활동과 그 영향

한국전쟁 발발 후 발생된 전쟁난민 구호 활동을 위해 국제연합(UN)의 요청에 의해 각국의 외원단체들이 구호물품이나 성금을 한국으로 보내주거나 직접 한국을 방문하여 구호 사업을 지원 전개하기 시작하였다.

이 시기에 한국에서 활동한 외원단체들이 우리 사회에 미친 영향을 살펴보면 다음과 같은 특성을 알 수 있다(엄명용, 2010).

① 한국전쟁 이후는 외원단체협의회(KAVA)를 비롯한 많은 외원단체를 통하여 개별사회사업실천이 탄생하였다. KAVA는 외국 민간원조기관 한국연합회로서 전쟁기간과 전후 상당 기간 동안 기본적인 생계문제, 여러 유형의 가족해체문제, 전쟁고아문제, 전쟁으로 인한 장애아동 및 성인들의 생활문제, 교육문제, 사회재활문제 등 중요한 문제해결을 지원하는 역할을 하였다.

1951년 설립된 한국기독교세계봉사회(KCWS : Korea Church World Service)와 1952년 한국외원단체협의회(KAVA : Korea Association of Voluntary Agencies)가 설립된 후 기독교 세계 봉사회, 홀트아동복리회, 선명회 등과 같은 외원사회사업 기관과 KAVA를 중심으로 기관을 통한 개별사회사업실천이 행해진 특성을 볼 수 있다.

② 이들 외원단체들은 전문적 사회복지실천보다 종교적 선교활동에 목적을 두었기 때문에 사회복지전문성은 갖추지 못하였다. 반면 한국의 사회사업이 종교(특히 기독교)와 밀접한 관련하에 전개될 수 있도록 하였다.

③ 외원단체들의 활동은 한국에서 전문사회사업이 시작되도록 촉발된 계기가 되어 시설 중심의 사회사업이 발전하게 되었다.

④ 한국의 사회복지가 거시적인 사회정책보다는 미시적인 사회사업 위주로 발전하는 계기가 되었고, 사회사업에 대해 구호사업 또는 자선사업과 같은 것으로 한국인들이 인식하는 데 기여하였다.

⑤ 외원단체의 철수에 따라 외원에 크게 의존하던 한국의 민간 사회사업부

문이 정부에 의존하게 됨으로써 민간사회사업 부문이 정부통제하에 편입되게 하는 데 기여하였다.

⑥ 1960년 후반부터 이러한 외원단체들이 한국을 떠나기 시작하여 사회복지실천이 자리 잡지 못해 수용보호의 전통적 방법에서 탈피하지 못한 채 대인서비스 기술 개발보다는 노인, 아동, 부녀, 정신질환 등의 분야로 나뉘어 수용보호임무를 수행했다고 볼 수 있다.

(2) 한국전쟁 이후 외원기관 이외의 사회복지실천의 발전

한국전쟁 이후 외원단체들의 영향에 힘입어 1959년 의료사회사업이 시작되었고, 1965년에는 한국 개별사회사업가협회가 발족되었으며, 1967년에는 한국사회사업가협회가 조직되었다. 1970년대에는 지역복지사업의 대표적 사업이라 할 수 있는 새마을운동이 전개되기 시작하였다.

3)~2000년대까지

1980년대에 들어와서 우리나라는 지역사회복지에 커다란 전기를 맞이하게 되었다. 우리나라의 사회복지관은 1980년대 초반까지는 양적 · 질적인 면에서 기본적으로 1970년대의 골격을 그대로 유지하였다. 다만, 1983년 사회복지사업법의 개정에 따라 사회복지관은 종합사회복지관 가형과 나형 그리고 사회복지관으로 공식적으로 국가의 지원을 받게 되었다. 이로 인하여 1985년부터 지역사회 중심의 사회복지실천을 위하여 각 시 · 도 단위로 종합사회복지관이 설립되어 471개소(2020년 2월 기준)가 운영 중이다(대전종합사회복지관협회, 2020).

한편, 공공영역에서는 1987년부터 생활보호업무를 담당하는 '사회복지 전문요원'이 저소득층 밀집지역에 투입되어 시작하였고, 1999년 9월부터는 별정직에서 일반직으로 전환되어 전국 동사무소에 배치함으로써 사회복지전달체계가 확립되어 문제를 가진 개인 및 가족에 대한 개별적 접근이 다양하게 이루어지게 되었다.

1994년에는 방문간호사업이 시작되어 재가복지가 활성화되었고, 그 이후 2010년 재가복지센터는 종합사회복지관의 재가복지서비스로 흡수통합되었다. 1997년에는 정신보건법을 시행하게 되어 정신보건사회복지사의 탄생으로 정신보건의 전문화가 강화되었다. 같은 해 학교사회사업법 시범연구사업을 사작하여 2000년에는 한국학교사회사업 실천가협회가 창립되었다. 1998년에는 사회복지사업법 시행령, 시행규칙 등이 개정되어 사회복지사 자격 국가고시가 신설되었으며, 임상사회복지사 제도에서 전문사회복지사제도로 명칭이 바뀌어 시행되었다. 뿐만 아니라 사회복지사업법 개정과 아울러 개별사회사업과 집단사회사업이 통합·분할되어 사회복지실천론과 사회복지실천기술론으로, 지역사회조직은 지역사회복지론으로 변경되어 시행하게 되었다. 이 외에도 1997년 사회복지공동모금법이 제정되었고, 1999년에는 국민기초생활보장법이 제정되어 수급권이 보장되었다.

4) 2000년 전후부터~

2000년대에 들어서 사회적 양극화, 저출산 고령화문제, 새터민 및 다문화가정의 증가로 사회복지실천에 있어서 임파워먼트와 문화적 다양성에 대한 관심이 증가되고 있고 민간 사회복지분야에서 책임성에 대한 요구가 강화되면서 사회복지 실천에 있어 서비스의 효과성과 효율성의 입증과 조사연구가 주요한 역량으로 강조되었다(조미숙 외, 2010).

이 시기에 일어난 주요한 변화로는 먼저 2000년 10월 국민기초생활보장제도가 시행되어 보충급여와 자활사업이 실시되었으며 수급억제적인 요소로 지적받아 온 예산 할당주의가 신청주의로 바뀌었고 실업자가 공공보조의 대상으로 포함되었다. 2005년 저출산고령사회기본법이 제정되어 저출산에 대응하는 정책이 실시되었고 2008년 기초노령연금이 도입되었으며 같은 해 노인장기요양보장제도가 시행되었다. 보다 구체적으로 2001년 여성부가 신설되었고 2003년 지역사회보장협의체가 법제화되어 지역단위의 복지계획을 수립하도록 하였으며 2003년 사회복지사 1급 국가시험이 실시되었고 이와 함께 사회복지실천과 관련된 교과과정도 개편되고 전문적 실천의 장도 확대되었다(조미숙 외, 2010). 그러나 사회복지사자격증의 남발로 인하여 사회복지 전문직의 질적 저하에 대한 우려가 증가했다. 2004년 민간주도의 We Start 사업이 실시되었고 2005년 여성부가 여성가족부로 개편되었으며 2005년 전국 시 · 군 · 구 지역사회복지협의체가 구성되었고 2005년 제1회 학교사회복지사자격시험이 한국사회복지사협회와 한국학교사회복지학회 및 한국학교사회복지사협회 등의 공동주관하에 시행되었다. 또한 2007년 공공주도의 희망스타트 시범사업이 실시되었고 2008년 드림스타트 변경 및 사업지역의 확대가 이루어졌으며 2014년 국민기초생활보장법이 개정되었다. 2014년 4월 세월호사건이 발생하여 재난과 위기에 대한 관심이 고조되었고, 2015년 기초생활보장제도에 '맞춤형 급여' 체계가 시행되었다.

요점정리

1. 전문사회복지실천의 태동기(19세기 말~1900)

자선조직협회(COS)

- 1869년 런던에 세계 최초 설립, 개별사회사업실천, 사회조사, 지역사회실천의 기초
- 기능 : 구제신청자에 대한 과학적이고 면밀한 조사, 구제등록 실시, 여러 구제기관 간의 연락, 조정, 우애방문자를 활용한 빈민층 교화 활동, 빈곤가족을 방문하여 빈민 조사 및 등록을 통한 조직 간 활동의 조정과 협력 추구 등을 실시

인보관 운동

- 1884년 Barnett에 의해 런던에 세계 최초의 인보관인 토인비 홀(Toynbee Hall)이 설립 집단사회사업, 사회행동 및 지역사회조직활동의 시초
- 빈민지역에 함께 살면서 우애관계를 갖고 지역주민의 문제를 해결하고 생활을 개선하고자 하는 목표로 시작
- 기능 : 주택의 개선, 공중보건의 향상, 고용주들에 의한 빈민착취의 방지 및 해결, 직업기술훈련, 언어훈련, 교육 및 환경개선운동, 성인교육 등을 실시

2. 전문사회복지실천의 성장기(1900~1920)

전문교육기관의 등장

- 1898년 미국 최초의 사회복지인력 전문인력 양성과정이 뉴욕 자선학교에서 실시
- 전문적 이론의 확립 : 1917년 Richmond의 『개별사회사업이란 무엇인가?』라는 저서를 통해 사회복지실천에 관한 이론과 방법을 최초로 체계화

3. 사회복지실천의 전문적 분화기(1920~1950)

진단주의와 기능주의의 갈등

- 진단주의 : Richmond의 사회진단과 Freud의 정신분석학의 개념과 방법을 도입. 기계론적, 결정론적 관점과 실천으로 하는 전통적인 접근법으로, 질병이론, 치료 용어 사용. 해밀턴에 의해 이론화가 진행되고 Hollis의 심리사회적 모델로 체계화
- 기능주의 : 인지심리학에 기초. 인간에 대한 낙관적인 견해를 가지고 사회복지사와 클라이언트 간의 관계를 중시. 원조과정 용어 사용. 사회복지관점이 의학모델에서 생활모델로 전환

4. 사회복지실천의 통합기(1950~1960)

대표적 사회복지 통합이론

- 4체계모델, 단일화 모델, 문제해결과정모델, 생활모델, 권한부여모델

5. 사회복지실천의 발전기(1960~1980)

다양한 실천모델의 개발

- 위기개입모델, 과제중심모델, 생활모델에 대한 이론화가 진행
- 사회목표모델, 치료모델, 상호작용모델, 인본주의모델, 사회학습모델, 목표형성모델의 여섯 가지로 성장
- 심리사회적 모델, 기능주의 모델, 문제해결모델, 행동주의 모델 등 다양한 실천모델이 등장

6. 1980년~현재(다중적 관점)

한국 사회복지실천의 역사

- 한국전쟁 이후 기독교 아동복리재단, 홀트아동복리회, 선명회 등의 외원사회사업기관과 KAVA, 외국민간원조기관 한국연합회를 중심으로 행해짐
- 1959년 의료사회사업의 시작, 한국개별사회사업가협회 조직
- 1967년 한국사회사업가협회 조직
- 1980년대 이후 지역복지와 재가복지사상의 도입으로 사회복지관 사업의 확장, 활성화, 사회복지전문인력의 배출, 사회복지전문요원제도 실시

04

CHAPTER

사회복지실천 현장에 대한 이해

1. 사회복지실천의 현장
2. 사회복지사의 활동

■ 개요

사회복지실천 현장은 사회복지서비스가 직접, 간접적으로 사회복지실천 과정에 중요한 영향을 미치는 요소이다. 사회복지의 목적을 달성하기 위해 공 · 사의 사회주체가 운영하고 있는 사회복지 조직 및 시설로 이해되고 있으며 이에 소속된 사회복지사가 다양한 장면에 전문적으로 참여하여 사회문제 해결에 실천기술을 적용시키는 사회복지실천분야 혹은 사회복지실천의 장이라고 할 수 있다.

이 장에서는 사회복지실천 현장에 대한 이해와 사회복지실천 현장의 종류, 사회복지실천 현장에서의 사회복지사 역할 등에 대해 소개하고자 한다.

■ 학습목표

- 사회복지실천 현장에 대해 구체적으로 이해한다.
- 사회복지실천 현장의 종류를 파악한다.
- 사회복지실천 현장에 따라 사회복지사의 역할을 학습한다.

04
CHAPTER

사회복지실천 현장에 대한 이해

1. 사회복지실천의 현장

1) 사회복지실천 현장의 개념

한국전문대학사회복지교육협의회(2005)에서는 사회복지실천 현장의 개념에 대하여 사회복지실천 현장은 사회복지서비스가 이루어지고 있는 '장'이라고 정의하였다. 아울러 넓은 의미에서 분야 및 영역인 사회복지실천 현장과 좁은 의미에서 클라이언트의 문제해결을 위해 사회복지사들이 활동하는 장소로 구분하여 설명하고 있다.

(1) 넓은 의미에서의 사회복지실천 현장

사회복지실천 분야 또는 서비스의 초점이 되는 문제영역을 포괄하는 개념으로서 클라이언트에게 서비스를 제공하기 위해 직접 · 간접적으로 관련되는 모든 현장을 뜻한다. 이때의 실천 현장은 물리적인 장소의 개념을 넘어 사회복지실천이 이루어지고 있는 전문분야를 일컫는다.

(2) 좁은 의미에서의 사회복지실천 현장

클라이언트에게 사회복지서비스를 직접 또는 간접적으로 제공하는 사회복지기관을 의미한다. 기관은 클라이언트의 문제해결 과정에 중요한 영향력을 미치며 사회복지사들의 활동을 규정하는 환경인 셈이다.

2) 사회복지실천 현장의 분류

사회복지사가 활동하는 사회복지실천 현장과 활동 내용은 매우 광범위하고 다양하다. 각각의 실천 현장에서 활동하기 위해서는 각 현장의 특성과 사회복지사의 역할과 활동 내용을 정확히 이해함과 동시에 필요한 지식 습득과 실천 현장에서의 훈련이 적절히 이루어져야 할 것이다.

(1) 기관의 기능 및 목적에 따른 분류

① 1차 현장

1차 현장은 사회복지서비스 제공이 기관의 주된 기능으로 사회복지사가 중심이 되어 활동하는 실천의 장을 말한다. 예컨대 종합사회복지관을 비롯한 각종 복지관, 지역아동센터, 다함께돌봄센터, 자활지원센터, 아동생활시설, 장애인생활시설 등이 이에 해당한다.

② 2차 현장

사회복지실천의 2차 현장은 기관의 일차적인 기능은 따로 있으며, 필요에 의해 부가적으로 사회복지서비스를 제공하는 곳을 말한다. 예를 들면, 학교가 있다. 학교의 주 기능은 교육서비스를 제공하는 것이지만 학교 폭력 같은 문제를 해결함으로써 학교 교육의 효과를 높이기 위해 학교사회복지실천이 이루어지므로 2차 현장에 해당한다. 마찬가지로 의료기관, 교정시설, 보호관찰소, 정신건강복지센터, 시청이나 읍·면·동사무소 등이 이에 해당된다.

(2) 기관 설립주체 및 자금조달 방식에 따른 분류

① 공공기관

공공기관은 정부의 지원에 의해 운영되는 기관으로 사회복지사의 업무가 정부규정이나 지침에 의해 지도 감독을 받는 곳이다. 서비스를 계획·관리하고 지원하는 행정체계와 아동보호, 소득보장 등과 관련된 사업을 직접 운영하는 집행체계로 나눌 수 있다. 예를 들면, 보건복지부, 시 · 도 사회복지과, 시 · 군 · 구 사회복지과, 읍 · 면 · 동 사회복지업무 등이 여기에 해당된다.

② 민간기관

민간기관은 사회복지와 관련된 사업을 목적으로 설립 · 운영하는 기관을 말한다. 예컨대 사회복지법인, 사단법인, 종교단체, 시민단체 등이 운영하는 비영리기관을 말한다. 주로 이사회에서 운영을 책임지며, 주된 자금은 기부금이나 후원금, 법인 전입금, 기타 서비스 이용료 등을 활용한다.

(3) 서비스 제공방식에 따른 분류

① 행정기관

행정기관은 사회복지서비스를 효과적으로 전달할 수 있도록 다양한 사회복지기관 및 단체, 인력들을 지원해 주는 것을 목적으로 행정업무를 수행하고 기관 간 연계 및 협의 업무를 담당하는 기관이다. 업무상 사회복지사의 개입이 필요하거나 사회복지실천 현장과 교류가 필요하므로 사회복지실천 현장으로 중요하다.

공공 행정기관의 주요 관련부처는 보건복지부, 고용노동부, 여성가족부, 문화체육관광부 등이 있으며, 민간 행정조직으로는 한국사회복지협의회, 한국사회복지사협회, 사회복지기관협의회, 지역사회보장협의체, 사회복지공동모금회 등을 들 수 있다.

② 서비스 기관

서비스 기관은 클라이언트에게 직접 서비스를 제공하는 것을 목적으로 한다. 주요 대상이나 문제영역에 따라서 서비스 기관을 분류한다. 예를 들면, 지역사회복지관, 보육시설, 지역아동센터 등을 말한다.

(4) 주거서비스 제공 여부에 따른 분류

① 이용시설

클라이언트가 주거서비스는 받지 않고 자신의 집에 거주하면서 기관을 방문하여 사회복지서비스를 받을 수 있도록 사회복지서비스를 제공하는 기관을 말한다. 예를 들면, 재가복지센터, 지역아동센터, 지역사회종합복지관, 장애인복지관, 노인복지관, 노인 주간보호센터 등이 있다.

② 생활시설

의식주의 해결과 일상생활을 위한 주거서비스를 포함하여 사회복지서비스를 제공하는 시설을 말한다. 예를 들면, 장애인생활시설, 보육원, 청소년쉼터, 공동생활가정, 아동보호치료시설 등이 이에 속한다.

3) 사회복지실천 현장의 종류

사회복지실천 현장은 매우 다양하지만 주요 현장을 분야별로 정리하면 다음과 같다.

(1) 아동복지

〈표 4-1〉 아동복지 현장

종 류	시 설	내 용
아동복지시설	아동양육시설	보호대상 아동을 입소시켜 보호, 양육 및 취업훈련, 자립지원서비스 등을 제공하는 것을 목적으로 하는 시설
	아동일시보호시설	보호대상 아동을 일시보호하고 아동에 대한 향후의 양육대책수립 및 보호조치를 행하는 것을 목적으로 하는 시설
	아동보호치료시설	아동에게 보호 및 치료서비스를 제공하는 다음 각 목의 시설 가. 불량행위를 하거나 불량행위를 할 우려가 있는 아동으로서 보호자가 없거나 친권자나 후견인이 입소를 신청한 아동 또는 가정법원, 지방법원소년부지원에서 보호위탁된 19세 미만인 사람을 입소시켜 치료와 선도를 통하여 건전한 사회인으로 육성하는 것을 목적으로 하는 시설 나. 정서적·행동적 장애로 인하여 어려움을 겪고 있는 아동 또는 학대로 인하여 부모로부터 일시 격리되어 치료받을 필요가 있는 아동을 보호·치료하는 시설

공동생활가정	보호대상 아동에게 가정과 같은 주거여건과 보호, 양육, 자립지원서비스를 제공하는 것을 목적으로 하는 시설
자립지원시설	아동복지시설에서 퇴소한 사람에게 취업 준비기간 또는 취업 후 일정기간 동안 보호함으로써 자립을 지원하는 것을 목적으로 하는 시설
아동상담소	아동과 그 가족의 문제에 관한 상담, 치료, 예방 및 연구 등을 목적으로 하는 시설
아동전용시설	어린이공원, 어린이놀이터, 아동회관, 체육·연극·영화·과학실험전시시설, 아동휴게숙박시설, 야영장 등 아동에게 건전한 놀이·오락, 그 밖의 각종 편의를 제공하여 심신의 건강유지와 복지증진에 필요한 서비스를 제공하는 것을 목적으로 하는 시설
가정위탁 지원센터	지방자치단체는 보호대상 아동에 대한 가정위탁사업을 활성화하기 위하여 시·도 및 시·군·구에 가정위탁지원센터를 둔다. 다만, 시·도지사는 조례로 정하는 바에 따라 둘 이상의 시·군·구를 통합하여 하나의 가정위탁지원센터를 설치·운영할 수 있다. 1. 가정위탁사업의 홍보 및 가정위탁을 하고자 하는 가정의 발굴 2. 가정위탁을 하고자 하는 가정에 대한 조사 및 가정위탁 대상 아동에 대한 상담 3. 가정위탁을 하고자 하는 사람과 위탁가정 부모에 대한 교육 4. 위탁가정의 사례관리 5. 친부모가정으로의 복귀 지원 6. 가정위탁 아동의 자립계획 및 사례관리 7. 관할 구역 내 가정위탁 관련 정보 제공 8. 그 밖에 대통령령으로 정하는 가정위탁과 관련된 업무
지역아동센터	지역사회 아동의 보호·교육, 건전한 놀이와 오락의 제공, 보호자와 지역사회의 연계 등 아동의 건전육성을 위하여 종합적인 아동복지서비스를 제공하는 시설
아동보호 전문기관	지방자치단체는 학대받은 아동의 발견, 보호, 치료에 대한 신속처리 및 아동학대예방을 담당하는 아동보호전문기관을 시·도 및 시·군·구에 1개소 이상 두어야 한다. 다만, 시·도지사는 관할구역의 아동 수 및 지리적 요건을 고려하여 조례로 정하는 바에 따라 둘 이상의 시·군·구를 통합하여 하나의 아동보호전문기관을 설치·운영할 수 있다. 1. 아동학대 신고접수, 현장조사 및 응급보호 2. 피해아동 상담·조사를 위한 진술녹화실 설치·운영 3. 피해아동, 피해아동의 가족 및 아동학대행위자를 위한 상담·치료 및 교육 4. 아동학대예방 및 홍보 5. 피해아동 가정의 사후관리 6. 자체 사례회의운영 및 아동학대예방사업과 관련된 업무 7. 그 밖에 대통령령으로 정하는 아동학대예방사업과 관련된 업무

	아동권리 보장원	보건복지부장관은 아동정책에 대한 종합적인 수행과 아동복지관련사업의 효과적인 추진을 위하여 필요한 정책 수립을 지원하고, 사업평가 등의 업무를 수행할 수 있도록 아동권리보장원(이하 "보장원"이라 한다)을 설립한다. 1. 아동정책 수립을 위한 자료개발 및 정책 분석 2. 제7조의 기본계획수립 및 제8조 제2항의 시행계획 평가지원 3. 제10조의 위원회 운영지원 4. 제11조의2의 아동정책영향평가 지원 5. 제15조, 제15조의2, 제15조의3, 제16조, 제16조의2의 아동보호서비스에 대한 기술지원 6. 아동학대의 예방과 방지를 위한 제22조 제3항 각 호의 업무 7. 가정위탁사업 활성화 등을 위한 제48조 제6항 각 호의 업무 8. 지역아동복지사업 및 아동복지시설의 원활한 운영을 위한 지원 9. 입양 특례법에 따른 국내입양 활성화 및 입양 사후관리를 위한 다음 각 호의 업무 가. 입양아동·가족정보 및 친가족 찾기에 필요한 통합데이터베이스 운영 나. 입양아동의 데이터베이스 구축 및 연계 다. 국내외 입양정책 및 서비스에 관한 조사연구 라. 입양 관련 국제협력업무 10. 아동 관련 조사 및 통계 구축 11. 아동 관련 교육 및 홍보 12. 아동 관련 해외정책 조사 및 사례분석 13. 그 밖에 이 법 또는 다른 법령에 따라 보건복지부장관, 국가 또는 지방자치단체로부터 위탁받은 업무

출처 : 아동복지법[시행 2022. 7. 1] [법률 제17784호 2020. 12. 29 일부개정].

(2) 청소년복지

〈표 4-2〉 청소년복지 현장

종 류	시 설	내 용
청소년 복지 현장	한국청소년상담복지개발원(제22조)	1. 청소년상담 및 복지와 관련된 정책의 연구 2. 청소년 상담·복지사업의 개발 및 운영·지원 3. 청소년 상담기법의 개발 및 상담 자료의 제작·보급 4. 청소년상담·복지 인력의 양성 및 교육 5. 청소년상담·복지 관련 기관 간의 연계 및 지원 6. 지방자치단체 청소년복지지원가관의 청소년 상담·복지 관련 사항에 대한 지도 및 지원 7. 청소년 가족에 대한 상담·교육 8. 청소년에 관한 상담·복지 정보체계 구축·운영 9. 그 밖에 청소년 상담원의 목적을 수행하기 위하여 필요한 부수사업

청소년상담 복지센터 (제29조)	〈서울시 청소년상담복지센터 주요 사업〉 1. 상담 : 개인 면접 및 집단상담, 심리검사, 사이버상담, 전화상담(청소년전화 1388) 2. 긴급구조 및 위기개입 : 위기청소년 긴급구조 및 서비스지원, 일시보호소 운영 3. 찾아가는 상담 : 청소년 동반자 프로그램, 교육적 선도 프로그램, 학교 부적응청소년 지원 프로그램, 찾아가는 부모교육 프로그램 4. 자활 프로그램 : 성실 두드림존(취약계층 청소년 자립지원 프로그램 운영) 5. 연계지원서비스 CYS-NET : 지역사회 청소년 통합지원체계, Network 운영(서울시 청소년상담실협의회 운영, 실행위원회 운영, 1388 청소년지원단, 학교연계사업 등)
이주배경 청소년지원센터 (제30조)	1. 여성가족부장관은 제18조에 따른 이주배경 청소년 지원을 위한 이주배경청소년지원센터를 설치·운영할 수 있다. 2. 이주배경청소년지원센터의 설치·운영 등에 필요한 사항은 대통령령으로 정한다. ※ 이주배경 청소년 지원재단의 주요 기능 • 이주배경 청소년 복지에 관한 종합적 안내, 청소년과 부모상담 및 교육 • 이주배경 청소년의 지원을 위한 인력양성 및 연수 • 이주배경 청소년에 대한 국민의 올바른 이해를 돕기 위한 사업 • 이주배경 청소년의 실태에 관한 조사 및 연구 • 이주배경 청소년의 사회적응을 위한 프로그램 개발 및 보급
청소년쉼터	가출청소년에 대하여 가정·학교·사회로 복귀하여 생활할 수 있도록 일정 기간 보호하면서 상담·주거·학업·자립 등을 지원하는 시설
청소년 자립지원기관	일정 기간 청소년 쉼터 또는 청소년회복지원시설의 지원을 받았는데도 가정·학교·사회로 복귀하여 생활할 수 없는 청소년에게 자립하여 생활할 수 있는 능력과 여건을 갖추도록 지원하는 시설
청소년치료 재활센터	학습·정서·행동상의 장애를 가진 청소년을 대상으로 정상적인 성장과 생활을 할 수 있도록 해당 청소년에게 적합한 치료·교육 및 재활을 종합적으로 지원하는 거주형 시설
청소년 회복지원시설	소년법 제32조 제1항 제1호에 따른 감호 위탁처분을 받은 청소년에 대하여 보호자를 대신하여 그 청소년을 보호할 수 있는 자가 상담·주거·학업·자립 등 서비스를 제공하는 시설

출처 : 청소년복지지원법[시행 2022. 4. 21] [법률 제18101호, 2021. 4. 20. 일부개정].

(3) 노인복지

〈표 4-3〉 노인복지 현장

종 류	시 설	내 용
노인주거 복지시설	양로시설	노인을 입소시켜 급식과 그 밖에 일상생활에 필요한 편의를 제공함을 목적으로 하는 시설
	노인공동 생활가정	노인들에게 가정과 같은 주거여건과 급식, 그 밖에 일상생활에 필요한 편의를 제공함을 목적으로 하는 시설
	노인복지주택	노인에게 주거시설을 임대하여 주거의 편의·생활지도·상담 및 안전관리 등 일상생활에 필요한 편의를 제공함을 목적으로 하는 시설
노인의료 복지시설	노인요양시설	치매·중풍 등 노인성 질환 등으로 심신에 상당한 장애가 발생하여 도움을 필요로 하는 노인을 입소시켜 급식·요양과 그 밖에 일상생활에 필요한 편의를 제공함을 목적으로 하는 시설
	노인요양 공동생활가정	치매·중풍 등 노인성 질환 등으로 심신에 상당한 장애가 발생하여 도움을 필요로 하는 노인에게 가정과 같은 주거여건과 급식·요양, 그밖에 일상생활에 필요한 편의를 제공함을 목적으로 하는 시설
노인여가 복지시설	노인복지관	노인의 교양·취미생활 및 사회참여활동 등에 대한 각종 정보와 서비스를 제공하고, 건강증진 및 질병예방과 소득보장·재가복지, 그 밖에 노인의 복지 증진에 필요한 서비스를 제공함을 목적으로 하는 시설
	경로당	지역 노인들이 자율적으로 친목도모·취미활동·공동작업장 운영 및 각종 정보교환과 기타 여가활동을 할 수 있도록 하는 장소를 제공함을 목적으로 하는 시설
	노인교실	노인들에 대하여 사회활동 참여욕구를 충족시키기 위하여 건전한 취미생활·노인건강유지·소득보장 기타 일상생활과 관련한 학습 프로그램을 제공함을 목적으로 하는 시설
재가노인 복지시설	방문요양 서비스	가정에서 일상생활을 영위하고 있는 노인으로서 신체적·정신적 장애로 어려움을 겪고 있는 노인에게 필요한 각종 편의를 제공하여 지역사회 안에서 건전하고 안정된 노후를 영위하도록 하는 서비스
	주·야간보호 서비스	부득이한 사유로 가족의 보호를 받을 수 없는 시민이 허약한 노인과 장애노인을 주간 또는 야간동안 보호시설에 입소시켜 필요한 각종 편의를 제공하여 이들의 생활안정과 심신 기능의 유지·향상을 도모하고, 그 가족의 신체적·정신적 부담을 덜어주기 위한 서비스
	단기보호 서비스	부득이한 사유로 가족의 보호를 받을 수 없어 일시적으로 보호가 필요한 심신이 허약한 노인과 장애노인을 보호시설에 단기간 입소시켜 보호함으로써 노인 및 노인가정의 복지증진을 도모하기 위한 서비스
	방문목욕 서비스	목욕장비를 갖추고 재가노인을 방문하여 목욕을 제공하는 서비스

<table>
<tr>
<td rowspan="2">노인보호
전문기관</td>
<td>중앙노인보호
전문기관</td>
<td>1. 국가는 지역 간의 연계체계를 구축하고 노인 학대를 예방하기 위하여 다음 각호의 업무를 담당하는 중앙노인보호전문기관을 설치·운영하여야 한다.
① 노인인권보호 관련 정책제안
② 노인인권보호를 위한 연구 및 프로그램의 개발
③ 노인학대예방의 홍보, 교육자료의 제작 및 보급
④ 노인보호전문사업 관련 실적취합, 관리 및 대외자료 제공
⑤ 지역노인보호전문기관의 관리 및 업무지원
⑥ 지역노인보호전문기관 상담원의 심화교육
⑦ 관련기관 협력체계의 구축 및 교류
⑧ 노인학대 분쟁사례 조정을 위한 중앙노인학대사례판정위원회 운영
⑨ 그 밖에 노인의 보호를 위하여 대통령령으로 정하는 사항</td>
</tr>
<tr>
<td>지역노인보호
전문기관</td>
<td>2. 학대받는 노인의 발견·보호·치료 등을 신속히 처리하고 노인학대를 예방하기 위해 다음 각 호의 업무를 담당하는 지역노인보호전문기관을 특별시·광역시·도·특별자치도(이하 "시·도"라 한다)에 둔다.
① 노인학대 신고전화의 운영 및 사례접수
② 노인학대 의심사례에 대한 현장조사
③ 피해노인 및 노인학대자에 대한 상담
④ 피해노인가족 관련자와 관련기관에 대한 상담
⑤ 상담 및 서비스제공에 따른 기록과 보관
⑥ 일반인을 대상으로 한 노인학대 예방교육
⑦ 노인학대행위자를 대상으로 한 재발방지 교육
⑧ 노인학대 사례판정을 위한 지역노인학대사례판정위원회 운영 및 자체사례회의 운영
⑨ 그 밖에 노인이 보호를 위하여 보건복지부령으로 정하는 사항</td>
</tr>
<tr>
<td colspan="2">노인일자리 지원기관</td>
<td>1. 노인의 능력과 적성에 맞는 일자리 지원사업을 전문적·체계적으로 수행하기 위한 전담기관(이하 "노인일자리전담기관"이라 한다)은 다음 각 호의 기관으로 한다.
① 노인인력개발기관 : 노인일자리개발·보급사업, 조사사업, 교육·홍보 및 협력사업, 프로그램인증·평가사업 등을 지원하는 기관
② 노인일자리지원기관 : 지역사회 등에서 노인일자리의 개발·지원, 창업·육성 및 노인에 의한 재화의 생산·판매 등을 직접 담당하는 기관
③ 노인취업알선기관 : 노인에게 취업상담 및 정보를 제공하거나 노인일자리를 알선하는 기관
2. 국가 또는 지방자치단체는 노인일자리 전담기관을 설치·운영하거나 그 운영의 전부 또는 일부를 법인·단체 등에 위탁 할 수 있다.〈신설 2011. 4. 7.〉
3. 노인일자리 전담기관의 설치·운영 또는 위탁에 관하여 필요한 사항은 대통령령으로 정한다.〈개정 2011. 4. 7.〉</td>
</tr>
</table>

	4. 제1항 제2호의 노인일자리지원기관의 시설 및 인력에 관한 기준 등은 보건복지부령으로 정한다.〈신설 2013. 6. 4.〉 [본조신설 2005. 7. 13]
학대피해노인 전용 쉼터	1. 국가와 지방자치단체는 노인학대로 인하여 피해를 입은 노인(이하 이 조에서 "학대피해노인"이라 한다)을 일정 기간 보호하고 심신치유프로그램을 제공하기 위하여 학대피해노인 전용쉼터(이하 "쉼터"라 한다)를 설치·운영할 수 있다. 2. 쉼터의 업무는 다음의 각 호와 같다. ① 학대피해노인의 보호와 숙식제공 등의 쉼터생활 지원 ② 학대피해노인의 심리적 안정을 위한 전문심리상담 등 치유 프로그램 제공 ③ 학대피해노인에게 학대로 인한 신체적, 정신적 치료를 위한 기본적인 의료비 지원 ④ 학대 재발 방지와 원가정 회복을 위하여 노인학대행위자 등에게 전문상담서비스제공 ⑤ 그 밖에 쉼터에 입소하거나 쉼터를 이용하는 학대피해노인을 위하여 보건복지부령으로 정하는 사람

출처 : 노인복지법[시행 2022. 3. 22] [법률 제18609호, 2021. 12. 21. 일부개정].

(4) 장애인복지

〈표 4-4〉 장애인복지 현장

종 류	시 설	내 용
장애인 거주시설	장애유형별 생활시설	장애유형이 같거나 또는 유사한 장애를 가진 사람들을 입소 또는 등원하게 하여 그들의 장애유형에 적합한 의료·교육·직업·심리·사회 등 재활서비스와 주거서비스를 지원하는 시설
	중증장애인 요양시설	장애의 정도가 심하여 항상 도움이 필요한 사람을 입소하게 하여 상담·치료 또는 요양서비스를 제공하는 시설
	장애영유아 생활시설	6세 미만의 장애영유아를 입소 또는 등원하게 하여 보호함과 동시에 그 재활에 필요한 의료·교육·심리·사회 등 재활서비스를 제공하는 시설
	장애인 단기보호시설	장애인을 일정 기간 보호하여 장애인에게 필요한 재활서비스를 제공하는 시설
	장애인 공동생활가정	스스로 사회적응이 곤란한 장애인들이 장애인 복지전문 인력에 의한 지도와 보호를 받으며 공동으로 생활하는 지역사회 내 소규모 주거시설

장애인 지역사회 재활시설	장애인 복지관	장애인에 대한 각종 상담 및 사회심리 재활시설 · 교육 · 직업 · 의료재활 등 장애인의 지역사회생활에 필요한 종합적인 재활서비스를 제공하고 장애인에 대한 사회적 인식개선 사업을 수행하는 시설
	장애인 주간보호시설	장애인을 주간에서 일시 보호하여 장애인에게 필요한 재활서비스를 제공하는 시설
	장애인체육시설, 장애인수련시설, 장애인 심부름센터, 수화통역센터, 점자도서관, 점서 및 녹음서 출판시설	
장애인 직업재활시설		장애인보호작업장, 장애인근로사업장
장애인 의료재활시설		장애인을 입원 또는 통원하게 하여 상담, 진단 · 판정, 치료 등 의료재활서비스를 제공하는 시설/ 재활병 · 의원
기타시설		장애인생산품 판매시설 외

출처 : 장애인복지법[시행 2022. 12. 22] [법률 제17540호, 2021. 12. 21. 일부개정].

(5) 가족복지

① 한부모가족복지 지원

〈표 4-5〉 한부모가족복지 현장

종 류	시 설	내 용
한부모가족복지현장	모자가족 복지시설	1. 기본생활지원 : 생계가 어려운 모자가족에게 일정 기간 동안 주거와 생계를 지원 2. 공동생활가정 : 독립적인 생활이 어려운 모자가족에게 일정 기간 동안 공동생활을 통하여 자립을 준비할 수 있도록 주거 등을 지원 3. 자립생활지원 : 자립욕구가 강한 모자가족에게 일정 기간 동안 주거를 지원
	부자가족 복지시설	1. 기본생활지원 : 생계가 어려운 부자가족에게 일정 기간 동안 주거와 생계를 지원 2. 공동생활가정 : 독립적인 생활이 어려운 부자가족에게 일정 기간 동안 공동생활을 통하여 자립을 준비할 수 있도록 주거 등을 지원 3. 자립생활지원 : 자립욕구가 강한 부자가족에게 일정 기간 동안 주거를 지원
	미혼모자가족 복지시설	1. 기본생활지원 : 미혼여성의 임신 · 출산 시 안전 분만 및 심신의 건강회복과 출산 후의 아동의 양육지원을 위하여 일정 기간 동안 주거와 생계를 지원(제5조에 따른 지원대상자 중 미혼이 아닌 여성의 임신 · 출산 시 안전 분만과 출산 후 양육지원을 포함한다) 2. 공동생활가정 : 출산 후 해당아동을 양육하지 아니하는 미혼모 또는 미혼모와 그 출산아동으로 구성된 미혼모자가족에게 일정 기간 동안 공동생활을 통하여 자립을 준비할 수 있도록 주거 등을 지원

	일시지원 복지시설	배우자(사실혼관계에 있는 사람을 포함한다)가 있으나 배우자의 물리적·정신적 학대로 아동의 건전한 양육이나 모의 건강에 지장을 초래할 우려가 있는 경우 일시적 또는 일정 기간 동안 모와 아동 또는 모에게 주거와 생계를 지원하는 시설
	한부모가족 복지상담소	한부모가족에 대한 위기·자립상담 또는 문제해결 지원 등을 목적으로하는 시설

출처 : 한부모가족지원법[시행 2021. 4. 21] [법률 제17540호, 2020. 10. 21. 일부개정].

② 여성복지 지원

〈표 4-6〉 여성복지 현장

시 설	내 용
성매매피해자 등을 위한 지원시설 (제9조)	1. 일반지원시설 : 성매매피해자 등을 대상으로 1년의 범위에서 숙식을 제공하고 자립을 지원하는 시설 2. 청소년지원시설 : 19세 미만의 성매매피해자 등을 대상으로 19세가 될 때까지 숙식을 제공하고, 취학·교육 등을 통하여 자립을 지원하는 시설 3. 외국인지원시설 : 외국인 성매매피해자 등을 대상으로 3개월 「성매매 알선 등 행위의 처벌에 관한 법률」 제11조에 해당하는 경우에는 그 해당기간)의 범위에서 숙식을 제공하고, 귀국을 지원하는 시설 4. 자립지원 공동생활시설 : 성매매피해자 등을 대상으로 2년의 범위에서 숙박 등의 편의를 제공하고, 자립을 지원하는 시설 제11조(지원시설의 업무) ① 일반지원시설은 다음 각 호의 업무를 수행한다. 1. 숙식제공 2. 심리적 안정과 피해회복을 위한 상담 및 치료 3. 질병치료와 건강관리를 위하여 의료기관에 인도하는 등의 의료지원 4. 수사기관의 조사와 법원의 증인신문에의 동행 5. 법률구조법 제8조에 따른 대한법률구조공단 등 관계기관에 필요한 협조와 지원요청 6. 자립·자활의 실시와 취업정보의 제공 7. 국민기초생활보장법 등 사회보장관계법령에 따른 급부의 수령지원 8. 기술교육〈위탁교육 포함〉 9. 다른 법률에서 지원시설에 위탁한 사항 10. 그 밖에 여성가족부령으로 정하는 사항 ② 청소년 지원시설은 제1항 각 호의 업무 외에 진학을 위한 교육을 제공하거나 교육기관에 취학을 연계하는 업무를 수행한다. ③ 외국인지원시설은 제1항 제1호부터 제5호까지 및 제9호의 업무와 귀국을 지원하는 업무를 수행한다. ④ 자립지원 공동생활시설은 다음 각 호의 업무를 수행한다. 1. 숙박지원 2. 취업 및 창업을 위한 정보제공 3. 그 밖에 사회적응을 위하여 필요한 지원으로서 여성가족부령으로 정하는 사항

성매매방지 중앙지원센터 (제19조)	① 국가는 성매매방지활동 및 성매매피해자 등에 대한 지원서비스 잔달체계의 효율적인 연계·조정 등을 위하여 성매매예방중앙지원센터(이하 "중앙지원센터"라 한다)를 설치·운영할 수 있다. ② 중앙지원센터는 다음 각 호의 업무를 수행한다. 1. 이 법에 규정된 지원시설·자활지원센터·상담소(이하 "상담소 등"이라 한다) 간 종합 연계망 구축 2. 성매매피해자 등 구조체계 구축·운영 및 성매매 피해자 등 구조활동의 지원 3. 법률·의료 지원단 운영 및 법률·의료지원체계 확립 4. 성매매피해자 등의 자립·자활프로그램 개발·보급 5. 성매매피해자 등에 대한 지원 대책 연구 및 홍보활동 6. 성매매 실태조사 및 성매매 방지대책 연구 7. 성매매 예방교육 프로그램의 개발 8. 상담소 등 종사자의 교육 및 상담원 양성, 상담기법의 개발 및 보급 9. 그 밖에 여성가족부령으로 정하는 사항 ③ 중앙지원센터의 운영은 여성가족부령으로 정하는 바에 따라 비영리법인 또는 단체에 위탁할 수 있다. ④ 그 밖에 중앙지원센터의 조직·운영 및 종사자의 자격기준 등에 관하여 필요한 사항은 대통령령으로 정한다.
성폭력 피해상담소 (제18조)	상담소는 다음 각 호의 업무를 수행한다. 1. 상담 및 현장 방문 2. 지원시설 이용에 관한 고지 및 지원시설에의 인도 또는 연계 3. 성매매피해자 등의 구조 4. 제11조 제1항 제3호부터 제5호까지의 업무 5. 성매매예방을 위한 홍보와 교육 6. 다른 법률에서 상담소에 위탁한 사항 7. 성매매피해자 등의 보호를 위한 조치로서 여성가족부령으로 정하는 사항
자활지원센터 (제15조)	국가 또는 지방자치단체는 성매매피해자 등의 회복과 자립에 필요한 자원을 제공하기 위하여 자활지원센터를 설치·운영할 수 있다. 자활지원센터는 다음 각 호의 업무를 수행한다. 1. 작업장 등의 설치·운영 2. 취업 및 기술교육 〈위탁교육 포함〉 3. 취업 및 창업을 위한 정보의 제공 4. 그 밖에 사회적응을 위하여 필요한 지원으로서 여성가족부령으로 정하는 사항

출처 : 성매매방지 및 피해자보호 등에 관한 법률[시행 2018. 9. 14] [법률 제15450호, 2018. 3. 13. 일부개정].

③ 가족 및 다문화가족지원

〈표 4-7〉 가족 및 다문화가족복지 현장

시 설	내 용
건강가정 지원센터 (제15조)	제3장 건강가정사업을 살펴보면, 제21조 가정에 대한 지원, 제22조 자녀양육 지원의 강화, 제23조 가족단위 복지증진, 제24조 가족의 건강증진, 제25조 가족부양의 지원, 제26조 민주적이고 양성평등한 가족관계의 증진, 제27조 가족단위의 시민적 역할 증진, 제28조 가정생활문화의 발전, 제29조 가정의례, 제30조 가정봉사원, 제31조 이혼예방 및 이혼가정 지원, 제32조 건강가정교육, 제33조 자원봉사활동의 지원 등을 실시한다.
다문화가족 지원센터 (제12조)	1. 다문화가족을 위한 교육·상담 등 지원사업의 실시 2. 결혼 이민자 등에 대한 한국어 교육 3. 다문화가족 지원서비스 정보제공 및 홍보 4. 다문화가족 지원관련 기관·단체와의 서비스연계 5. 일자리에 관한 정보제공 및 일자리 알선 6. 다문화가족을 위한 통역·번역 지원사업 7. 그 밖에 다문화가족 지원을 위하여 필요한 사업

출처 : 건강가정기본법[시행 2020. 5. 19] [법률 제17280호, 2020. 5. 19. 일부개정].
다문화가족지원법[시행 2020. 5. 19] [법률 제17281호, 2020. 5. 19. 일부개정].

(6) 기타 지역사회복지 분야

① 자원봉사

〈표 4-8〉 자원봉사 현장

시 설	내 용
특별시·광역시·도 자원봉사센터	• 특별시·광역시·도 지역의 기관·단체들과의 상시협력체계 구축 • 자원봉사관리자 및 지도자의 교육 훈련 • 자원봉사 프로그램의 개발 및 보급 • 자원봉사 조사 및 연구 • 자원봉사 정보자료실 운영 • 시·군·자치구 자원봉사센터 간의 정보 및 사업의 협력·조정·지원
시·군·자치구 자원봉사센터	• 시·군·자치구 지역의 기관·단체들과의 상시협력체계 구축 • 자원봉사자의 모집 및 교육·홍보 • 자원봉사 수요기관 및 단체에 자원봉사자 배치 • 자원봉사 프로그램의 개발·보급 및 시범운영 • 자원봉사 관련정보의 수집 및 제공 • 그 밖에 시·군·자치구 지역의 자원봉사 진흥에 기여할 수 있는 사업

출처 : 자원봉사활동 기본법[시행 2017. 7. 26] [법률 제14839호, 2017. 7. 26. 타법개정].

② 정신건강증진 시설

〈표 4-9〉 정신건강증진 현장

시 설	내 용
정신요양시설 (제22조)	정신의료기관에서 의뢰된 정신질환자와 만성정신질환자를 입소시켜 요양과 사회복귀 촉진을 위한 훈련을 행하는 시설을 말한다.
정신의료기관 (제19조)	의료법에 따른 의료기관 중 제19조 제1항 후단에 따른 기준에 적합하게 설치된 병원(이하 "정신병원"이라 한다) 또는 의원 및 병원급 의료기관에 설치된 정신건강의학과를 말한다.
정신건강 복지센터 (제15조)	정신건강증진서비스의 질적향상을 위한 노력과, 초기, 중증정신질환자의 지역사회 정신건강서비스전달체계 및 지지체계 형성, 재활, 사회적응을 도와 인간적인 삶을 영위할 수 있도록 하고, 소아·청소년을 포함한 일반시민들의 정신질환의 예방과 증진을 도모한다. 또한 정신건강복지센터는 자살예방상담, 정신질환관리, 우울증예방, 알코올중독관리 등을 실시하는 시설이다.
정신재활시설 (제26조)	정신질환자를 정신의료기관에 입원시키거나 정신요양시설에 입소시키지 아니하고 사회복귀 촉진을 위한 훈련을 행하는 시설을 말 한다. 1. 생활시설 : 정신질환자 등이 생활할 수 있도록 주로 의식주 서비스를 제공하는 시설 2. 재활훈련시설 : 정신질환자 등이 지역사회에서 직업 활동과 사회생활을 할 수 있도록 주로 상담·교육·취업·여가·문화·사회 참여 등 각종 재활활동을 지원하는 시설 3. 그 밖에 대통령령으로 정하는 시설

출처 : 정신건강증진 및 정신질환자 복지서비스 지원에 관한 법률[시행 2022. 4. 8] [법률 제17217호, 2020. 4. 7. 일부개정].

③ 노숙인복지 시설

〈표 4-10〉 노숙인복지 현장

시 설	내 용
노숙인 복지시설	노숙인복지시설의 종류는 다음 각 호와 같다. 1. 노숙인 일시보호시설 : 노숙인 등에게 일시보호 및 복지서비스 연계 등을 제공하는 시설 2. 노숙인 자활시설 : 노숙인 등의 자립을 지원하기 위하여 전문적인 직업상담·훈련 등의 복지서비스를 제공하는 시설 3. 노숙인 재활시설 : 신체 및 정신장애 등으로 자립이 어려운 노숙인 등에게 치료 및 재활 서비스를 제공하는 시설 4. 노숙인 요양시설 : 건강상의 문제 등으로 단기간 내 가정 및 사회 복귀가 어려운 노숙인 등에게 요양서비스를 제공하는 시설 5. 노숙인 급식시설 : 제11조에 따른 급식시설 6. 노숙인 진료시설 : 제12조에 다른 진료시설

	7. 쪽방 상담소 : 쪽방 밀집지역에서 쪽방 거주자에 대한 상담·취업지원·생계지원 그 밖의 행정지원서비스를 제공하는 시설 8. 그 밖에 보건복지부령으로 정하는 시설
노숙인 종합지원센터	노숙인 종합지원센터는 다음 각 호의 업무를 수행한다. 1. 제10조, 제12조 및 제13조에 따른 주거·의료·고용 지원을 위한 상담 및 복지서비스 연계 2. 제14조에 의한 응급조치 3. 복지서비스 이력관리 4. 심리상담 5. 그 밖에 보건복지부령으로 정하는 사항

출처 : 노숙인등의 복지 및 자립지원에 관한 법률[시행 2021. 6. 30] [법률 제17775호, 2020. 12. 29. 일부개정]

2. 사회복지사의 활동

사회복지실천 현장에서 사회복지사는 개인, 가족, 집단, 지역사회 등의 문제가 해결되도록 돕는 과정에서 하나의 문제를 해결하기 위해 한 가지 역할만 수행하는 것이 아니라 한 가지 이상의 다양한 역할을 동시에 수행해야 한다. 사회복지실천 현장에서의 사회복지사의 역할에 대하여 임은희(2010)가 제시한 내용을 살펴보면 다음과 같다.

1) 직접적으로 대면서비스를 제공하는 역할

사회복지사가 클라이언트를 직접 만나서 클라이언트의 욕구와 문제를 해결하기 위해 직접적인 서비스를 제공하는 역할로서 사회복지실천에서 가장 많은 부분을 차지하는 역할이다.

(1) 심리치료사(psychotherapist), 상담가(counselor)의 역할

개인, 가족, 집단을 대상으로 문제행동을 수정하고 심리적·정서적 문제를 해결하기 위해 심리치료사나 상담가 역할을 수행한다. 이때 사회복지사에게 요구되는 실천지식 및 실천기술은 인간행동과 사회환경에 관한 지식, 면접에 관한 지식, 관계형성 기술 등이다.

예 부부상담, 장애인 부모상담

(2) 정보제공자, 교육자(educator)의 역할

클라이언트에게 필요한 정보를 제공하거나 위기를 예견하고 문제를 예방하도록 교육하는 교육가의 역할을 수행한다.

예 성교육, 장애인식교육, 성폭력 예방교육, 가정폭력 예방교육, 부부생활 교육 등을 수행한다.

2) 서로 다른 체계들을 연결하는 기능

사회복지사는 클라이언트에게 필요한 사회적 자원을 연계시켜 주거나 클라이언트가 이러한 자원들을 충분히 활용할 수 있도록 도와줌으로써 클라이언트의 문제나 욕구를 해결시켜 주는 역할이 필요하다.

(1) 중재자(broker)의 역할

중재자의 역할은 클라이언트와 사회적 자원을 연결시켜 문제해결을 돕는 역할을 말한다. 사회복지사는 지역사회 자원이나 기관의 특성에 대해 충분한 지식과 정보를 가져야 한다.

예 노인복지관을 이용하는 노인의 건강문제해결을 위해 보건소 방문간호 연계

(2) 사례관리자(case manager)의 역할

사례관리자의 역할이란 여러 가지 서비스를 사용하기 위해 필요한 자원과 서비스를 개발, 연계해 주고 지속적으로 관리하고 도와주는 역할을 말한다.

예 장애인 복지관을 이용하는 장애인 가운데 건강문제, 교육문제, 취업, 가족문제 등 복합적인 문제 해결이 필요한 클라이언트에게 서비스 연계 및 지속적 관리

(3) 조정자(mediator)의 역할

조정자의 역할은 개인 또는 집단 간의 이해관계 갈등을 해결하도록 도와주는 역할을 말한다.

예 기초생활 수급 탈락의 경우나 장애인이 장애인 복지서비스를 받지 못하는 경우 중립자의 위치에서 클라이언트와 공공기관 간 조정

(4) 대변자 또는 옹호자(advocater)의 역할

대변자 또는 옹호자의 역할이란 클라이언트를 대신해 권익보호를 위해 새로운 자원이나 서비스 제공을 추구하는 정치적인 활동을 말한다.

예 시민운동, 사회운동 등

3) 체제유지와 강화를 위한 역할

대부분의 사회복지사는 복지기관에 고용된 사람으로서 기관의 정책이나 서비스 전달체계, 효과성, 효율성 등을 평가하고 개선하는 역할을 수행하여 자신이 속한 기관의 질적 향상을 위해 노력하여야 한다.

(1) 조직분석가(organizational analyst)의 역할

사회복지사는 소속된 기관의 정책, 서비스 전달체계 등을 분석하여 기관의 질적 향상을 추구해야 한다.

(2) 전문가팀 구성원(team member)의 역할

사회복지사는 다양한 전문가나 기관, 팀과의 협력을 통해 문제를 보다 효과적으로 해결할 수 있어야 한다. 예를 들면 정신건강사회복지사는 정신과의사와 지역사회자원, 그리고 가족 등 다양한 자원과 협력하여 치료할 수 있어야 한다.

(3) 자문가(consultant)의 역할

사회복지사는 다른 직종의 전문직에게 자문을 제공하거나 동료 사회복지사에게 지도 감독을 제공하는 역할을 수행해야 한다.

(4) 연구자(researcher)의 역할

사회복지사 자신이 제공한 서비스를 과학적으로 평가하는 역할을 해야 한다.

(5) 체계발전을 위한 전문가의 역할

사회복지사는 정책입안 또는 프로그램 개발 등의 역할을 수행하여 사회환경 발전을 추구하는 역할을 할 수 있어야 한다.

요점정리

사회복지실천 현장의 개념

- 넓은 의미 : 클라이언트에게 서비스를 제공하기 위해 직접, 간접적으로 관련되는 모든 현장
- 좁은 의미 : 클라이언트에게 사회복지서비스를 직접, 또는 간접적으로 제공하는 사회복지기관
- 1차 현장 : 사회복지서비스 제공이 기관의 주된 기능
- 2차 현장 : 기관의 일차적인 기능은 따로 있으며, 필요에 의해 부가적으로 사회복지서비스를 제공 예 의료기관, 교정시설, 학교, 시청이나 읍・면・동사무소 등

분야별 사회복지실천 현장

- 아동복지시설 : 아동양육시설, 아동일시보호시설, 자립지원시설, 아동상담소, 지역아동센터 등
- 청소년복지시설 : 청소년상담복지센터, 청소년쉼터, 청소년자립지원관 등
- 노인복지시설
  - 노인주거복지시설 : 양로시설(무료, 실비, 유료), 노인복지주택(실비, 유료)
  - 노인의료복지시설 : 노인요양시설(무료, 실비, 유료), 노인전문요양시설(무료, 실비, 유료)
  - 재가복지시설 : 가정봉사원파견시설, 주간보호시설, 단기보호시설, 고령자취업알선센터
  - 노인여가복지시설 : 노인복지회관, 경로당, 노인교실, 노인휴양
- 장애인복지시설 : 장애유형별생활시설, 증증장애인요양시설, 장애영유아장애시설, 장애인공동생활가정, 장애인복지관, 장애인주간보호시설 등

사회복지사의 역할

- 직접적으로 대면서비스를 제공하는 역할 : 심리치료사나 상담가의 역할, 정보제공자나 교육자의 역할
- 서로 다른 체계들을 연결하는 기능 : 중재자의 역할, 사례관리자의 역할, 조정자의 역할, 대변자 또는 옹호자의 역할
- 체제유지와 강화를 위한 역할 : 조직분석가의 역할, 전문가팀 구성원의 역할, 자문가의 역할, 연구자의 역할, 체계발전을 위한 전문가의 역할

05

CHAPTER

사회복지실천의 전문적 기반

1. 사회복지실천의 지식기반
2. 사회복지실천의 이론적 기반

■ 개요

사회복지사가 전문가로 인정받으려면 단지 얼마나 어려운 일을 얼마나 오랫동안 하고 있는가가 중요한 것이 아니라, 클라이언트의 바람직하고 긍정적인 변화를 위해서 전문적인 지식과 이론을 얼마나 가지고 전문적인 기술로 활용하는가가 중요하다. 즉, 사회복지전문직은 과학적인 지식과 이론을 기반으로 하고, 그 지식과 이론들을 기술로 통합할 수 있어야 한다는 말이다. 그러므로 사회복지사는 사회복지실천의 전문가로서 실천 활동을 뒷받침할 수 있는 사회복지실천지식과 이론을 갖추고 구체적인 실천방법과 기술들을 익히고 훈련하는 것이 반드시 필요하다.

이 장에서는 사회복지실천의 전문적 기반을 지식적 기반과 이론적 기반으로 분류하여 학습하고자 한다.

■ 학습목표

- 사회복지실천의 지식기반을 이해한다.
- 사회복지실천의 이론기반을 이해한다.

05
CHAPTER

사회복지실천의 전문적 기반

1. 사회복지실천의 지식기반

Sheafor와 Horejsi(2008)는 사회복지실천은 구체적인 변화를 유도하기 위해 지식을 활용하고 이론을 적용하는 과정이라고 하였다. 사회복지실천의 지식기반은 경험으로 검증된 지식과 경험으로 검증되지 않아 가설적 지식으로 구축된 실천이론이 있다(김융일 외, 1995).

사회복지실천의 지식적 기반은 사회복지사들에게 실천의 방향성과 질서를 부여하고 그 결과를 예측하고 평가할 수 있는 틀이 되기도 하며 사회복지사의 지속적인 전문성 향상에 매우 중요한 기능을 한다. 다시 말하면, 지식기반은 여러 유형의 관점이나 모델로 구체화되며, 구체화된 관점이나 모델은 실천에 필요한 구체적인 원리와 지침 등을 제시해 준다는 것이다. 여기에서 사회복지실천의 기반이 되는 지식의 차원과 내용은 어떤 것인지 살펴보고자 한다.

1) 사회복지실천지식의 차원과 내용

사회복지실천의 결과는 클라이언트의 구체적인 변화를 이끌어 내며 사회환경의 변화를 위해 지식을 활용하고 이론을 적용하는 과정이다. Sheafor와 Horejsi(2008)는 다음 그림과 같이 '기본 이론'과 '실천 준거틀'로 소개하고 있다.

| 그림 5-1 | 사회복지실천을 위한 이론의 틀

(1) 기본이론(orienting theories)

기본이론은 인간의 행동을 기술하고 설명하며 발생하는 문제의 원인과 진행과정에 대한 설명을 제공한다. 개인으로부터 환경에 이르기까지 다차원적인 삶의 이슈를 다루는 사회복지학의 특성상 사회복지실천 분야에서 활용되는 지식은 다학문적이고 절충적인 특성을 가지고 있는 사회과학 및 인접학문까지 포함한다. 사회과학 및 인접학문으로는 사회학, 심리학을 비롯하여 정신의학, 문화인류학, 정치학, 경제학, 생물학 등의 기초사회과학 지식을 포함한다. 이러한 학문은 문제가 발생하는 사회적 맥락에 이해를 도우며 사회복지실천에 중요한 배경지식을 제공하게 된다. 그러나 이런 기본 이론들은 인간 및 사회현상에 대한 이해와 설명은 제공하지만 이를 어떻게 변화시킬 수 있을지에 대한 지침을 제공하기 어렵다.

(2) 실천 준거틀

실천 준거틀은 인간의 행동이나 상황, 사회환경 및 사회체계를 바라보는 시각과 설명을 제공하는 동시에 변화를 유도할 수 있는 지침을 제공한다. 그림에서와 같이 Sheafor와 Horejsi(2008)은 실천 준거틀을 실천관점, 실천이론, 실천모델의 세 가지 범주로 구분하여 설명하고 있다.

첫째, 실천관점은 카메라 렌즈처럼 배경이 되는 현상과 특정 상황을 확대하거나 축소시키기 위하여 초점을 맞추게 하는 것과 같다. 즉, 실천관점은 실천상황에서 무엇이 중요하게 고려되어야 하며, 어떤 방법으로 어떻게 개입을 해야 할지에 대해 생각하고 조망하는 개념적 렌즈로 폭넓은 지침을 제공하는 것이다.

둘째, 실천이론은 실천관점보다는 구체적인 것으로, 어떤 행동이나 상황에 대해 설명을 제공하고 어떤 과정 및 방법으로 그런 행동이나 상황을 변화시킬 수 있는지에 대한 지침을 제공한다. 특정 타입의 변화를 가져오게 하는 안내지도와 같은 역할을 하는 실천이론은 대부분 하나 이상의 기본 이론에 뿌리를 두고 있다. 예컨대 심리사회접근법은 기본적으로 정신역동이론과 자아심리학에 기반을 두고 있으며, 인지행동접근은 인지이론, 학습이론, 행동주의 이론 등에 기초하고 있다.

셋째, 실천모델은 사회복지실천 활동을 하는 데 있어서 기반이 되는 일련의 개념과 원리들의 집합체라고 할 수 있다. 실천이론과는 다르게 행동에 대한 특정한 설명을 시도하지 않는다. 예컨대 위기개입은 위기상황에 대하여 단일설명에 기초한 것이 아니기 때문에 실천이론이라기보다는 실천모델로 본다(송유미 외, 2021).

위에서 언급한 기본이론, 실천관점, 실천이론, 실천모델 이외에도 사회복지사는 원만한 과업수행을 위하여 알아야 하는 규칙, 절차, 양식, 특정 업무와 관련된 자원의 내역, 자원조달방법, 서비스전달체계 및 서비스 연결망 등에 대한 정보 및 운용지침 형태의 지식이 사회복지실천에 사용된다.

이와 같이 사회복지실천의 기반이 되는 지식은 절충적이고 다학문적이며 복합적인 성격을 갖는데 지식에 기반을 둔 사회복지실천 활동을 하기 위해서는 위에서 언급한 지식을 갖추는 것뿐 아니라 유용한 지식을 활용할 수 있는 능력, 특정 상황에 적용 가능한 지식을 선택하는 능력, 지식과 기술을 결합할 수 있는 능력, 새로운 지식을 시험적으로 사용하는 개방성과 논리적 · 체계적이며 비판적이고 창의적으로 생각할 수 있는 능력을 갖추는 것이 필요하다. 또한 사회복지사는 이러한 지식적인 기반 외에도 예술적 요인이라 할 수 있는 자신의 성품, 개성, 가치관, 생활양식 등을 가지고 실천에 임하게 된다. 예술적 요인은 일반적으로 창의성, 직관적 감정, 판단력, 열정 등을 말한다.

사회복지실천에 있어서 과학(science)과 예술(art)은 대립되는 상황이 아니라 서로를 강화시키는 것이라 할 수 있다. 사회복지사는 효과적인 사회복지실천을 위해서 과학적 기반과 예술적 기반을 혼합할 수 있어야 한다. 다시 말하면, 클라이언트의 사회적 기능을 향상시켜 변화를 창출하고, 사회변화를 통한 사회문제를 예방하기 위해서 전문적 지식인 과학적 기반과 실천기술에 자신이 가지고 있는 예술적 기반을 잘 혼합시켜야 한다.

본 서는 위에서 언급한 기본이론, 실천관점, 실천이론, 실천모델에 대한 내용은 본 장과 제6장에서 살펴보고자 한다.

2) 사회복지실천의 과학적 지식기반

과학적 방법은 현상을 연구하고 지식을 형성하기 위한 구체적인 접근이다. 하지만 사회복지실천에서 과학적 방법은 적용하기가 쉽지 않다. 그 이유는 사회복지실천에 대한 것들을 쉽게 계량화할 수 없고 클라이언트의 비밀보장과 같은 윤리적인 이유와 위험에 처한 클라이언트를 비치료집단 혹은 통제집단에 배정할 수 없는 등 복잡한 문제가 얽혀 있는 경우가 많기 때문이다. 또한 사회복지실천은 상당히 많은 부분이 가치에 기반을 두고 있기 때문에 완전히 과학적 학문만으로는 구성될 수 없으며 또한 그렇게 되어서도 안 될 것이다. 그렇다고 사회복지실천에 있어서 과학적 기반을 무시할 수는 없는 것이다. 그 이유는 사회복지실천이 자선이나 박애 등 개인적인 차원이나 비전문적 영역인 선행이 아니라 클라이언트의 사회적 기능 향상과 사회정의 실현이라는 전문영역으로서 실천이기 때문일 것이다. 따라서 전문 사회복지의 목적을 성취하기 위해서는 사실이 필요하기 때문에 비확인된 아이디어나 상식보다 과학적 지식에 기반을 둔 실천을 강조하고 있다.

사회복지 분야에서 활용되는 지식의 범주는 다양한 분야의 학문을 응용한 학문인 만큼 넓고도 다양하다. 또한 사회복지사는 클라이언트의 변화과정을 촉진시키기 위해서 사회복지실천을 위한 전문영역의 폭넓은 지식을 필요로 한다.

(1) 인간행동과 사회환경에 관한 지식

인간의 성장과 발달에 관한 지식은 실천가들에게 필수적인 것이다. 인간의 문제를 사정하고 다루기 위하여 실천가들은 각 발달단계에 관련된 욕구와 자원을 알아야만 한다. 또한 생태체계이론에 관한 지식은 집단과 조직 내의 행동을 동기화하는 힘에 관한 지식으로서 필수적이다.

(2) 사회정책과 서비스에 관한 지식

사회복지실천이 사회복지학과 관련한 타 교과과정과 구별되는 것은 사회정책에 관한 지식체계에 강조를 두는 것이다. 사회복지정책은 전형적인 클라이언트에 관한 서비스 제공을 위해 만들었기 때문에 정책을 무시하거나 전환할 수는 없는 것이다. 따라서 사회복지 정책에 관한 지식과 사회복지정책을 서비스화하는 전달체계에 관한 지식은 사회복지사에게 필수적이다.

(3) 사회복지실천 방법에 관한 지식

클라이언트의 사회 기능을 향상시키는 지식과 기술이 필요하며 이러한 실천 방법의 지식은 사회복지사가 개입하게 되는 클라이언트의 체계수준에 따라 다양할 것이다.

(4) 조사 및 연구에 관한 지식

연구는 점차적으로 사회복지실천가들에게 필수적인 차원의 지식기초로서 강조되고 있다. 연구에 관한 지식은 과학적이고 학술적인 조사를 위해서 없어서는 안 되는 중요한 요소이다.

시대의 흐름에 뒤떨어지지 않는 지식을 유지하기 위하여 사회복지사들은 조사연구에서 얻은 정보를 활용 할 수 있어야만 한다. 이것은 연구설계와 경험적 자료에 기초를 둔 결론들과 주관적이고 정당성을 인정하기 어려운 다른 것들 간의 구별할 수 있는 능력에 관한 어떤 지식을 요구하는 것이다.

(5) 자기 자신에 대한 지식

사회복지사는 결국 자기 자신을 도구로 활용하여 클라이언트를 돕는 전문가이기 때문에 자신이 지닌 강점과 약점을 객관적으로 파악·분석하려는 노력이 필요하다.

3) 사회복지실천의 예술적 기반

사회복지사는 클라이언트의 기능을 향상시켜 결국에는 변화를 이끌어 내야 하는 활동을 하는 사회복지실천의 전문가이다. 이런 전문가에게는 지식을 토대로 하는 과학적 기반과 아울러 예술적 기반을 필요로 한다. 그러면 사회복지사에게 요구되는 사회복지실천의 예술적 기반은 무엇일까? 이에 대하여 김효선 등(2022)이 제시한 내용을 요약하면 다음과 같다.

(1) 동정과 용기

사회복지사의 동정(compassion)이란 다른 사람들의 비탄이나 괴로움 등에 하나가 되어 몰입하려는 의지를 말한다. 효과적인 사회복지실천의 필수조건은 사회복지사의 동정일 것이다. 동정이 결여된 사회복지사는 자신과 클라이언트의 관심사 사이에 거리를 둘 가능성이 있다.

사회복지실천에서는 개인적인 용기를 필요로 할 경우가 많다. 이런 용기는 단순히 대담한 감각을 말하는 것이 아니라 그보다는 일상적으로 발생하는 인간의 고통과 혼란 그리고 인간의 부정적이고 파괴적인 행동에 대해서도 직면할 수 있는 것을 의미한다. 언제 어디서나 사회복지사는 사람과 관련된 빈곤, 질병, 장애, 폭력, 학대, 성 차별, 약물 중독, 유기 등의 문제 그리고 다른 유형의 고통을 받는 사람들에게 건설적으로 반응할 수 있어야 하며 때로는 혐오스러운 인간의 문제들도 다룰 수 있는 용기가 필요하다.

(2) 전문적 관계

사회복지사는 전문적인 관계(professional relationship)를 활용하여 사람들이 변화의 가능성에 관해 개방적이 되도록 하고 적극적으로 변화과정에 참여하도록 돕는 것이다. 긍정적인 관계는 개인, 가족, 혹은 클라이언트 집단을 효과적으로 원조하기 위한 전제조건일 뿐만 아니라 조직이나 지역사회를 구성하는 사람들과의 활동관계에도 중요하다.

사회복지사가 다른 사람을 이해하고 싶다면 그 사람의 사고, 신념, 생활경험 속으로 들어가야 한다. 그것이 가능하려면 자신의 가치, 태도 그리고 판단을 먼저 제쳐놓아야 한다(김효선 외, 2022). 이러한 전문적 관계 확립에 필요한 요소는 신뢰감 확립, 감정이입(empathy), 감정에 치우치지 않는 온화함(nonpossessive), 진실성(genuineness) 등과 같은 태도일 것이다.

(3) 창의성

창의적 사고(creative thinking)는 생각이나 아이디어 등이 새롭고 상호 관련 속에서 연합된 것으로 각 부분의 총합 이상을 의미한다. 창의성은 각 클라이언트의 상황이 독특하고 항상 변화하기 때문에 아주 중요하다.

창의성을 지닌 사회복지사는 다양한 접근방법을 확인하고 문제를 해결할 수 있는 반면, 창의성이 없는 사람은 단지 한두 가지의 선택을 하거나 전혀 하지 못할 수도 있다. 사회복지사에게 요구되는 창의성 차원의 요소들은 상상력, 융통성, 인내력 등을 포함한다.

(4) 희망과 에너지

희망(hopefulness)이란 기본적인 선함, 긍정적인 방식으로 변화하는 능력, 그리고 공동선을 위해 다른 사람과 협조적으로 활동하는 의지에 대한 확고한 믿음과 신념을 말한다.

에너지(energy)는 어떤 것이 진행되도록 하고, 결과를 얻고 그리고 실수와 실패로부터 회복할 수 있는 능력을 의미한다. 클라이언트 혹은 클라이언트 집단이 활동하도록 만들고 클라이언트의 주저함을 없애기 위해 사회복지사의 에너지가 필요하다. 변화과정을 위해 시간을 투입하고 노력할 의지를 가지고 있음을 보여주는 것만으로도 클라이언트로 하여금 변화과정 활동에 노력할 수 있도록 격려하는 것이다.

(5) 판단력

사회복지사는 원조과정의 특성과 클라이언트 상황의 독특성으로 인해 판단을 하기가 쉽지 않다. 다시 말해 사회복지사는 클라이언트 상황을 사정하고, 대안적인 해결책을 제시하고, 원조과정을 계획하고, 변화활동을 수행하며, 서비스를 종료할 시기를 결정하는 것을 포함하여 판단을 내리기가 어렵다. 전문가의 판단은 궁극적으로 사회복지사의 명확하고 날카로운 사고력에 달려있다.

(6) 개인적 가치

모든 다른 사람처럼 사회복지사들도 개인적 가치를 가지고 있다. 가치는 어떻게 되어야 하고 무엇이 옳고 가치 있는 것인지에 관한 신념이다. 옳은 것에 관한 견해 차이가 있을 때 딜레마가 발생한다. '올바른' 결과나 가장 적합한 행동과정에 대한 사회복지사의 견해는 클라이언트의 견해와 다를 수 있고, 양자의 견해는 사회복지사를 채용한 기관을 운영하는 사람이나 재정을 지원하는 사람과도 다를 수 있다. 법령에 성문화된 가치와 보편적으로 인식하는 도덕적 원리에서 벗어나 사회복지사는 클라이언트 자기결정의 편에서 그들의 개인적 신념과 가치를 지지해야 한다. 비심판적 태도를 개발하기 위한 전제조건은 다른 사람의 신념체계에 대해 알고 있어야 한다. 새로운 가치갈등이 발생할 때 사회복지사는 그 상황과 이유에 관해 클라이언트의 생각을 고려하는 것이 중요하다.

사회복지사의 개인적 가치는 사회복지 전문직의 가치와 양립 가능해야 한다. 만일 이 두 가지의 가치체계가 갈등적이면 다음 둘 중의 한 가지가 발생할 가능성이 있다. 첫 번째, 사회복지사로서 임무를 완수하지만 그 속에 마음이 없기 때문에 클라이언트와 동료 모두에게 진실성이 결핍되거나 두 번째, 사회복지사는 실천에 지침이 되는 전문적인 가치와 원리를 거부하고 클라이언트에게 전적으로 그의 개인적 가치와 신념에 기초해서 반응하게 된다. 이 모든 경우에 클라이언트와 기관은 사회복지 관점의 신념을 상실하게 된다.

(7) 전문가적 스타일

전문가적 스타일(professional style)은 사회복지사가 클라이언트와 관계를 맺는 방법, 즉 그들의 에너지, 창의성, 지혜 그리고 판단뿐만 아니라 특정한 사회적 이슈에 대한 그들의 열정과 헌신성에서 나타난다. 게다가 그들의 독특성은 의상, 헤어스타일, 자세, 언어 그리고 그들이 누구이고 자신과 타인에 관해 어떤 생각을 하고 있는지에 대한 메시지를 전달하는 여러 가지 다른 선택과 행동을 통해 표현된다.

개인의 전문가 스타일은 상황, 서비스를 제공하는 클라이언트, 그리고 기관에 적합해야 한다. 자기 자신을 아는 것은 사회복지사에게 중요한 사항이다. 자신에 관한 지속적인 성찰은 사회복지사가 자기 스타일의 영향을 검토하는 데 도움이 된다. 사회복지사의 실천 스타일은 개별성과 실천에서 요구되는 행동이 균형을 이룰 때 나타난다.

2. 사회복지실천의 이론적 기반

이론이란 사실과 관찰을 기반으로 관련된 가설, 개념, 구성체이며 특정한 현상을 설명하는 것을 말한다.

사회복지실천의 기반이 되는 이론들은 클라이언트와의 원조활동에 초점을 맞추고, 인간행동과 사회환경을 설명하며, 변화가 어떻게 일어나는지, 사회복지사가 클라이언트에게 유익한 변화를 어떻게 촉진할 수 있는지 등을 설명하는 데 필요한 근거가 되는 것이다. 즉, 인간의 삶의 질 향상과 사회증진이라는 바람직한 변화를 이끌어 내기 위해 수행하는 개입활동을 구체적으로 안내하기 위한 일련의 지침과 같은 역할을 하는 것이다.

사회복지실천의 기반이 되는 이론들은 아주 광범위하다. 그 가운데 대표적인 이론이라고 할 수 있는 정신분석이론, 심리사회이론, 행동주의이론, 인지발달이론, 인본주의이론에 대해 살펴보고자 한다.

1) Freud의 정신분석이론(Psychoanalysis Theory)

정신분석 이론은 Freud에 의해 시작된 심리학의 한 갈래로 인간의 행동양식을 심리 내적인 욕구의 충돌 및 조화의 요구를 위한 표출로 판단하였으며 이러한 심리 내적 욕구와 외부의 사회적 요구가 조화될 때에는 문제가 없지만 조화되지 않을 때에는 정신 병리적인 현상으로 나타난다고 간주하는 이론이다.

Freud는 인간은 우리들이 믿고 있는 것처럼 이성적이고 논리적이며 지적인 존재가 아니라 비이성적이고 비합리적이며 통제할 수 없는 무의식적 본능의 지배를 받는 존재로 보았다(이무석, 2006). 또한 무의식을 인간 정신의 가장 깊은 심층에 잠재해 있으면서 의식적 사고와 행동을 전적으로 통제하는 힘이라고 믿었으며, 이 무의식은 전신내용의 대부분이 되고, 인간행동의 동기가 된다고 설명하고 있다(이은희, 2018). Freud는 인간의 성격발달은 성적인 욕구와 밀접한 관련이 있다고 보고, 성격발달을 '심리성적 발달'이라고 한다.

(1) 정신구조

정신분석이론은 인간의 정신 구조를 의식, 전의식, 무의식으로 구분하고 있다. 의식은 개인이 현재 자각하고 있는 생각을 말하며, 전의식은 의식의 일부지만 저장되어 있는 기억, 지각, 생각을 조금만 노력하면 의식으로 전환할 수 있는 의식과 무의식의 중간 부분이다. 무의식은 정신 분석의 초점이 되는 부분으로 본능에 의해 지배되어 행동의 방향을 결정한다. 즉, 인간은 무의식의 지배를 받는다고 설명한다.

(2) 성격구조

Freud는 인간의 성격이 원초아(id), 자아(ego), 초자아(superego)로 구성되어 있다고 설명하고 있다. 이 세 가지 모두가 전체적으로 기능을 하며, 세 가지 구성요소 중 어느 것이 통제력을 더 많이 가지느냐에 따라 인간 행동의 특성이 결정된다고 보았다.

원초아는 태어날 때부터 존재하는 성적 욕구와 공격적 본능으로 쾌락을 추구하고, 고통을 회피하는 쾌락 원칙에 지배를 받는다(김길숙 외, 2022). 그러므로 성격의 다른 두 부분인 자아, 초자아에게 쾌락을 위한 압력을 가하게 되므로 현실에 의한 도덕성 개념이 없이 쾌락만을 추구한다고 할 수 있다. 자아는 성격의 합리적인 측면으로 실제적인 면에서 개인이 접하는 현실을 인지하고 현실 원리에 따라 작동한다. 그러므로 원초아의 요구를 조정하면서 초자아의 도덕적 행동을 위한 조정 역할을 수행한다. 이러한 자아로부터 발달된 초자아는 사회의 이상이나 도덕관에 의해 형성되는 성격의 마지막 구조로서 개인의 내적 도덕심인 양심과 개인이 추구하고자 하는 자아이상에 의해 작동하는 도덕 원리이다.

아이들은 부모 혹은 양육자가 가지고 있는 사회의 도덕규범, 전통적 가치, 이념, 행동 등을 내면화하고, 초자아를 발달시키게 된다고 보았다(김길숙 외, 2022).

(3) 심리성적 발달단계

Freud는 인간의 성격이 정신 에너지인 성적 에너지(libido)가 신체의 어느 단계에 집중되느냐에 따라 5단계의 발달단계를 거쳐서 형성된다고 주장하였다. 인간은 출생 후부터 각각의 발달단계에서 성적만족의 유무에 따라 성격이 특정한 단계에 고착되거나 다음단계로 발전하게 된다고 보았다. 이러한 심리성적 발달의 5단계는 다음의 〈표 5-1〉과 같다.

〈표 5-1〉 심리성적 발달단계

단계	성적 초점	핵심과제 및 주된 발달 특징	고착에 의한 성격 특징
구강기 (0~1.5세)	입	• 핵심과제 : 이유하기(젖떼기), 깨물기, • 발달특징 : 빨기, 삼키는 행위를 통해 성욕 충족	• 강박적 식습관, 흡연, 알코올중독, 수다스러움, 수동적, 의타심, 논쟁적, 냉소적, 험담
항문기 (1.5~3세)	항문	• 핵심과제 : 배변훈련 • 발달특징 : 배설물의 보유와 배설을 통해 성적 충족, 사회적 통제 습득	• 강박증, 소유욕, 완고한, 고집 셈, 인색함, 복종적, 결벽증, 지저분함, 잔임함, 파괴적, 난폭함, 적개심
성기기 (3~6세)	생식기	• 핵심과제 : 오이디푸스 콤플렉스(남아), 엘렉트라 콤플렉스(여아) 극복, 부모 동일시 • 발달특징 : 성기에 관심, 이성부모를 사랑, 동성부모를 동일시, 초자아 발달	• 동성애, 자기도취, 거만함, 현란함 • 남성 : 경솔, 야심, 과장적 • 여성 : 난잡, 경박, 유혹적
잠복기 (6~12세)	없음	• 핵심과제 : 동성친구와 사회적 관계 형성 • 발달특징 : 성욕이 잠재, 지적 관심, 동성친구와의 우정 중시	• 리비도(성적 에너지)가 잠재되어 성격 유형이 발생하지 않음
생식기 (13세 이후)	생식기 (성교)	• 핵심과제 : 이성과의 친밀한 관계 형성 개발 • 발달특징 : 이성에 관심, 2차 성징 발달, 의존적·반사회적 성행위 추구	• 의존적, 반사회적

(4) 정신분석이론이 사회복지실천에 미친 영향

Freud의 정신분석이론이 사회복지실천에 미친 영향은 긍정적인 평가와 부정적인 평가를 동시에 내릴 수 있다.

- 정신분석이론의 주요 개념은 인간행동을 이해하는 데 도움을 주었으며 감추어진 아동기의 정신적 외상을 밝혀내는 과정은 클라이언트의 문제를 사정하는 데 중요한 측면이 되었다.
- 정신분석이론의 직선적인 원인론은 개인대상 사회복지실천이 과학인 동시에 예술이라는 지적 기반을 형성하는 데 영향을 미쳤으며, 사회복지실천의 과학적 토대를 마련하였다.
- 반면 부정적인 측면은 사회복지의 이중적 초점이라 할 수 있는 인간과 환

경 중에서 인간의 정신 내적 현상을 지나치게 강조하고, 기계론적이며 결정론적인 인간관에 따라 해결하려는 경향이 강하여 사회복지전문직 내에서 분열과 사회복지실천에 불균형의 결과를 초래하였다.

2) 심리사회이론(Psychosocial Theory)

Erikson에 의해 제안된 심리사회이론은 Freud의 정신분석이론에 바탕을 두고 있지만 이론과는 달리 인간의 행동과 발달이 성적인 요인보다는 사회적 요인에 의해 일생을 통해 발달된다고 하는 차이가 있다(최옥채 외, 2022). 즉, 개인의 발달은 내적성숙요인과 사회문화적 요인들의 상호작용 결과로 이루어진다고 본 것이다.

(1) Erikson의 심리사회적 이론의 인간관과 기본 가정

사람의 행동과 사고는 생의 특정 시기에 질적 변화를 보이는데 각 시기에 성취해야 할 심리적 발달과업이 있다고 보았다. 심리적 발달과업을 성취해야 하는 심리사회적 발달단계는 전 단계의 심리사회적 갈등해결과 통합을 토대로 점진적(점성원칙)으로 이루어진다고 설명하였다(최옥채 외, 2022). 또한 각 발달단계마다 긍정적·부정적 발달 국면이 있으며, 발달단계마다 경험하는 위기를 성공적으로 극복하면 바람직한 성격과 자아발달이 이루어지고, 그렇지 못하면 바람직하지 못한 성격이 형성되며, 그 시기에 발달시켜야 할 긍정적 행동 및 사고 유형이 획득되지 못한다고 설명하였다.

(2) 심리사회적 발달단계

Erikson이 강조하는 심리사회적 발달단계와 특징은 다음 〈표 5-2〉와 같다.

〈표 5-2〉 Erikson의 심리사회적 발달단계

단 계	나 이	심리사회적 위기	최적의 결과
1단계	1세(구강기)	신뢰 대 불신	'희망'이라는 자아특질이 형성되지만 실패 시 사회적 관계의 위축이 나타나 낮은 자존감, 우울증 증세가 나타남
2단계	2세(항문기)	자율성 대 수치와 회의	'의지'라는 자아특질이 형성되지만 실패하면 수치심이 내면화되어 자신의 결정을 믿지 못하고 불안해하는 강박적 행동, 피해의식이 나타남
3단계	3~5세(성기기)	주도성 대 죄의식	'목적'이라는 자아특질을 얻지만 실패할 경우 사고와 표현을 제한하는 '억제'의 감정을 지님
4단계	6세(잠재기)	근면 대 열등	'유능성'이라는 자아특질을 획득하지만 실패 시 생산적인 일을 하지 못하는 사고와 행동의 마비(무력함)를 느낌
5단계	청소년기(성기기)	정체감 대 역할 혼란	'성실'이라는 자아특질을 얻지만 실패 시 익숙하지 않은 역할과 가치를 거부함
6단계	초기 성인기	친밀감 대 고립	헌신하는 '사랑'이라는 자아특질을 얻는 반면 실패 시 남을 밀쳐내는 배척을 함
7단계	성인기	생산성 대 침체	타인을 돌보는 '배려'라는 자아특질을 얻는 반면 실패할 경우 타인에게 충분한 관심을 표현하지 못하는 '거절'을 경험
8단계	노년기	자아통합 대 절망	삶에 대한 적극적 '관심'과 '지혜'라는 자아특질을 얻는 반면 실패하면 나약함, 즉 자신을 경멸하는 경험

(3) 심리사회이론이 사회복지실천에 미친 영향

Erikson의 심리사회이론 역시 사회복지실천에 미친 영향은 긍정적 평가와 부정적 평가를 동시에 내릴 수 있다.

- 클라이언트의 자아의 성장 가능성을 제시함으로써 자아의 기능 강화에 도움을 제공한다.
- 성격은 계속적으로 변화하며 문화적 · 환경적 요인이 성격형성에 중요하다는 관점을 제시한다.
- 단선적인 의료모델로부터 종합적인 접근으로 변화를 시도할 수 있는 지식기반을 제공한다.

- 인간의 성장과 변화 가능성에 대한 낙관적인 견해를 제공하는 반면 부정적 평가는 개념 자체가 매우 불명확하다. 예컨대 노년기에도 성장이 이루어진다는 가능성은 제시하였지만 구체적으로 그러한 과정이 어떻게 일어나는지, 성숙이 어떻게 성인기의 다른 단계에 영향을 미치는지에 대해 설명하지 못한다(최옥채 외, 2022).

3) 행동주의이론

행동주의이론은 행동의 원인이 인간의 내적 상태에 있는 것이 아니라 인간의 외적 환경에 있다고 주장한다. 즉, 환경이 인간의 행동을 만들어 간다고 주장하며 인간을 주어진 환경적 자극에 반응하는 존재로 본다. 행동주의는 학습에 초점을 두고 있으며 선행조건과 결과에 의해서 행동이 형성된다는 입장을 가지고 있다(최옥채 외, 2022).

이러한 행동주의에 있어서 주요 이론은 크게 Pavlov의 고전적 조건형성이론과 Skinner의 조작적 조건형성이론, Bandura의 사회학습이론이 포함된다.

(1) Pavlov의 고전적 조건형성이론

Pavlov에 의해 주장된 고전적 조건형성이론은 반응을 일으키는 자극과 함께 반복적으로 제공되는 중립자극도 나중에는 자극들 간의 연합에 의해 반응적 행동을 유발한다고 설명한다. 아울러 조건 형성이라는 과정을 통해 행동의 수정이 이루어질 수 있다고 보았다(이은희, 2018). 이러한 조건 형성 과정을 Pavlov 실험을 예로 들어 설명하면 다음과 같다.

① 조건 형성 이전

개는 음식을 보면 무조건 침을 흘리며 여기서 음식은 무조건 자극이 되고, 침을 흘리는 반응은 무조건 반응이 된다. 이때 개에게 종소리를 들려주면 개는 반응이 없으며 종소리는 어떤 반응도 이끌어 내지 못하는 중성 자극이 된다.

② 조건 형성 과정

개에게 음식을 줄 때마다 반복적으로 종소리를 같이 들려준다. 이 과정을 무조건자극과 중성자극의 연합, 혹은 조건 형성이라고 설명한다.

③ 조건 형성 이후

조건 형성이 된 후에는 중성자극인 종소리만 들려주어도 침을 흘리게 되며 여기서 조건 형성이 된 후의 종소리는 조건자극이 되고, 조건 형성이 된 후에 침을 흘리는 반사는 조건반응이 된다. Pavlov는 이런 고전적 조건 형성이 일어나는 이유는 어떤 유기체가 조건자극을 제공받으면 곧이어 무조건 자극도 함께 제공받을 것이라고 믿기 때문이라고 주장한다. 즉, 조건자극을 무조건자극이 제공된다는 신호로 파악한다는 것이다.

(2) Skinner의 조작적 조건형성이론

조작적 조건형성이란 고전적 조건형성과는 다르게 유기체가 원하는 결과를 얻기 위하여 환경에 선택적으로 작용하는 것을 말한다. 다만 자발적이고 능동적인 행동적 반응은 고전적 조건화는 자극 간 연합에 의해서 생성되지만 이 조작적 조건화는 행동과 결과 사이의 연합에 의해 생성되는데 행동의 결과가 어떠한가에 따라 행동이 달라진다고 설명한다.

다음은 조작적 조건화의 원리를 설명한 것이다.

① 강화(reinforcement), 벌(punishment), 소거(extinction)

강화란 어떤 특수한 반응이 일어날 확률을 증가시키는 것으로, 강화를 위해 사용되는 구체적 대상이 강화물(reinforcer)이 된다. 강화물에는 정적(positive) 강화물과 부적(negative) 강화물이 있다. 정적 강화물은 어떤 행동이 일어난 후 주어졌을 때 또는 그 상황에 가해졌을 때 그 행동이 일어날 확률을 높이는 자극이다. 반면 부적 강화물은 어떤 행동이 일어난 후 제거하거나 그 상황에서 감해졌을 때 그 행동이 일어날 확률을 높인다. 벌은 강화와는 달리 반응(바람직하지 않은 행동)을 약화시키는 작용으로, 제시형 벌은 어떤 반응 뒤에 혐오 자극(부적 강화물)을 가하는 것이고, 제거형

벌은 어떤 반응 뒤에 정적 강화물을 제거하는 것이다. 소거는 강화물을 계속 주지 않으면 반응의 강도가 감소하는 것을 의미한다.

② **반응의 일반화**(response generalization), **변별**(discrimination)

반응의 일반화는 특정 행동 다음에 강화물이 주어질 때 강화가 기대되는 비슷한 종류의 행동을 시도하게 되는 경향성을 의미한다.

변별은 자극일반화와 그 이후 분화과정을 통해 일어나는 것으로 어떤 자극에 반응하는 행동은 강화를 해주고, 다른 자극에 반응하는 행동은 강화하지 않음으로써 학습되는 것을 말한다.

(3) Bandura의 사회학습이론(관찰학습이론)

Bandura는 인간행동의 결정 요인으로 사회적 요소를 중요하게 고려하였다. 즉, 사람의 행동은 다른 사람의 행동을 관찰하고, 모방하여 학습한 결과라고 주장한다. 오늘날 Bandura의 이론을 사회인지학습이론이라고 부르기도 하는데 이는 그의 이론이 사회적 환경과 인간의 인지능력이 학습과 발달에 미치는 중요성을 강조하고 있기 때문일 것이다(이은희, 2018).

관찰학습의 과정에 대한 설명은 다음의 〈표 5-3〉과 같다.

〈표 5-3〉 관찰학습의 과정

순 서	과 정	결 과
1단계	주의집중과정	관찰학습의 첫 단계로 학습하기 전에 모방하려는 모델의 행위에 주의를 집중한다.
2단계	보존과정	관찰에서 얻은 정보를 기억하는 단계로 모델의 행동에 주의를 기울임과 동시에 그 행동의 내용을 분석한다.
3단계	운동재생과정	모방하려는 행동을 잘 파지하는 것만으로는 불충분하기 때문에 인지한 정보를 실제 행동으로 옮겨봄으로써 학습의 효과를 높이는 단계이다.
4단계	동기과정	강화를 통해서 행동의 동기를 높여주는 단계로 학습된 행동은 강화를 받을 때 지속적으로 일어나는 반면, 벌을 받게 되면 그 행동은 소거된다.

(4) 행동주의이론이 사회복지실천에 미친 영향

- 클라이언트의 문제에 대해 상세한 관찰을 할 수 있는 지식기반을 제공한다.
- 조건형성을 통해 잘못된 행동을 수정할 수 있다는 지식기반을 제공한다.
- 행동을 명확하게 인지하고 행동들이 서로 어떻게 연관되는지 파악하는 것을 가능케 한다.
- 모방을 통해 클라이언트 행동을 고칠 수 있다는 이론적 기반을 제공한다.

4) 인지발달이론(Theory of Cognitive Development)

인지발달이론은 인간의 인지발달을 유기체와 환경의 상호작용으로 파악한 Piaget의 이론으로 인간의 행동이란 자기가 관찰, 사고, 인지하는 것에 의해서 결정하고 판단을 내린다고 본다.

Piaget는 인지발달을 한 개인이 무엇을 어떻게 알게 되고 생각하게 되는지, 무엇을 느끼고 행동하는지에 초점을 두기 때문에 인간의 잠재력과 행동을 이해하고 이를 이해시키는 데 필수 불가결한 이론적 기반이 된다고 할 수 있다(이은희, 2018).

(1) 인지발달 과정

Piaget의 인지발달이론에 따르면 인지발달 과정은 감각운동기, 전조작기, 구체적 조작기, 형식적 조작기 4단계로 구분된다. 4단계의 인지발달은 개인의 지능이나 사회 환경에 따라 각 단계에 도달하는 개인 간 연령의 차이는 있을 수 있으나 발달 순서는 결코 뒤바뀌지 않는다고 가정하고 있다. 또한 각 단계는 주요 행동양식으로 설명될 수 있는 전체적인 심리구조로 특징지워진다. 인지발달의 단계는 다음 〈표 5-4〉와 같다.

〈표 5-4〉 인지발달 단계

발달단계	연 령	특 징
감각운동기 (sensorimotor stage)	0~2세	• 감각과 운동을 통해 세상을 이해 • 대상영속성의 개념 형성 : 모든 사물은 자신과는 별개의 실체로서 직접 보거나 만질 수 없는 경우에도 공간 내의 어딘가에 존재하고 있음을 아는 능력 • 반사행동으로부터 목표지향적 사고로 이동 • 모방, 기억, 사고, 언어의 시작
전조작기 (preoperational thought stage)	2~6세	• 직관적 · 비가역적 · 비논리적 사고 • 자기중심성, 중심화, 물활론적 사고, 유목화 사고 등 획득, 보존개념 • 언어의 급속한 발달, 행동의 내면화
구체적 조작기 (concrete operational stage)	7~12세	• 논리적 조작(구체적 · 실제적 · 물질적 문제에 한함) • 가역의 원리, 보상성의 원리, 서열화, 유목화 개념발달 • 탈자기중심성, 탈중심
형식적 조작기 (formal operational stage)	12세 이상	• 가설-연역적 사고, 조합적 사고, 추상적 사고 • 사회인식능력의 발달

(2) 인지발달이론이 사회복지실천에 미친 영향

- 클라이언트 문제가 잘못된 신념 및 생각 때문에 발생한다는 주장은 클라이언트 문제를 분석하고 해결하는 데 많은 도움을 제공해 준다.
- 클라이언트가 자신의 문제를 스스로 정의하고 해결할 수 있는 능력을 가지고 있다고 믿고 클라이언트 중심적인 사회복지실천을 시도할 수 있는 조건을 제공해 준다.

5) 인본주의이론

인본주의이론은 무의식적 결정론에 근거한 정신분석이론과 환경결정론에 근거한 행동주의이론을 비판하면서 등장하였다.

인본주의이론에서는 인간은 자유롭고 창의적인 존재이며, 인간의 행위는 성장과 자기실현에 대한 욕망을 가지고 있다고 보면서, 사랑, 선택, 창조성, 의미, 가치, 자아실현과 같은 인간의 자아실현 경향과 긍정적 측면에 초점을 둔다.

인본주의이론의 발달에 크게 기여한 학자는 Rogers와 Maslow라고 할 수 있다. 여기서는 Maslow의 욕구 위계론을 중심으로 살펴보고자 한다.

(1) Maslow의 욕구 위계론

Maslow에 따르면 욕구란 인간이 살아가는 데 필요한 필수 요소라고 주장하는 한편 이를 충족시킴으로써 만족을 얻는 일종의 본능과 같은 것이라고 한다. Maslow는 인간의 욕구를 생리적 욕구, 안전에 대한 욕구, 애정적 욕구, 자존에 대한 욕구, 그리고 자아실현의 욕구로 구분한다. 하위 욕구가 충족되면 다음 단계의 욕구에 의해 동기유발이 되며 상위 욕구가 강하게 일어나려면 하위 욕구가 어느 정도 충족되어야 한다. 그리고 극히 일부의 사람만이 자아실현의 욕구 단계까지 도달하게 된다고 주장한다.

Maslow의 욕구 위계의 단계는 〈표 5-5〉와 같이 제시할 수 있다.

〈표 5-5〉 인간의 욕구 위계 단계

위 계	욕 구	관련 욕구
1단계	생리적 욕구	의식주에 대한 욕구, 성적 욕구, 수면욕구 등 생리적 균형을 유지하는 데 요구되는 기본적 욕구이며 생명을 유지하는 데 없어서는 안 될 중요한 욕구
2단계	안전에 대한 욕구	자기 자신을 외부의 위협으로부터 안전하게 보호하고자 하는 욕구, 육체적 안전과 심리적 안정에 대한 욕구
3단계	애정과 소속의 욕구	다른 사람으로부터 사랑을 받고 다른 사람을 사랑하고자 하며 어떤 집단에 소속하여 집단의 구성원으로서의 역할을 수행하고자 하는 것이며 대인관계를 통해 서로 정을 교환하고 소속되기를 바라는 사회적 욕구
4단계	자기 존중의 욕구	자신의 가치를 스스로 인정하고자 하며 다른 사람들로부터 자존심을 유지하고, 인정과 존경을 받고 싶어 하는 욕구
5단계	자아실현의 욕구	자신의 모든 잠재적 능력을 최대한 발휘하여 가치 있는 삶을 누리고자 하는 욕구

(2) 인지이론이 사회복지실천에 미친 영향

- 인간본성에 대한 긍정정인 견해를 제공한다.
- 사회적 책임, 개인의 자기결정, 절대적 가치, 사회복지 철학에 대한 기본적인 가치를 제공한다.
- 인간의 욕구 평가에 유용하며 인간욕구에 관한 준거틀을 제공한다.
- 개인 성격 차이를 자아실현 정도에 따라 설명한다.

요점정리

사회복지실천의 지식기반

- 기본이론 : 사회복지실천의 과학적 기반, 사회복지실천의 예술적 기반
- 준거틀 : 실천관점, 실천이론, 실천모델로 구성

사회복지실천의 이론적 기반

- 정신분석이론 : 유전적 기질, 내부 심리적인 힘에 의해서 행동이 영향을 받는다고 보고 정신 병리적인 현상은 유아기 경험, 해결되지 못한 충동에 기인한다.
- 심리사회이론 : 자아를 중요시하고, 무의식보다는 의식을 중요시하며, 환경적 요인을 중요시하고, 자기운명에 능동적으로 대비한다.
- 행동주의이론 : 인간의 성격은 조건반사에 의해 이루어진 행동패턴의 집합으로 조작적 조건의 강화를 통해서 바람직한 결과를 만들어 낼 수 있고 습관이 누적되어서 그것이 행동, 성격이 된다.
- 인지발달이론 : 인간의 행동이란 자기가 관찰, 사고, 인지하는 것에 의해서 결정하고 판단을 내린다.
- 인본주의이론 : 인간은 자유롭고 창의적인 존재이며, 인간의 행위는 성장과 자기실현에 대한 욕망을 가지고 있다.

06

CHAPTER

사회복지실천의 관점 – 통합적 접근

1. 전통적 방법의 한계와 통합적 접근의 등장배경
2. 통합적 방법의 개념과 특징
3. 통합적 접근의 주요 관점
4. 통합적 접근의 이론적 기반
5. 통합적 접근의 모델
6. 사회복지실천에 있어서 통합적 접근의 의의

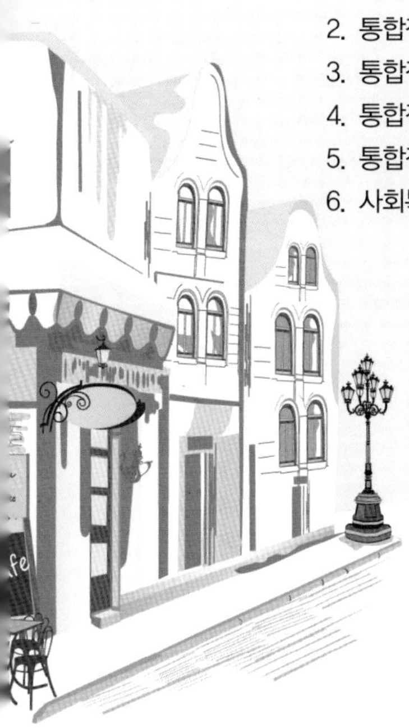

■ 개요

이 장에서는 개인과 환경은 서로 상호작용으로 영향을 주고받으며 가족, 지역사회, 조직 등과 서로 관련이 되어 있다는 관점인 통합적 접근의 주요 개념을 설명할 것이다. 아울러 통합적 접근의 발달과 형성에 큰 영향을 끼친 이론과 관점 그리고 모델에 대하여 소개하고자 한다.

■ 학습목표

- 사회복지실천 관점인 통합적 접근을 이해한다.
- 통합적 접근의 이론과 관점을 학습한다.
- 통합적 접근 모델을 학습한다.

06 CHAPTER 사회복지실천의 관점 – 통합적 접근

1. 전통적 방법의 한계와 통합적 접근의 등장배경

사회복지실천의 전통적 방법이라 할 수 있는 3대 방법론인 개별사회사업, 집단사회사업, 지역사회조직과 사회복지행정, 정책, 조사 등이 지나친 분화와 전문화로 서비스를 파편화하여 별도의 분야로서 발전되어 왔다. 전통적 방법론은 제한된 특정 문제 중심의 개입으로 최근의 복잡한 문제 상황에 대한 적절한 개입이 어려웠으며, 지나친 분화와 전문화로 인하여 서비스의 파편화 현상을 초래하였다. 또한 전문화 중심의 교육훈련은 사회복지사의 분야별 직장이동에 도움을 주지 못하고 사회복지 전문직의 정체성 확립에 오히려 장애가 되었다(한국전문대학사회복지교육협의회, 2005). 결국 기존의 전통적 3대 방법론으로 인간의 문제를 효과적으로 해결하는 데 여러 가지 문제점이 나타나기 시작했다.

이러한 전통적 방법의 한계를 보완하려고 분화와 전문화되어 있는 세 가지 실천방법을 하나의 통합된 실천의 가치, 지식, 목적 및 기술체계로 묶는 통합작업이 전개되면서 통합 실천 방법론이 대두되기 시작했다(박석돈 외, 2004).

1957년 Perlman은 사회복지실천을 위한 모델로서 '문제해결과정'을 제시하여 최초로 일반사회복지모델을 개념화함으로써, 문제해결모델이 사회복지실천의 주류를 이루게 되었다. 그 이후 1970년대에 이르러 일반체계이론과 생태학이론이 사회복지의 주요 이론 틀로서 활용되면서 생태체계 관점에 근거한 '환경 속의 인간' 관점을 비롯한 강점중심 관점 등이 해결중심 접근으로 대두되었고, 이러한 관점과 이론을 기반으로 하는 다양한 실천 모델들이 새롭게 등장하게 되었다.

이 장에서는 통합적 접근의 실천관점으로 '환경 속의 인간' 관점과 '강점중심' 관점, 그리고 여러 관점과 이론의 기반으로 형성된 실천모델인 4체계모델, 문제해결모델, 생활모델, 임파워먼트 모델, 그리고 실천관점과 실천모델의 기반이 된 일반체계이론과 생태체계이론에 대해 살펴보고자 한다.

2. 통합적 방법의 개념과 특징

1) 통합적 방법의 개념

사회복지실천에서 통합적 접근이란 사회복지사가 개인, 집단, 지역사회에서 제기되는 사회문제에 활용할 수 있는 방법론들을 복합적으로 통합하여 공통된 하나의 원리나 개념을 제공하는 방법의 통합화를 의미한다.

즉, 통합적 방법이란 전통적 방법의 전부 또는 일부를 조합하여 교육함으로써 한 명의 사회복지사가 복수의 방법을 통합적으로 사용하여 클라이언트에게 개입하는 것이다.

이러한 통합적 관점을 통해 사회복지사는 전문직으로서의 정체성을 확보함과 동시에 개입을 환경 속에서 바라보는 고유한 관점을 확립할 수 있다.

2) 통합적 접근의 형태

전재일(2015)은 통합적 접근의 형태를 결합적 접근방법, 중복적 접근방법, 단일화 접근방법의 세 가지 측면으로 제시하였다.

① 결합적 접근방법(combination approach)

결합적 접근방법은 클라이언트가 경험하고 있는 문제와 상황에 따라 전문적으로 분화된 각종 방법을 단독으로 또는 여러 가지 방법을 임기응변식으로 사용하는 방법이다. 사회복지사가 현재보다 고도의 교육과 훈련을 받아야 가능하다는 한계점을 가지고 있다.

② **중복적 접근방법**(multi-method approach)

중복적 접근방법은 각 방법의 원리와 기술을 비교해 나타나는 공통성, 차이성, 유사성, 다양성을 확인하고 이들 방법 간에 상호 관련성을 조합하여 사용하는 접근방법이다. 상이한 현실적 상황에서 어떠한 조합이 가장 가능할 것인가 하는 한계가 있다.

③ **단일화 접근방법**(unitary approach) = **일반적 접근방법**

단일화 접근방법은 전문직으로서 사회복지실천의 공통 기반을 재확립하고, 방법을 특징짓는 총체적 관점과 틀을 확정해 방법의 재편성을 도모해 나가는 방법이다. 이 접근방법을 일반적 접근방법이라고도 하며, 실제로 통합적 접근과 혼용된 용어로 사용되고 1970년대에 통합적 방법을 지향하는 학자들에 의해 강조되어 세 가지의 통합방법 중에서 사회복지실천에 가장 실용적으로 사용되고 있다.

3) 통합적 접근의 특징

통합적 접근은 다음과 같은 특징을 가진다(임은희, 2010).

- 통합적 방법은 사회복지실천에 본질적인 개념, 활동, 기술, 과업 등에 공통적인 기반이 있음을 전제한다.
- 통합적 방법의 가치는 클라이언트의 잠재성을 인정하며, 이들 잠재성이 개발될 수 있다고 보고 미래지향적인 접근을 강조한다.
- 사회복지의 지식은 과거의 심리 내적인 정신 역동적 측면으로부터 상황 속에 인간을 이해하고자 하는 일반체계이론까지 확대된 개념을 사용한다.
- 과거 사회복지 개입은 주로 인간에 초점을 두거나 환경의 초점을 두는 2궤도 접근으로 이루어져 왔으나 통합적 방법은 이 양면적 상호작용에 초점을 둠으로써 인간과 환경의 공유영역, 즉 사회적 기능수행 영역에 사회복지사가 개입해야 함을 강조하고 있다.
- 클라이언트의 존엄성을 인정하고 클라이언트의 참여, 자기결정 그리고 개

별화를 극대화할 것을 강조하며 사회복지실천과정의 계속적인 평가를 주장하고 있다.

3. 통합적 접근의 주요 관점

1) 환경 속의 인간 관점(Person-In-Environment)

사회복지실천 활동과 다른 대인서비스 전문직의 차이점은 사회현상에 대한 원인과 개입활동에 관한 기본적인 시각 차이라고 할 수 있다. 이러한 관점은 시대별로 변화되어 왔고 특정 시기에 전체 전문직 사회 내에서 공유되는 패러다임은 사회복지실천에도 영향을 미치고 적용된다. 사회복지실천 패러다임은 1900년대 초반부터 정신분석이론이 지배적이었고, 1920~1930년대는 세계대전과 대공황 등 사회경제적 급변환을 겪으면서 인간과 사회 환경의 영향과 상호작용에 관심을 돌리게 되었다(허정철 외, 2019). 그 이후 1970년대 이르러 체계이론과 생태학 이론의 영향으로 인간을 바라보는 가장 중요한 관점은 환경 속의 개인을 바라보고 다양한 상황 속에서 인간의 행동을 이해하고자 하는 '환경 속의 인간'의 실천관점으로 대두되었다.

(1) '환경 속의 인간' 개념

사회복지실천에서 인간이 경험하는 각종 사회복지적 문제의 원인을 개인적 요소와 환경적 요소가 서로 어우러져서 나타난 결과로 보는 시각을 가지고 인간을 이해하기 위해서 개인의 내적 특성뿐만 아니라 환경 혹은 상황까지 모두 고려해야 함을 강조하는 대표적인 관점이라 할 수 있다.

(2) '환경 속의 인간' 관점의 특성

환경 속의 인간 관점에서 바라보는 인간과 환경의 관계는 다음과 같은 특성이 있다.

- 환경 속에서 하나의 통합된 총체인 인간은 외부체계와 끊임없이 상호작용을 하며 상호 의존하는 존재로서 인간은 자신의 욕구에 맞게 환경을 수정시킬 수 있으며 환경의 요구에 맞게 자신을 변화시킬 수 있는 능력이 있다.
- 인간과 환경은 분리될 수 없으며 동시에 고려해야 한다. 환경 속의 인간이란 개인에 대한 환경적 요구, 개인의 내부적 요구, 환경적 지지, 극복 능력 혹은 적응능력을 포함한다.
- 개인에 대한 영향이나 개인이 속해 있는 환경에 관심을 두는 것이 아니라 사람들이 생활과업을 성취하고, 고통을 덜며, 소망과 가치를 실현할 수 있는 능력에 영향을 주는 인간과 사회환경 간의 상호적 관계 또는 상호작용에 관심을 둔다.

(3) 사회복지실천에의 기여

환경 속의 인간 관점이 사회복지실천에 미친 영향은 문제 발생의 원인을 개인과 환경의 상호작용에 초점을 맞춤으로써 인간이 경험하는 각종 문제의 원인을 개인과 환경 중 어느 한쪽의 결함으로 보는 것이 아니라 개인과 환경적 요소의 상호작용으로 보게 된다는 것이다. 따라서 사회복지 실천은 개인, 가족, 또는 집단 체계의 사회적 기능을 향상하여 관련된 사회체계의 상호작용 과정에서 긍정적인 결과를 이끌어 내야 한다는 기반을 제공하게 되었다.

2) 강점관점

현대 사회복지실천의 특징은 개인과 환경 간의 균형에 대한 강조, 강점중심의 접근, 클라이언트 자기결정의 존중, 권익옹호자로서의 역할 강조, 클라이언트의 임파워먼트(empowerment)에 대한 강조, 지역사회에서의 다양한 자원의 확보와 유지 등을 강조하는 것이다(김혜영 외, 2022). 이러한 변화추세와 더불어 등장하게 된 강점관점은 사회복지실천의 가치이자 철학으로 개인과 사회에 대한 부정적인 측면으로 보는 것에 대한 대안이며, 사회복지실천에 깊이 뿌리 박혀 있던 표현이라고 할 수 있다. 사회복지실천에서 강점관점을 적용하는 것은 각 클라이언트의 다양한 자원을 강조하고 클라이언트의 강점을 활성화하여 사회복지사가 클라이언트 체계의 변화과정을 볼 수 있게 만든다.

(1) 강점관점의 개념

강점은 장점과 다른 개념으로, 잘하는 것을 포함하여 '의미 있는 것', '좋아하는 것', '하고 싶은 것'까지 포괄하는 개념이라고 할 수 있다.

기존의 전통적인 사회복지실천은 클라이언트의 문제를 파악한 후 문제를 해결하기 위한 개입과정에서 클라이언트의 욕구나 의견보다는 사회복지사의 전문적 지식과 관점이 주된 역할을 한다. 이에 비해, 강점 관점은 사회복지사가 클라이언트를 돕는 개입과정에서 클라이언트의 문제를 보는 것이 아니라 클라이언트의 강점에 초점을 둘 때 클라이언트의 문제해결과 성장, 변화의 가능성이 높아진다고 보는 관점이다.

(2) 강점관점에 따른 중요한 변화

강점관점으로 사회복지실천을 전개하는 과정에는 다음과 같은 전환이 필요하다.

① 문제보다는 강점에 초점을 둔다

강점관점의 초점은 클라이언트의 증상이나 문제행동보다는 클라이언트의 강점과 자원에 초점을 두고 있으며 절대적으로 클라이언트의 타고난 잠재력, 능력 그리고 강점을 인정한다. 그렇게 함으로써 클라이언트는 긍정적으로 성장할 수 있고 다양한 잠재력, 전문적 기술, 자기실현의 개발을 위해 노력할 수 있다고 본다.

② 병리관점에서 강점관점으로의 변화이다

강점관점은 사람들의 결함과 무능력에 초점을 두는 병리적 관점과는 달리 그들이 가진 능력과 강점을 확인 · 이용하고, 증진시키며, 강화하는 것이다. 병리에 초점을 두면 개인의 강점이 보이지 않으며, 병리로 진단을 하게 되면 클라이언트의 강점을 덮어버리게 된다.

③ 과거에서 미래지향으로의 전환이다

병리에 초점을 두는 의료모델의 개입과정은 언제, 왜, 어떻게 클라이언트 체계가 문제가 발생하기 시작하였는지 과거를 탐색하게 된다. 그러나 강점 중심의 개입과정은 현재시점(here and now)을 기반으로 미래지향적 차원에서 클라이언트 체계가 가지고 있는 강점과 자원을 발견하고자 한다.

(3) 병리적 관점과 강점관점의 비교

병리적 관점과 강점관점은 다음 〈표 6-1〉과 같은 차이가 있다.

〈표 6-1〉 병리관점과 강점관점의 비교

항 목	병리관점	강점관점
개 인	'사례' (진단에 따른 증상의 소유자)	'독특한 존재' (강점, 재능, 자원의 소유자)
초 점	문제	가능성
클라이언트 진술	전문가가 회의적 태도로 재해석	클라이언트를 이해하는 방법으로 있는 그대로 인정
성장기의 상처	성인기 병리의 예측인자	약하게도, 강하게도 할 수 있는 요인
치료의 핵심 및 자원	전문가에 의한 치료 계획 및 지식과 기술	개인, 가족, 지역사회의 참여와 그들의 장점, 능력, 적응기술
클라이언트 삶의 전문가	사회복지사 등 전문직 : 계층적 관계	개인, 가족, 지역사회 : 협력적 관계
개인적 발전	병리에 의해 제한적	개방적
원조의 목적	부정적 결과 및 증상의 영향 감소	삶을 함께하며 가치를 확고히 함

출처 : Saleeby(1996), 양옥경 외(2000).

(4) 강점관점의 주요 원리

문제 자체에 대한 관심보다는 해결점을 찾아 강점을 강화시키는 데 주요 초점을 맞추는 강점관점을 실천하기 위한 원리를 김효선 등(2022)은 다음과 같이 제시하고 있다.

- 모든 개인, 집단, 가족 지역사회는 강점을 가지고 있다. 이러한 관점의 사회복지사는 클라이언트의 문제에 집중하기보다는 클라이언트와 그를 둘러싼 환경에서 강점을 찾는데 초점을 두도록 하는 것을 의미한다.
- 트라우마, 학대, 질병 등과 같은 경험은 한 개인을 상처 입게 하는 동시에 도전과 기회의 자원이 되기도 한다. 이러한 관점의 사회복지사는 클라이언트가 가지고 있는 문제가 미치는 영향을 인정하지만 그에 대한 해석은 다르게 하여 문제가 상처를 줄 뿐만 아니라 성장을 위한 도전과 기회라는 긍정적 시각을 유도하는 것을 의미한다.
- 개인, 집단, 지역사회를 성장시키고 변화시키기를 원한다면 능력의 한계는 모르는 것으로 가정한다. 이 원리는 사회복지사가 먼저 클라이언트나 관련 체계의 변화 가능성을 한계 지어서는 안된다는 의미이다. 이런 열린 마음으로 클라이언트를 지지할 때 더 큰 효과를 창출할 수 있다는 말이다.
- 클라이언트와 상호 협력하여 최선을 다해 일한다. 이 원리는 사회복지사와 클라이언트는 수평적인 관계를 가지고 상호 협력함으로써 함께 문제 상황을 변화시켜 나간다는 것을 의미한다.
- 모든 환경은 자원들로 가득 차 있다. 이는 사회복지사가 자원의 중요성을 인식하고 환경 안의 자원을 사정하고자 한다면 예상하지 못한 자원들을 환경 내에서 발견할 수 있다고 보는 것을 말한다.

4. 통합적 접근의 이론적 기반

통합적 접근의 관점과 실천모델은 체계이론과 생태이론 그리고 이 두 이론을 통합한 생태체계이론을 기반으로 하고 있다.

1) 일반체계이론(Genenal System Theory)

체계(system)란 상호의존적이고 상호작용하는 부분들로 구성된 전체, 즉 부분들 간에 관계를 맺고 있는 일련의 단위들이라고 할 수 있다. 체계이론은 체계를 구성하는 요소들의 속성과 이들 간의 상호작용의 속성을 이해하고 복잡한 체계 내부에서 일어나는 상호작용의 특성을 파악하기 위한 이론이다. 체계를 구성하는 각각의 시스템은 하위체계(subsystem)로 이루어진다.

(1) 체계의 구조적 특성

일반체계이론의 구조적 특성에 대하여 신성자 등(2000)은 다음과 같이 제시하였다.

① 경계(boundary)

살아 있는 체계는 정보의 교환을 통하여 조직되고 기능하는 물질과 에너지로 구성되는 체계로 간주되며 이 체계는 시간과 공간 속에 존재하며 경계를 가지고 있다. 경계는 외부환경으로부터 구별 짓고 독특한 정체성을 제공하는 선정된 변수들로 둘러싼 둘레로 정의된다.

② 개방체계와 폐쇄체계

체계이론에서의 중심적인 개념은 그 체계를 개방적인(open) 것으로 본다. 이것은 체계의 계속성과 변화의 본질적인 요인이 환경과의 상호교환 속에 관여되고 있음을 의미한다.

개방체계는 환경으로부터 투입(input)을 받아들이며, 산출(output)을 생산하여 환경으로 보낸다. 환경 및 그 환경과의 상호교류가 체계의 존립에 기본이 된다. 인간 체계가 성장하고 발전하는 것은 이러한 개방성이다.

폐쇄체계는 다른 체계들과 상호작용하지 않는다. 그들은 투입은 받아들이지 않으며 산출을 생산하지도 않는다. 이러한 체계들은 엔트로피(entropy)라는 성질을 가지고 있다. 이것은 체계요소들의 분화가 적어지고 조직과 기능이 상실되는 경향을 의미한다. 이러한 경향은 경계의 개념으로 나아가야 한다.

③ 위계

체계의 부분들은 여러 가지 방식으로 서로 연결되어 있다. 위계의 개념은 모든 체계의 기본 단위들이 활동이나 에너지 기능들을 위해서 이것의 상위체계에 의존하며, 또한 이것의 하위체계에 방향을 제시해 주어야 하는데 이러한 하위체계 및 상위체계 사이의 관계를 위계라 한다. 예컨대, 가족체계는 부부하위체계, 부모-자녀 하위체계, 형제하위체계, 자매하위체계로 구성되어 있다.

(2) 체계의 진화적 특성

임은희(2010)는 체계에는 다음과 같은 진화적인 특성이 있음을 강조하였다.

① 항상성(homeostasis)

체계는 지속적으로 변화의 상태에 놓여 있는 동시에 또한 역동적인 균형상태를 유지하고 있다. 체계가 생존을 위해 환경과 성공적으로 타협할 수 있는 능력을 말한다.

② 안정상태(steady state)

부분들과의 관계를 유지시키고 쇠퇴해서 붕괴하지 않게 하려고 에너지가 계속적으로 사용되는 상태를 의미한다.

③ 규칙성(rules)

모든 살아 있는 체계는 시간이 경과함에 따라 반복적인 상호작용 패턴을 발달시키게 되는데 이러한 반복적 상호작용 패턴을 행동규칙이라 한다.

(3) 체계의 행동적 특성

① 환경과 상호작용

체계와 환경은 상호작용을 하는 특성을 가지고 있다. 이들이 서로 상호작용하는 과정은 투입(input), 전환(through-put), 산출(output), 환류(feedback)의 과정을 거친다.

- **투입** : 체계가 환경으로부터 에너지, 사물, 정보 등을 받아들이는 방법을 의미한다. 투입체는 일단 체계 내부로 입수되고 나면 영향을 받으며, 변형되고, 규제받고, 체계의 기능수행을 위해 활용된다.
- **전환** : 이러한 투입체가 활용되는 단계를 전환이라고 하는데 일단 이러한 처리과정이 시작되면 체계는 적극적으로 환경에 반응하게 된다.
- **산출** : 체계가 환경에 적극적으로 반응하는 단계이다.
- **환류** : 정보의 투입에 반응하는 행동을 가져오며 새로운 정보에 자신의 행동결과를 포함시켜 그것에 의하여 다음 행동을 수정하는 의사소통의 조직망을 의미한다.

  환류는 긍정적 환류와 부정적 환류로 구분할 수 있다. 긍정적 환류는 체계가 목적과 관련하여 올바르게 행동하고 있으며 같은 종류의 행동을 보다 더 요청한다. 반면 부정적 환류는 목표달성을 어렵게 하고 있는 정도를 전달하며 체계행동의 수정을 가져온다.

② **상호의존**(interdependent)

전체로서의 체계는 통합된 부분이나 요소로 구성되며 이러한 요인들은 상호 관련되어 있으며 서로 영향을 미친다.

③ **균형**

균형은 집단이 산출보다 투입을 더 많이 가지고 있음을 나타낸다. 기능적인 집단은 균형이 유지될 때에만 계속 존재할 수 있다.

(4) 일반체계이론의 인간관

일반체계이론의 관점으로 보면 인간은 다음과 같은 특별한 개인이다.

- 인간을 하나의 통합된 체계로 간주하여 인간은 생물학적, 심리적, 사회적, 문화적 존재라고 본다.
- 환경 속의 인간 관점을 제공하여 하나의 통합된 총체인 인간은 외부체계와

끊임없이 상호작용을 하며 상호의존하는 존재로서 인간은 자신의 욕구에 맞게 환경을 수정시킬 수 있으며 환경의 요구에 맞게 자신을 변화시킬 수 있는 능력이 있다고 본다.

- 인간의 행동은 집단, 가족, 다른 사회적 단위를 포함하는 전체적인 사회적 상호작용의 결과로 본다.
- 한 개인의 부정적 행동은 한 개인에게 있는 것이 아니라 그를 둘러싸고 있는 환경, 즉 사회체계와의 역기능적 상호작용에 그 원인이 있다고 본다.

(5) 사회복지실천에의 적용(엄명용 외, 2008)

- 체계이론은 사회복지실천의 개념적 틀을 제공하여 환경 속의 인간 관점에서 모든 주변 변수들이 상호 관련된 전체라는 시각을 갖춘 틀로 전환되는 기초를 제공하였다.
- 하나의 생활체계를 구성하는 개인, 개인의 사회적 환경, 물리적 환경 등은 각각 개별적으로 존재하는 것이 아니라 상호작용하여 하나의 전체라는 시각에 대한 관점으로 발전하였다.
- 클라이언트 문제가 개인의 병리현상이기보다는 체계 간의 긴장, 갈등에 의한 체계적인 속성을 강조한다. 전통적 의료모델인 단선적 관점의 한계를 극복할 수 있다.
- 체계부분 속에서의 변화가 전체에 영향을 미칠 수 있다는 인식을 제공해 줌으로써 개입의 유용한 방법을 제시하였다.
- 체계이론은 하나의 분석틀을 제공할 뿐 문제 상황을 변화시키기 위해 사회복지사가 구체적으로 어떤 행동, 어떤 처방을 해야 할지를 알려주지는 않는다.
- 체계이론은 사회복지사가 소속되어 있는 기관, 사회복지사, 클라이언트, 사회복지사의 활동 목적을 달성하기 위해 사회복지사가 접촉해야 할 주변 체계들을 동일한 상호교류의 장에 놓고 고찰할 수 있는 시각을 제시하였다.

2) 생태체계이론(Ecological System Theory)

일반체계이론에 생태학 이론을 결합한 생태체계이론은 체계의 다양한 부분들 사이와 유기체(인간) 그리고 환경의 공유영역에서 일어나는 상호작용과 상호교류를 강조함으로써 '환경 속의 인간'에 대한 견해를 강조한다.

생태학이라는 용어는 유기체와 환경 간의 상호작용을 연구하는 생물학에서 유래된 것으로 독일의 생물학자 Haekel에 의해 1866년 최초로 학문분야에 소개되었다(김동배 · 이희연, 2003; 김혜영 외, 2022).

사회학 연구의 한 영역이며 영향력 있는 이론적 개념으로서 인간생태학(human ecology)은 제1차 세계대전 이후 발달하기 시작하여 1950년대에 이르러 생태학적 관점은 사회학의 관심을 받게 되었으며, 지역사회와 환경에 대한 인간의 집합적인 적응과 기능적인 상호의존성에 초점을 두었다. 1960년대 와서 생태학적 관점이 가족문제에 적용되면서 Auerswald(1968)가 가족에게 영향을 미치는 체계를 설명하는 가운데 생태학적 체계접근(ecological system approach)이라는 용어를 제시하였다(김혜영 외, 2022).

그 이후 1979년 Bronfenbrenner가 인간발달에 대해 연구하는 가운데 체계론적 관점을 확대하여 생태학적 체계이론(ecological system theory)이라는 용어를 사용하였다. 이후 Germain과 Gitterman(1980)이 생태체계관점을 도입하여 생활모델을 제시하면서 생태체계관점이 사회복지실천에 자리 잡게 되었다(김동배 · 이희연, 2003). 생태체계적 관점은 생태체계, 생태적 체계론, 생태적 관점 등을 혼합하여 사용하고 있는데 이 모두 개인과 환경 간의 관계를 의미하는 동일한 개념이라 할 수 있다.

(1) 기본 개념

생태체계이론은 인간과 환경의 상호보완성을 설명하는 데 초점을 두며 인간과 환경이 총체적으로 상호작용하는 것으로 보고 있다. 즉, 인간은 자신을 둘러싸고 있는 주위 환경을 중심으로 구조화된 생태체계 속에서 끊임없이 상호작용을 주고받으며 발달하는 것으로 간주한다. 따라서 생태체계이론은 개인적 요인뿐 아니라 환경적 요인을 동시에 고려하여 양자 간 상호작용과 상호보완에 관심을 가지고 있다. 다음의 개념은 이러한 관계를 설명하고 있다(임은희, 2010).

① **적응**(adaptation)

생태체계는 생존하기 위해 환경에 의해 항상 변하며 지속적으로 환경에 적응한다. 또한 생명체들은 환경이 그들의 욕구에 적합하도록 환경을 변화시키고 이러한 변화에 적응해야만 한다. 사람은 새로운 상황에 처함에 따라 그 상황의 요구에 적응하고, 그의 존재로 말미암아 구조적으로 상황을 변화시킨다. 이러한 적응은 인간의 내적 영향력과 생태적 환경의 영향력에 의해 이루어지는 상호의존적 과정(interdependent process)이다.

예 경제적 어려움을 당하면 소비를 줄이고 절약하게 되는 경우

② **공생**(symbiosis)

공생이란 상호작용을 통하여 한쪽 또는 상호이익을 주는 두 종(species) 간의 빈번한 상호작용을 말한다. 공생에는 상호부조(mutualism), 편리공생(commensalism), 기생(parasitism) 등이 있다. 상호부조는 서로 도움을 주는 관계인 반면, 편리공생은 다른 종에게 해로움도 유익함도 주지 않고, 한 종만 도움을 얻는 공생관계를 의미한다.

사회복지사가 클라이언트의 환경을 사정할 때 인간과 환경의 상호작용을 이해하기 위해 이 개념을 활용할 수 있으며 사회복지사가 클라이언트에 개입할 때 상호부조와 편리공생을 최대화하도록 노력해야 한다.

③ **전문화**(specialization)

변화하는 환경에 성공적으로 대처하기 위하여 적응해 가는 형태를 전문화라 한다. 전문화는 경쟁을 감소시키는 결과를 가져오는 이점이 있으며 고도로 전문화된 종은 급변하는 환경의 영향에 더 취약하다. 이러한 개념은 직업훈련 기회에 관해 의사결정을 해야 하는 클라이언트를 원조할 때와 기관이 기관의 사명을 바꾸어야 하는지 등을 다룰 때 유용하게 적용될 수 있다.

④ **활동 공간**(niche)

활동 공간이란 특정한 종이 생태체계 안에서 생존하며 건강을 유지하고 재생산을 하기 위하여 요구되는 물리적 · 화학적 · 생물학적 요인을 말한다. 다시 말하면 종이 효과적으로 기능할 수 있는 특정한 장소나 환경을 의미한다.

⑤ **스트레스**(stress)

스트레스는 생명력이자 한 체계를 활동으로 몰아가는 에너지이다. 살아 있는 체계, 즉 외부와 지속적인 교류를 하고 있는 체계 내에 긴장상태가 전혀 존재하지 않는 것은 불가능하다. 사회복지실천에서 사회복지사는 함께 일하는 체계 내에 또는 그 체계와 다른 체계들 사이에 긴장이 존재하는가, 존재한다면 그것이 어떻게, 어떤 목적으로 적용하는지를 분석해야 한다.

⑥ **수용능력**(carrying capacity)

수용능력이란 하나의 생태에서 생존할 수 있는 종의 최대 개체수를 말한다. 만약 종의 개체수가 생태체계의 수용한계를 넘어서게 되면 질병이나 기근, 약탈 등이 발생하여 해당 종의 개체수를 감소시키게 된다.

⑦ **적합성**(adaptation)

적합성은 개인의 적응적 욕구와 환경적 특질이 부합되는 정도를 의미하는데 환경이 적절한 시간에 적절한 방식으로 필수적인 사회자원과 지지를 제공해 준다.

⑧ **호혜성**(reciprocity)

호혜성이란 발달과 생존을 위해 필요한 자원을 환경으로부터 받고, 환경은 생명체의 산물을 통해 보다 분화하고, 보다 풍부하고 다양하게 생명체를 지원하게 되는 원리이다. 그러나 이러한 호혜적 관계는 항상 순조로운 것만은 아니다.

⑨ **경쟁**(competition), **상호교류, 상호의존, 대처**

경쟁은 생태학적 공동체를 형성하는 주요 과정으로 자원이 제한된 경우 생태체계를 구성하는 수많은 종은 생존을 위해 경쟁을 하게 되는 것을 말하며, 상호교류(transaction) 개념은 인간이 다른 환경의 사람과 의사소통하고 관계를 가지는 것을 의미한다. 상호의존(interdependent)의 개념은 한 개인이 다른 사람이나 집단에 의존 · 의지하는 것을 말하며, 대처(coping)는 스트레스에 대응할 때 개인과 환경 간의 적합성을 회복시키거나 높여주는 행동양식을 말한다.

(2) 생태체계의 환경

생태체계이론에서는 다양한 체계 수준에서 이루어지는 개인들과의 관련성을 강조한다. 이러한 다양한 체계의 수준을 Bronfenbrenner(1979)는 생태학적 환경이라고 규정하고 이러한 체계들 사이에는 위계질서가 존재한다고 보았다. 이들 4체계는 다음과 같이 다양한 형태로 존재하며 각각의 경계를 가진 자율성을 가지면서도 다른 체계와의 긴밀한 상호작용을 전제로 하는 위계를 갖게 된다.

① **미시체계**(microsystem)

미시체계는 가족과 같은 직접적인 환경 내에서의 활동, 역할, 그리고 대인관계 유형을 말한다. 예 아동의 부모, 친구, 학교 등

② **중간체계**(mesosystem)

중간체계는 학교 및 가족과 같은 개인을 둘러싸고 있는 두 가지 이상의 환경에서 일어나는 과정과 연결성을 말한다. 예 아동의 학교(교사)와 가정(부모) 간의 관계, 형제간의 관계, 가정과 또래집단과의 관계 등

③ **외체계**(exosystem)

외체계는 두 가지 이상의 환경 사이에서 일어나는 연결성과 과정으로서, 이 중에 최소한 한 가지 체계는 직접적으로 개인을 둘러싸고 있지 않은 체계이다. 예 부모의 직장, 대중매체, 정부기관, 교통 · 통신시설, 문화시설 등

④ **거시체계**(macrosystem)

거시체계는 민족 집단체계와 같이 특정 문화유형이나 보다 광범위한 사회적 맥락을 의미한다. 예 경제, 정체, 사회, 법, 관습, 문화 등

생태체계 관점에서는 클라이언트 개인을 원조할 경우라도 위에서 제시된 4체계 내부 및 체계들 사이의 관계의 질을 고려하지 않고는 클라이언트를 완전히 이해할 수 없다고 본다. 따라서 이 관점에서는 사회적 관계망을 개인의 생활공간에서 중요한 변인으로 보고 클라이언트 행동은 개인, 가족, 집단, 조직, 지역사회, 문화체계 등의 다차원에서 이해되어야 한다고 본다.

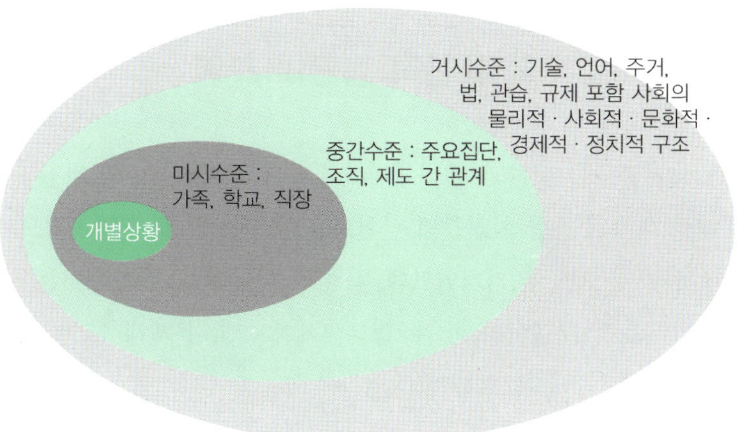

| 그림 6-1 | 생태체계 사회복지실천을 위한 준거틀

(3) 사회복지실천에의 적용

생태체계이론은 상황적 · 환경적 맥락 속의 인간, 인간과 환경의 호혜적 상호작용과 교류, 진화적 변화로서의 발달, 개인과 환경의 적합성, 적응과 같은 개념들을 사회복지실천에서 고려하고 적용할 수 있게 하였다. 특히 '환경 속의 인간' 맥락에 초점을 유지하게 하며, 인간의 욕구와 문제를 인간 혹은 환경 자체의 산물이 아니라 상호교환의 산물로 보게 하고, 개인 · 가족 · 집단 · 지역사회를 상호연계 속에서 이해할 수 있게 한다는 점에서 사회복지실천의 통합적 접근을 뒷받침해 주는 주요 개념 틀이자 관점이다(김혜영 외, 2022; Germain & Gitterman, 1995; Miley et al., 2007; Sheafor & Horejsi, 2008).

개인, 가족, 집단, 지역사회의 복합적 기능과 상호연관성이나 역동적 망을 이해할 수 있게 하는 것은 클라이언트에게 중요한 체계와 하위체계 및 상위체계의 존재를 인식함으로써 보다 포괄적이고 효과적인 사정과 평가를 할 수 있도록 할 뿐 아니라 변화가 어느 체계에서든 일어날 수 있다는 희망을 제공한다. 또한 '환경 속의 인간'으로서 클라이언트의 문제 및 욕구를 해결하기 위해 전체 관련 체계의 다양한 차원에서 실천방법과 기법, 기술을 적용할 수 있도록 실천영역을 확장시키는 데 기여하였다(김혜영 외, 2022; Tuner, 1996).

5. 통합적 접근의 모델

앞에서 살펴본 체계이론과 생태체계이론, 그리고 환경 속의 관점과 강점관점을 토대로 대두된 통합적 접근의 실천모델은 4체계모델, 문제해결모델, 생활모델, 임파워먼트 모델, 위기개입모델 등 아주 다양하다. 여기에서는 사회복지실천에서의 대표적 모델이라 할 수 있는 4체계모델, 문제해결모델, 생활모델, 임파워먼트 모델을 소개하고자 한다.

1) 4체계모델(Four System Model)과 6체계모델

(1) 4체계모델(임은희, 2010)

Pincus와 Minahan(1973)에 의해 제시된 4체계모델은 포괄적이고 전체적인 관점에서 클라이언트 체계를 사정할 수 있는 기초를 제공하고 사회복지사로 하여금 인간과 그의 자연적, 공식적, 사회적 자원 체계 간의 연결에 초점을 맞추게 한다. 이 모델에서의 사회복지실천의 초점은 사람의 문제나 자원체계가 아닌 사람과 자원체계, 그리고 자원체계 간의 상호작용에 있다.

Pincus와 Minahan에 따르면 문제가 있는 사람들은 도움체계가 존재하지 않거나 적절한 자원이 부족하기 때문에 사회복지사는 클라이언트와 그를 둘러싸고 있는 환경 간의 상호작용을 향상시키고 문제를 해결하도록 원조해야 한다는 것이다. 네 가지 체계는 다음과 같다.

① 클라이언트 체계

사회복지서비스나 도움이 필요한 개인이나 가족 또는 소집단 등을 지칭하며 사회복지사와 계약이 이루어졌을 때 클라이언트가 된다. 사회복지사는 클라이언트체계와 달성하고자 하는 목표에 합의하지 않고는 목적을 명확히 할 수 없다. 이 목표는 계약으로 구체화 될 수 있으며 또한 변화될 수도 있다.

예 청소년이 문제가 있다 하더라도 서비스 계약자가 어머니인 경우 어머니가 클라이언트체계이다.

② 변화매개체계

계획된 변화를 위해 체계들과 활동을 하는 사람을 변화매개인이라 하며, 그런 사람들로 이루어진 것을 변화매개체계라 한다. 즉, 도움을 주는 사람으로서 사회복지기관에서는 사회복지사를 말한다. 사회복지사는 기관의 목적과 자신도 달성하고자 하는 특정한 목표를 가질 수 있으나 클라이언트의 목표에 우선되어서는 안된다.

③ 표적체계

변화매개인들이 그들의 목표를 달성하기 위해 영향을 주거나 변화를 시키는 것이 필요한 대상을 말한다. 클라이언트체계와 동일할 수도 있고 다를 수도 있다. 이 표적체계는 클라이언트체계 외부에 있을 때 클라이언트체계의 목표에 동조적일수도 있지만 적대적일 경우도 있다.

예 위의 사례에서 표적체계는 변화가 필요한 청소년이다.

④ 행동체계

변화매개인들이 표적체계에 변화를 주기 위해 서로 상호작용하는 사람들을 말하며 이웃, 가족, 전문가 등이 포함된다. 변화를 위한 계획에서 사회복지사와 함께 일하는 사람들로 구성된 행동체계가 클라이언트 이외의 사람을 포함할 때 그들이 달성하고자 하는 목표 또한 고려되어야 한다.

(2) 6체계모델

Compton과 Galaway는 4체계모델에 전문가체계와 응답-의뢰체계를 추가하여 6체계모델을 제시하였다. 전문가체계와 응답-의뢰체계의 내용은 다음과 같다(김혜영 외, 2020).

① 전문가체계

전문가체계는 전문성을 강화하고 전문직의 위상을 높이기 위해 노력하는 전문가단체, 전문가를 육성하는 각종 협의체, 전문직들이 활동하는 기관의 연합체 등으로 구성된 체계를 말한다. 예컨대 사회복지사협회를 말할 수 있는데 이러한 전문가체계는 사회복지사들의 활동에 정당성을 부여하고 사회복지사들의 가치와 윤리 등을 마련하여 실천하게 하며, 사회복지사가 속한 기관에서 자신의 영향력을 증가시키거나 사회활동의 변화가 필요할 때 전문가체계의 지원을 받을 수 있다.

② 문제인식체계(응답-의뢰체계)

클라이언트가 법원이나 경찰, 외부기관 등에 의해 강제로 사회복지기관을 내원하는 경우를 말하는데 일반 클라이언트체계와 구분하기 위해 사용된다. 서비스를 요청한 사람은 의뢰체계이고 법원이나 경찰, 외부 전문가 등의 요청으로 강제로 사회복지기관에 오게 된 체계를 응답체계라 할 수 있다.

2) 문제해결모델(Problem-Solving Model)

문제해결모델은 시카고 대학의 Perlman에 의해 처음 소개된 모델로 개인과 환경은 분리해서 이해할 수 없다는 생태체계관점과 일치하는 문제의 발생과 관련된 개인의 환경과 관계망 등 다양한 변수를 고려하는 측면에서 현대적 접근방법이다(송유미 외, 2021). 이 모델의 핵심은 성공적인 개입은 변화를 향한 클라이언트의 동기, 능력, 기회에 근거하며 변화하고자 하는 동기 없이는 클라이언트에게 진전이 없을 것이라는 전제에 기초한다. 따라서 사회복지사는 문제해결 과정에서 클라이언트의 능력을 고려해야 하며 기회는 클라이언트가 상호작용하는 환경 내에서의 자원활용 가능성과 관계됨을 인식해야 한다.

(1) 문제해결모델의 특성

문제해결모델의 기초가 되는 기본적 가정은 모든 인간생활은 문제해결 과정이며 클라이언트 자신이 문제해결자로서 자신의 문제를 해결하는 것이라는 점과 인간은 누구나 안전을 유지 · 회복하며 문제해결에 의식적 · 무의식적으로 관여한다는 점을 강조한다. 또한 사회복지실천에서 사회복지사가 클라이언트와 상호작용을 하며, 클라이언트의 즉각적 문제에 대한 해결책을 원조하며 훈련하고, 클라이언트가 자아기능을 강화시킬 수 있도록 지원하고 원조한다. 이러한 문제해결모델은 초기단계부터 사회복지사와 클라이언트가 함께 적절한 과정을 거쳐 단계적으로 실천 가능한 것으로부터 최종적 목표에 도달하는 특징이 있다(방미진 · 황영미, 2011; 송유미 외, 2021).

(2) 문제해결모델의 구성요소

Perlman은 문제해결 과정에 대해 4P로 제시하였다. 이는 사람(person), 문제(problem), 장소(place), 과정(process)의 요소로 구성되어 있다(Perlman, 1957).

① **사람**(person) : 개인적 · 사회적 측면에서 도움을 요청한 사람을 말한다. 즉, 클라이언트를 의미하는데 주로 개인이 대상이지만 때때로 가족도 중요하게 다루어진다.

② **문제**(problem) : 개선이나 조정을 필요로 하는 어려움, 즉 적응이상 상태를 말한다. 클라이언트가 호소하는 어려움은 개인과 환경 사이의 상호작용 과정에서 나타나게 되는 충족되지 못한 욕구나 사회적 기능상의 문제, 대인관계상의 문제 등이 있다.

③ **장소**(place) : 문제를 가진 개인이 도움을 받으러 찾아오는 곳으로 일반적으로 사회복지기관을 의미한다. 이 기관은 사회복지실천과 기술적인 발

전으로 인해 지역사회, 클라이언트의 가정, 온라인을 통한 가상공간까지도 실천의 장소로 이해할 수 있다.

④ **과정**(process) : 사회복지사와 클라이언트의 전문적 관계를 통하여 문제를 해결하기 위한 체계적인 연결고리, 즉 도움을 주는 과정을 말한다. 일반적으로 문제해결 과정은 사정, 계획, 개입, 평가의 단계로 진행된다(송유미 외, 2021).

3) 생활모델(Life Model)

생활모델은 생태학에 기반을 둔 접근방법으로 사람과 환경을 통합적으로 보고 개인과 환경 모두를 변화시켜야 한다고 보는 관점이다. 이 방법은 한 개인의 결점에 초점을 맞추지 않고 오히려 생활 과정상에서 사람의 강점, 건강을 향한 선천적 지향, 지속적 성장, 잠재력의 방출과 환경의 수정 및 가능한 한 최대한의 안녕을 유지하고 촉진시키는 것 그리고 개인, 가족, 집단, 지역사회에서의 인간과 환경과의 조화 수준 증대 등에 역점을 둔다(한국전문대학사회복지교육협의회, 2005).

생활모델의 목표는 치료를 제공하는 것이 아니라 건강, 성장, 개인의 잠재성을 표현하도록 격려하고, 성장과 행복을 조장하고 지속시킬 수 있는 환경을 만들어 내며, 개인을 그 환경에 잘 적응할 수 있도록 변화시키는 것이다. 따라서 생활모델은 사람과 환경을 통합적으로 보고 개인과 환경을 변화시키는 데 필요한 이론과 실천 간의 격차를 줄이는 사회복지실천의 과제를 잘 수행한 모델이다. 여기에서 문제란 성격장애가 아닌 스트레스를 만들어 내고 대처능력을 과중하게 부담시키는 생활상의 문제로 정의한다. 아울러 외부세계를 통제할 수 있는 인지 능력을 강조하며, 사회복지실천의 목적을 환경과 개인의 상호교류가 적응적으로 되기 위해 개인의 적응능력을 강화하고, 환경에 영향을 주는 것으로 보고 있다(조휘일 외, 2000).

4) 임파워먼트 모델(Empowerment Model)

최근 강점관점(strength perspective)의 시각으로 개인과 환경을 동시에 중시하는 임파워먼트(empowerment) 개념이 사회복지의 미시적 실천에서부터 거시적 실천에 이르기까지 광범위하게 적용되고 있다. 임파워먼트란 클라이언트의 상황을 환경 안에서 이해하며 자원과 강점을 찾고자 하는 것이다. 또한 클라이언트의 욕구를 고착된 문제라기보다는 하나의 도전으로 보며, 병리학적 진단에 의해서가 아니라 전인적인 관점에서 클라이언트를 바라보고자 하는 것이다. 따라서 클라이언트는 변화 과정의 파트너이며, 함께 계획하는 자이고, 사회복지사는 많은 사회체계 수준 가운데 해결해야 할 이슈들을 가진 일반사회사업가(generalist social worker)로 본다. 또한 임파워먼트에 기초한 실제에서는 결점에 대한 진단보다는 강점을 강조하며, 문제를 제거하려 하기보다는 클라이언트가 가지고 있는 자원과 회복력(resiliency)이 무엇인지를 탐색하여 해결책을 찾아내는 데 역점을 둔다.

권한부여에 기초한 실천에서는 결점에 대한 진단보다는 강점을 강조하며, 취약성을 파악하기보다는 임파워먼트를 기반으로 탄력성을 높이고 문제를 없애려고 하기보다는 해결책을 찾아내는 데 역점을 두는 모델이다. 그러므로 이 모델은 완전히 새로운 모델이라기보다는 일반사회복지 분야에 오랫동안 내재되어 있던 강점중심 개입의 재부상인 셈이다(김혜영 외, 2015).

(1) 임파워먼트 모델의 주요 개념

① 권한부여

임파워먼트는 전통적인 힘의 개념으로 통제력, 영향력 법적 혹은 행정적 권위 능력, 물리적인 힘으로 정의할 수 있다. 따라서 임파워먼트는 다른 사람들에 대한 통제력, 권위, 영향력의 소유일 뿐 아니라 스스로의 삶에 대한 통제력을 가지는 것을 의미한다. 현대사회에서 임파워먼트는 일반적인 용어로 사용되는데, 특히 개인의 자기확신, 변화 가능성 향상, 개인의 발전과 같은 심리학적 경험 등을 강조한다.

② 전문적 관계에 대한 시각 : 협력과 파트너십

임파워먼트 모델에서 클라이언트는 경험과 역량을 가진 원조과정의 파트너이다. 클라이언트를 돕는 과정의 파트너로 보는 것은 클라이언트를 특성과 잠재력을 가진 인간 및 자원으로 인식하여 클라이언트의 참여를 중시하고 변화노력의 전 과정에서 클라이언트의 자기결정권을 강조한다. 즉, 클라이언트는 전문가적 파트너로서 변화과정에 능동적으로 참여하는 파트너이며, 클라이언트는 자신이 처한 환경과 능력을 가장 잘 알고 있는 사람으로 간주된다. 이는 사회복지사와 클라이언트 간의 상호협력적인 파트너십을 갖게 한다. 이러한 협력이 갖는 장점은 클라이언트와 전문가가 서로의 자원을 상호 협력하여 활용하기 때문에 문제해결을 위한 자원의 범위가 넓어진다는 것이다. 또한 파트너십을 근거로 하여 상호책임에 바탕을 두기 때문에 변화책임에 대한 전문가의 부담을 약화시킨다.

③ 클라이언트에 대한 시각 : 소비자

임파워먼트 모델은 클라이언트에 대한 시각을 변화시킨다. 즉, 클라이언트는 기존의 수혜자, 환자, 도움을 받는 사람이라는 낙인으로부터 '소비자'라는 개념으로 전환된다. '소비자'라는 용어는 사회복지사와 클라이언트 체계의 파트너십 내에서 클라이언트의 자기결정권 보호와 활동적인 역할을 강조하는 것이다. 클라이언트를 소비자로 보는 것은 이들이 시민의 권리로서, 혹은 구매자로서, 혹은 공적 · 사적 조직으로부터 그들이 필요로 하는 것에 대한 정보를 구하고, 선택을 하고, 계약을 하는 사람으로 기대되는 것이다. 따라서 '소비자'라는 개념은 서비스를 구하는 개인이나 사회체계가 권리와 책임을 동시에 가진다는 의미를 반영하고 있다. 이러한 맥락에서 본다면 오늘날 클라이언트라는 용어는 전문적 관계를 반영하는 것으로서, 적극적인 참여와 권리를 가진 사회적 서비스의 소비자로서 개인 차원을 넘어서 다중체계를 가진 사람을 의미한다.

④ 역량

역량이란 인간체계의 구성원을 돌보는 기능을 수행할 수 있으며, 다른 체계와 효율적으로 상호작용하고, 사회적 · 물리적 환경의 자원체계에 기여할 수 있는 능력을 말한다. 즉, 역량은 주위 환경과 상호작용하기 위해 체계가 소유하고 있는 지식과 기술의 질로서 정의할 수 있다. 역량은 개인 특성, 대인상호관계, 사회적 · 물리적 환경에서 비롯되는데 이러한 세 차원이 잘 기능할수록 각 개인의 환경에 대처할 수 있는 역량은 향상된다.

⑤ 차원

임파워먼트는 개인, 대인관계, 구조적 차원 등 모든 사회체계 수준에 적용 가능하다. 이러한 세 차원은 서로 복잡하게 얽혀 있어서 한 영역에서 자원이 찾아지면 다른 영역의 자원개발에도 기여한다. 클라이언트를 임파워먼트 하고자 하는 사회복지사는 개인, 대인관계, 정치적 · 사회적 자원들을 고려하고 접근할 수 있어야 한다. 이는 클라이언트의 기능 수준이 낮은 것이 아니라 단지 클라이언트 체계에 자원이 없을 뿐이라고 보는 입장이다. 따라서 클라이언트의 낮은 기능수준은 자원 부족, 자원에 대한 정보의 부족, 사회구조의 문제에 불과하다고 인식한다.

- **개인 차원** : 개인 차원의 임파워먼트는 개인의 역량, 지배감, 강점, 변화능력을 포함한다. 개인 차원의 임파워먼트는 인성, 인지, 동기에서 자신의 삶에 대한 통제감이며, 그 자체가 자기가치에 대한 생각이나 느낌의 수준, 자신을 둘러싼 외부세계와 차별화할 수 있는 수준, 보다 영적인 것을 추구하게 하는 수준까지도 나타난다.
- **대인관계 차원** : 대인관계 차원의 임파워먼트란 한마디로 다른 사람에 관한 영향력이다. 즉, 대인관계에서 어느 일방에 의해 주거나 혹은 받기만 하는 것이 아니라 상호교환하는 평형관계를 형성하는 것을 의미한다. 따라서 대인관계 차원에서 임파워먼트를 한다는 것은 다른 사람과의 관계에서 효율적인 상호작용을 한다는 것이다.

- **구조적 차원** : 구조적 차원에서의 임파워먼트는 사회구조와의 관계를 의미하는데 사람들은 자기 자신을 변화시킴으로써 힘을 얻기도 하지만 정치적 · 사회적 상황과 같은 사회구조를 바꿈으로써 보다 힘을 얻고 새로운 기회를 창출할 수 있다. 사회적 수준에서 자원의 창출은 그 사회의 모든 개인에게 힘을 부여한다.

(2) 임파워먼트 모델의 의의 및 한계

사회복지실천에서 강점의 관점을 받아들이는 것은 사회복지사가 클라이언트 체계를 보는 관점에 영향을 미치고 변화과정에 그들을 포함하게 된다. 클라이언트의 단점을 제거하는 작업보다 클라이언트의 능력을 증대하는 임파워먼트 모델의 활용은 매우 의미 있는 것이다.

임파워먼트 모델을 사회사업실천에 활용하기 위해 사회복지사는 클라이언트 체계의 문제점과 병리, 과거에 대한 선입견과 잘못된 것으로부터 벗어나는데 어려움을 갖는다. 하지만 어떻게 현재에 초점을 두고 미래에 대한 인식을 종합할 것인가에 대해 명확한 이해를 해야 한다. 클라이언트의 강점과 환경적 자원에 지향점을 두는 것은 임파워먼트 모델의 실천과정에서 필수적인 배경이 된다고 할 수 있다. 그러나 한편으로는 이 모델에 대한 한계에 대해 비판하는 학자들도 있다.

주요 비판으로는 첫째, 강점관점이 지나치게 낙관적이어서 클라이언트 집단이 얼마나 조작적이고, 위험하고, 파괴적인지를 인정하지 않는 경향을 보인다는 것이다. 둘째, 강점관점은 실제 문제를 무시하거나 경시하는 경향이 있으며, 따라서 실제 실무에서 완전히 강점에 기초한 개입에는 한계가 있다는 것이다. 그러나 이러한 한계에도 불구하고 임파워먼트 모델은 실천모델로서 갖는 여러 가지 장점으로 인하여 1990년대 이후 더욱 활발하게 연구되고 있다. 특히 생태체계관점에 근거하여 전체적이고 통합적인 개입 틀을 제시해 주고 있어 최근 임상사회사업실천에서 그 활용이 점점 증가하고 있는 추세이다.

6. 사회복지실천에 있어서 통합적 접근의 의의

통합적 접근방법은 전통적 방법의 한계를 인식하고 각각의 사회복지실천 분야의 상호작용을 강조하는 통합적이고 체계적 시각으로의 전환과 서비스 전달에 방법적 변화를 가져왔다는 점에서 큰 의의가 있다. 아울러 통합적 접근 방법은 사회복지전문직의 정체성 확립에도 기여하였다.

통합적 접근 방법은 기존의 전통적 방법을 부인하는 것이 아니라 이들 가운데서 찾아낼 수 있는 사회복지실천의 공통점을 묶어내고 환경 속의 인간 관점 및 생태체계적 관점에 근거하여 클라이언트와 환경의 상호작용에 관련된 다양한 체계에 대한 사정과 개입을 통하여 궁극적으로 사회복지의 목적인 클라이언트의 삶의 질 향상을 지원하는 사회복지실천의 기본 틀이자 노력의 과정이다(양옥경 외, 2005). 종합해 보면 바람직한 방향은 미시, 중간, 거시적 차원의 사회복지실천을 수행함에 있어서 전통적 방법론의 요소들을 유지하되 산재해 있는 사회복지실천 방법론들을 가장 적절한 방법들로 산출해 내야 할 것이다. 그렇게 함으로서 개인 · 집단 · 가족 · 지역사회, 그리고 정책 · 제도 등 각 분야에 대해 포괄적인 관점을 가지고 서로 다른 이론에 근거한 모델들을 개방적으로 활용하고 융통성 있게 적용할 수 있도록 통합적 접근 방법의 다양한 시도들이 지속적으로 연구되고 발전되어야 할 필요가 있다(최혜지 외, 2013).

요점정리

통합적 방법론의 특징

- 사회복지실천에 본질적인 개념, 활동, 기술, 과업 등에 공통적인 기반이 있음을 전제
- 미래지향적인 접근 강조 : 클라이언트의 잠재성을 인정하고, 그것을 개발할 수 있다고 봄
- 정신역동이론에서부터 환경 내에 인간을 이해하는 일반체계이론까지 확대된 개념을 사용
- 인간과 환경의 상호작용에 초점
- 클라이언트의 존엄성을 인정

통합적 접근의 주요 관점

- 환경 속의 인간 관점 : 인간은 외부와 끊임없이 상호작용을 하며, 상호 의존적이고, 환경의 요구에 맞게 자신을 변화시킴, 문제의 원인을 개인과 환경 중 어느 한쪽을 보는 것이 아니라 둘의 상호작용에 초점을 둠
- 강점관점 클라이언트의 자기결정 존중, 권익옹호자로서의 역할 강조, 임파워먼트 강조, 지역사회의 다양한 자원 확보와 유지 등 강조

통합적 접근의 이론적 기반

- 일반체계이론과 관련된 개념들
  - 경계 : 체계와 외부 환경과의 공간적, 역학적 구분
  - 폐쇄체계 : 환경과의 의사소통이 교류를 제한하고 환경으로부터 완전히 고립되어 있는 상태의 체계
  - 개방체계 : 외부와 환경과 자연스럽게 의사소통을 하며 정보를 교환하고 외부로부터 에너지를 받아들이는 체계
  - 엔트로피 : 폐쇄체계에서의 상태
  - 부적엔트로피 : 에너지와 자원을 받아들여 생산성을 향상시키고 그 생산물을 밖으로 내보내는 작용(사회복지실천에의 적용)
  - 항상성 : 균형을 유지하려고 하는 스스로의 힘
  - 행동규칙 : 구성원들이 어떻게 행동할 것인가에 대한 암묵적 합의
- 생태체계이론

  체계의 다양한 부분들 사이에서 인간과 환경의 공유영역에서 일어나는 상호작용과 상호교류를 강조함으로써 환경 속의 인간에 대한 견해를 강조함
  - 적응 : 생태체계는 항상 변하며 지속적으로 환경에 적응한다.
  - 공생 : 체계 간의 상호작용, 편리공생, 기생의 상호작용이 있다.
  - 전문화 : 적응의 한 형태. 전문화를 통하여 경쟁을 감소시킨다.
  - 활동 공간 : 종이 효과적으로 기능할 수 있는 공간이다.

통합적 방법론 모델

- 4체계모델 : 클라이언트 체계, 변화매개체계, 표적체계, 행동체계
- 문제해결모델 : Perlman의 4P 이론 – 사람(person), 문제(problem), 장소(place), 과정(process)
- 생활모델 : 생활모델은 사람-환경을 통합적으로 보고 개인과 환경을 변화시키는 데 필요한 이론과 실천 간의 격차를 줄이는 사회복지실천의 과제를 잘 수행한 모델
- 임파워먼트 모델 : 강점관점의 시각으로 개인과 환경을 동시에 역량을 강화하는 데 중점

07

CHAPTER

사회복지실천 대상과 문제

1. 개인체계와 문제
2. 가족체계와 문제
3. 집단체계와 문제
4. 지역사회체계와 문제

■ 개요

사회복지실천은 사회복지사가 현장의 욕구와 문제에 대응하여 사회복지서비스 대상자들의 사회적 안녕 상태를 도모하기 위해 제공하는 서비스 관련 활동이다. 사회복지사의 구체적인 실천활동은 대상, 방법, 범위에 따라 다를 수 있다. 먼저 실천대상과 방법에 따라 개별대상의 실천, 가족대상의 실천, 집단대상의 실천, 지역사회대상의 실천으로 구분하며, 다음은 실천의 범위별로 미시적 수준, 중간적 수준, 거시적 수준으로 구분할 수 있다.

이 장에서는 실천방법과 대상에 따라 개인체계와 문제, 가족체계와 문제, 집단체계와 문제, 지역사회체계와 문제로 구분하여 살펴보고자 한다.

■ 학습목표

- 사회복지실천의 대상인 개인과 그에게 발생하는 문제들을 이해한다.
- 사회복지실천의 대상인 가족과 그들에게 발생하는 문제들을 이해한다.
- 사회복지실천의 대상인 집단과 그들에게 발생하는 문제들을 이해한다.
- 사회복지실천의 대상인 지역사회와 지역사회에서 발생하는 문제들을 이해한다.

07
CHAPTER

사회복지실천 대상과 문제

1. 개인체계와 문제

개인대상 사회복지실천의 기원은 사회복지의 초창기인 1920년대에서 1930년대 사이에 활동하던 사회복지사들이 주로 자선조직협회를 통해 개인과 가족을 지원하는 것에서 시작되었다고 할 수 있다. 개인대상의 사회복지실천은 개인적 · 사회적 문제에 직면해 있는 개인 클라이언트를 1:1로 직접 대면하여 원조하는 활동으로 개별지도 또는 개별사회사업이라고 한다.

개별사회사업을 체계화시킨 Richmond는 본래 개인적 기능에 영향을 미치는 환경의 영향보다는 개인의 부적응에 대한 치료적 개입을 강조하였다. 그러나 개인의 심리 내적 적응을 위한 치료적 개입을 강조하던 초기의 개별사회사업의 흐름이 개인의 문제를 사회환경과의 관련성 속에서 삶의 문제로 이해하고, 다양한 수준에 체계적으로 개입할 것을 강조하는 통합적 접근이 대두되면서 개별사회사업의 개념적 변화와 아울려 개인대상의 실천이라는 용어로 바뀌었고, 개입의 영역도 점차 다양화되고 확대되고 있다(김혜영 외, 2022).

1) 개인체계의 분류

(1) 모든 개인

사회복지실천에서 그 대상을 어떤 조건이나 제한을 두지 않은 '개인'으로 하는 경우를 말한다. 여기에서 개인이란 어떤 방법에 따라 사회복지사의 도움을 구하고 있는 사람으로 사회복지시설이나 기관에서 일정한 수속 절차에 의해 동의하여 전문가의 원조를 요청한 이용자 또는 수혜자를 말하며 '클라이언트'라는 용어로 표현되고 있다.

(2) 특수한 개인

개인대상 사회복지실천의 대상을 '특수한 개인'으로 보아야 한다는 입장을 취하는 경우가 있다. 장애인, 부적응적인 사람, 위기 중에 있는 사람, 어려움 중에 있는 사람, 자기보존에 실패한 자 등 사회적으로 건강하지 못한 상태에 있는 개인을 말한다.

(3) 개인의 사회관계

개인은 사회환경과 분리될 수 없다. 사회복지사가 개인적 특성에 관여할 경우 개인의 한 부분만을 볼 것이 아니라 다차원적인 시각에서 상호 연관된 다양한 측면들을 보아야 한다. 개인은 생물학적 특성, 신체적 특성, 지적인 특성, 정서적 특성, 사회적 특성, 영적 특성, 경제 상황, 문화배경 등의 특성이 혼합되어 하나의 전체적인 인간으로 표출되기 때문이다(엄명용 외, 2020).

이처럼 클라이언트체계로서 개인은 현실 속에 존재하고 있는 그대로의 개인이어야 하고, 개인의 어떤 측면으로서가 아니라 총체적 인간으로서 개인이라는 것이다. 즉, 개인대상의 사회복지실천은 사회적으로 적응하지 못하는 개인이나 무력한 개인만을 의미하는 것이 아니라 어떠한 사람이든 그 사람의 자연적 · 사회적 · 문화적 환경의 전부 또는 일부에 대한 부적응이 사회복지사의 개입을 통하여 보다 만족할 만한 상태로 해결될 수 있도록 개입 대상으로 한다는 것을 의미한다.

2) 개인체계의 문제 영역

개인이 삶 속에서 경험하게 되는 문제들은 아주 다양하고 복합적이라 할 수 있다.

다음은 개인의 삶 속에서 발생하게 되는 다양한 문제들을 김기태 등(2007)이 제시한 내용을 바탕으로 정리한 내용이다.

(1) 경제적 · 사회적 자원의 결핍

사회복지기관과 의료기관의 클라이언트들은 수입, 주택, 고용, 의료 자원 등에 기인한 많은 문제로 좌절을 경험하게 된다. 필수적인 물적 자원의 결핍은 개인이나 가족기능에 스트레스를 유발하고 동시에 대인관계에도 영향을 미친다. 경제수입은 생존을 위하여 필수적일 뿐 아니라 개인적 · 사회적 · 정서적 욕구를 충족시키기 위해서도 필요하다.

(2) 지식과 경험의 부족

지식, 기술, 경험의 부족은 사회관계의 본질에 영향을 미친다. 정보획득이나 새로운 지식의 습득이 잘 되지 않을 때에는 기능을 수행하는 데 어려움이 있는 경우가 많다. 클라이언트들은 지식과 경험의 부족으로 종종 필요 이상으로 불안해하거나 가정의 관리나 직장생활을 능률적으로 수행하지 못한다.

(3) 스트레스적 사건에 대한 정서적 반응

개인은 성장 · 발달함에 따라 각각의 발달단계에서는 새로운 요구와 기회를 가지게 되며 이로 인해 스트레스를 경험하게 된다. 학교의 입학이나 졸업, 결혼, 직장을 가지는 것 등은 각각 그 단계에서 스트레스를 유발하게 된다. 한편 개인이나 가족은 학업 실패, 사고, 재난 등과 같은 우발적 혹은 상황적인 일상사건에 직면하여 스트레스를 경험하게 된다.

(4) 질병과 장애

여러 가지 사회적, 정서적, 경제적 스트레스는 정신적 · 신체적 장애를 동반할 수 있고 동시에 대인관계에 좋지 않은 영향을 미치게 된다.

(5) 관계의 상실

부모의 사망, 이혼 등으로 아동이 부모와의 관계를 상실하게 되는 것처럼 유의미한 관계로부터 분리 혹은 격리되면 개인의 심리사회적 문제가 유발된다. 특히 한 구성원의 사망으로 인한 분리는 생존자로 하여금 심한 고독감, 고립, 슬픔, 우울, 죄의식 등을 가지게 된다.

(6) 사회적 관계의 불만족

타인과의 관계는 정신 내면적 문제에 의해 영향을 받는다. 심하게 수줍어하거나 소심해서 대인관계를 원만하게 할 수 없거나 이로 인하여 고독감을 경험하기도 한다. 또한 자신의 생각이나 견해를 적절하게 주장하지 못하며 지나치게 공격적일 수도 있다. 심한 자긍심의 결여와 왜곡된 정체감으로 인해 타인과의 바람직한 관계를 형성하고 유지하는 데 어려움이 있다.

(7) 대인과의 갈등

일상생활에서의 갈등이나 역기능은 배우자 간, 부모-자녀 간, 형제·자매 간, 혹은 친척 간에 있을 수 있다. 결혼생활에서의 갈등은 의사소통의 유형, 아동양육방법, 여가선용, 친척관계 등으로 유발될 수도 있다. 또한 갈등은 친밀성이나 소원의 정도, 애정, 의존과 독립, 권위와 통제 등의 문제로 유발될 수 있으며, 가끔 가치, 목표, 기대, 전통 및 습관의 차이로 인해 서로 갈등이 유발될 수 있다. 이러한 대인관계의 갈등은 대인관계의 장애를 가져올 수 있다.

(8) 문화적 갈등

문화적 차이, 편견 혹은 차별로 인해 개인 간, 집단 간의 갈등이 있을 수 있으며 대인관계의 불만족 및 갈등은 문화적 차이로 발생할 수 있다.

(9) 공식적인 조직과의 갈등

앞에서 제시하고 있는 유형의 문제는 한 개인과 다른 사람 간에 유발될 수 있지만 불만은 개인 자체에 있는 것이라기보다는 조직 내의 지위 혹은 역할에 대한 불만을 말한다. 기관을 대표하는 사람과 갈등이 유발될 경우 주요 불만족은 기관 자체의 기능, 정책, 절차 등에 있다.

2. 가족체계와 문제

가족은 개인의 기능에 가장 많은 영향을 미칠 수 있는 체계이며 가장 기본적인 사회단위로 급변하는 불안정한 현대사회에서 날이 갈수록 그 중요성이 강조되고 있다. 클라이언트 체계로서 가족을 다루는 것은 현대사회에서 가족의 안녕이 가족 스스로의 노력으로는 유지되기가 어려워졌기 때문이다. 또한 가족성원들 간에 친밀한 관계를 갖는 가족체계는 유기체적인 성격을 가지고 있어서 개인의 문제를 해결하기 위해서도 가족의 문제가 먼저 해결되어야 한다. 가족은 전통적인 양부모와 자녀로 구성된 가족을 비롯하여 동성애자에 의한 가족, 한부모가족, 입양가족, 독신가족 등 다양한 형태의 가족을 포함하는 포괄적인 개념으로 정의할 수 있다(남연희 외, 2021).

1) 가족체계에서의 주요 개념

하나의 사회체계로서 가족의 상위체계로는 지역사회, 확대가족 등이 있고 하위체계로는 부부체계, 부모-자녀체계, 형제체계 등이 있어 상호작용을 통해 서로 에너지를 주고받게 된다. 하나의 체계로서 가족의 구조나 기능을 이해하고자 할 때 기본 개념들로서 가족구조, 가족 항상성, 삼각관계의 형성, 가족규칙과 가족신화, 경계와 하위체계 등이 있다.

(1) 가족구조

가족구조란 가족구성원들이 상호작용하는 방식을 조직화하는 기능적인 측면을 말한다. 이것은 구성원들의 사고방식과 정서적 차원, 가족구성원들 간에 이루어지는 교류의 내용과 관계 등에 의해 결정된다.

(2) 가족 항상성

하나의 체계로서의 가족은 구조나 운영에 있어 균형을 지켜 나가려는 메커니즘을 구축하게 된다. 가족 항상성 유지는 가족구성원들 모두가 한정적 범위의 규칙이나 묵시적으로 이루어진 동의 등을 얼마나 잘 고수하는가에 달려 있다.

(3) 삼각관계 형성

가족성원이 정서적 관계를 맺을 때 두 사람만으로 구성된 2인체계는 불안이나 긴장이 유발되는 경우가 많기에 안정을 유지하기 어려운 경우가 자주 발생한다. 이때 2인체계는 긴장을 줄이려는 의도에서 제3의 인물이나 새로운 문제를 끌어들이게 한다. 이 경우 심리적·정서적으로 건강한 구성원은 아무런 문제가 없으나 그렇지 못한 경우에 삼각관계를 형성하게 되는 것이다.

(4) 가족규칙과 가족신화

가족규칙은 표면화되기보다는 내재적이고 은연중에 정해진 불문율의 성격을 갖는 경우가 많다. 사회복지사는 가족의 상호작용 및 의사소통의 관찰을 통해 이러한 내재된 가족규칙들을 유추해야 한다.

가족치료에서는 가족성원이 아무런 의심 없이 공유하는 믿음과 기대 등의 인지적 양상을 가족신화라 한다. 가족신화는 때로는 가족의 항상성을 유지하는 데 기여하기도 하지만 가족관계를 파괴할 정도로 위협적인 긴장을 유발시키기도 한다.

(5) 경계와 하위체계

체계로서의 가족은 부부체계, 부모-자녀체계, 형제·자매체계 등과 같은 다양한 하위체계들을 가진다. 이러한 하위체계들은 가족규칙에 의거해서 서로의 경계선을 가지고 상호작용을 하게 된다. 가족은 내부적 하위체계들 간의 경계선뿐만 아니라 다양한 외부적·환경적 체계들과도 교류하면서 경계선을 가진다.

2) 가족의 특성

가족은 친밀한 대인관계 경험의 토대를 제공해 주는 사회적 환경으로서 개인의 행동과 성격형성에 지대한 영향을 미친다. 또한 가족은 생물학적 요인과 문화적 요인을 연결하는 기본적인 사회제도이며, 동시에 인간은 가족 내에서 적응하고 성숙하는 데 필요한 기본적인 수단, 제도, 역할 등을 학습하게 된다. 이러한 가족은 다음과 같은 특성을 가지고 있다.

- 가족은 자연발생적인 혈연관계를 중심으로 하는 소집단으로서 가족구성원들의 선택이나 이탈이 자유롭지 못하다.
- 가족구성원들은 성별, 연령, 등에 따라 각자의 지위와 위치가 있고 그에 따라 역할이 있다.
- 가족체계는 가족구성원 각자의 역할을 익히고 수행하는 장이다.
- 가족은 사회와의 관계에서 결과변수 혹은 원인변수로 작용한다.
- 가족은 생활주기에 따라 변화하는 특징을 가지고 있다.
- 가족은 구조적인 측면 혹은 기능적인 측면에서 다양성을 지니고 있다.
- 가족은 상호 간에 밀접한 관계가 있으므로 가족구성원 한 사람의 행동이나 생각의 변화는 다른 가족구성원과 가족 전체에 영향을 미친다.

3) 가족문제의 영역

(1) 가족 기능상의 문제

가족은 기능상으로 의사소통, 자녀양육, 부모부양, 가사분담 등의 부부문제와 부모의 과보호, 편애, 자녀양육기술 부족 등의 부모와 자녀 사이의 관계에 문제가 발생한다.

(2) 정신 · 신체적인 문제

가족에게 때로는 음주와 마약사용, 집안일, 통행금지시간, 의사소통문제, 성적 가치와 행동, 이성교재의 문제, 주의력 결핍, 만성질환, 과잉행동장애, 섭식장애, 청소년 비행, 자녀의 학대와 유기, 빈곤문제, 사회적 고립, 가출, 보건, 의료, 정신건강 등의 문제가 있다.

(3) 가족 스트레스

가족 간의 스트레스는 심리적 압박, 병원적 잠재력을 가지고 있으며 개인이나 가족의 일상적인 대처 능력을 긴장시키는 외상적인 상황의 문제를 유발한다. 또한 가족의 구성원 안에는 미혼모문제, 빈곤문제, 이혼문제, 가정불화, 맞벌이가족문제, 자녀양육문제, 노부모부양문제 등이 발생할 수 있다. 이들 문제는 가족 전체의 문제로 보는 시각과 관점으로 접근했을 때 문제해결이 용이하다.

4) 기능적 가족과 역기능적 가족

사회복지사가 가족을 대상으로 하는 실천과정에서 클라이언트의 가족이 기능적인지 혹은 역기능적인지 구체적으로 사정되어야 할 필요가 있다. 그 이유는 가족의 문제는 역기능적인 가족일 때 발생하는 것이며, 가족을 대상으로 하는 실천의 목표는 역기능적 가족을 기능적 가족으로 변화시키는 것이고, 기능적 가족이 역기능적 가족으로 바뀌지 않도록 예방하는 것이기 때문이다. 기능적 가족과 역기능적 가족의 특성은 다음 〈표 7-1〉과 같다.

〈표 7-1〉 기능적 가족과 역기능적 가족의 비교

구 분	기능적 가족	역기능적 가족
경계선	하위체계의 경계선이 명확하며 하위체계 간 경계가 개방되어 에너지 교류가 자유롭다.	하위체계의 경계선이 경직되거나 혼란되어 있으며, 변화하지 않는다. 지나치게 독립적이거나 지나치게 융해되어 있어서 적절한 분화가 어렵다.
가족 규칙	가족규칙은 명확하며 공평하게 이루어진다. 또한 규칙은 가족상황에 따라 융통성 있게 변화할 수 있다.	가족의 행동에 대한 규칙을 가지고 있지 않거나 가족규칙이 명확하지 않으며 경직되어 있다.
권력 구조	가족 내 권력구조가 부부가 연합되어 있고 위계질서가 명확하다. 가족성원은 자신들의 역할을 명확히 이해하고 자신에 대하여 수용적이며 다른 가족 성원과 협조적이다.	가족 내 권력 구조가 불안정한 부모 하위체계를 형성하고 부부의 권력이 위계적이지 못하고 혼란되어 있다. 역할은 경직되거나 명확하지 않아서 가족성원은 정형화된 역할학습으로 자기정체감 혼란이 있거나 반대로 자신에게 요구되는 기대가 무엇인지 잘 알지 못한다.
친밀감	가족 개인 간의 적절한 친밀감과 독립성이 유지되고 있다. 각 개인의 자율성은 존중되면서도 전체로서의 가족이 유지된다.	가족 개인 간의 친밀감 형성에 어려움이 있고 개인의 자율성은 가족 전체를 위해 희생되고 타율적이며 수동적이 된다.
의사 소통	의사소통은 언어적·비언어적으로 일치적인 의사소통을 한다. 가족 성원이 자신의 사고, 감정에 대하여 자유롭고 명확하며 직접적으로 표현할 수 있다.	의사소통은 애매하고 간접적이고 권위적이다. 가족원들은 자신의 감정과 생각을 자유롭게 표현하지 못하고 방어적이거나 회피적이다.
체계의 개방성	가족체계가 외부체계와 개방체계로서 에너지 교환이 원활하고 변화에 대하여 적응적이다.	가족체계가 폐쇄적이며 고립되어 있어 체계 내 혼란과 증상이 악화된다. 변화에 대하여 부적응적이다.

3. 집단체계와 문제

집단을 대상으로 하는 사회복지실천은 기존의 집단사회사업(social group work)과 같은 개념으로 이해할 수 있다. 인간은 가족 관계에서부터 친구, 이웃,

직장동료 등 생활권의 확대와 소속되어 있는 집단에서의 상호작용을 통하여 정서적 · 사회적 욕구 충족과 사회생활의 제 기능을 발달시킨다고 볼 수 있다.

사회복지사는 개인, 집단, 지역사회의 여러 가지 문제를 보다 효과적으로 대처하기 위해서 집단구성원의 집단경험을 의식적으로 활용하여 그들의 생활과제를 달성시키고, 개인의 사회적 능력을 높이도록 원조하는 것이 중요하다. 따라서 사회복지사는 집단체계에 대한 이해와 집단체계에서 발생하는 문제 등에 대하여 충분한 인식이 필요할 것이다.

1) 집단의 정의 및 특성

(1) 집단의 정의

집단이란 집단의식과 공통목적을 갖는 2인 이상의 일정한 구성원을 가지고 있으며, 성원들이 소속감 및 공통의 목적이나 관심사를 가지며, 성원의 기능과 역할을 규제하는 규범을 가지고 있는 인간 집합체이다. 이 집단의 크기는 2~3명이 이상적이며, 집단에 참여하는 각 개인은 공통적인 목표를 가지고, 집단의 각 구성원은 다른 구성원에 대하여 어떤 책임 또는 관계성을 느끼는 상호 유대적인 관계이어야 한다.

(2) 집단의 특성

집단은 다음과 같은 특성을 가진다(최옥채, 2022).

- 구성원의 상호작용과 집단의 목적 달성을 위한 공통의 목적과 관심으로 이루어진 단위이며, 개인과 집단 자체가 사회적으로 바람직한 방향으로 성장한다.
- 집단의 각 성원은 다른 성원들과 신체적, 언어적, 비언어적, 감정적 상호작용을 한다.
- 집단성원은 역할, 지위, 친밀관계 등을 가짐으로써 집단의 틀을 형성한다.
- 집단은 집단을 구성하는 성원의 수에 따라 구분되고 그 특성이 달라진다.

- 모든 집단은 그 존재의 이유, 즉 집단목표를 갖는다.
- 집단성원은 상호작용을 통해 응집력을 가지며 이는 집단의 힘과 집단의 매력에 영향을 미친다.
- 집단은 생성하여 소멸하는 전체 주기를 가지며 부분적으로도 시간이 지남에 따라 집단은 늘 변화한다.

2) 집단에서의 주요 개념

(1) 집단역동

집단역동은 집단성원들 간의 전체적 상호작용이며 이 상호작용으로부터 파생되는 집단 내 균형과 변화를 의미한다. 한편 집단과정은 개별 성원뿐 아니라 전체로서의 집단에 영향을 미치는 독특한 힘을 만들어 낸다. 이 힘을 집단역동이라 하며, 집단역동은 집단 내외의 환경으로부터 영향을 받는다.

(2) 참 만남

참 만남은 개방, 정직, 자기각성, 자기책임성, 신체에 대한 각성, 느낌에 대한 관심에 기초를 두고 지금 여기의 원리를 강조하면서 이루어지는 인간관계의 한 방법으로 대개 집단장면에서 일어난다. 참 만남의 원리로 심신의 통합성, 정직, 각성, 자유로운 선택, 책임, 자연스러움, 삶의 방식을 강조하고 있다.

(3) 소집단

소집단이란 집단의 기본 단위가 되는 집단으로서 성원들 간에 대면적 접촉이 있고, 그들 간에 상호작용이 행하여지며 타 성원들과 구별할 수 있을 만큼 성원 상호 간에 개인적 인상과 지각을 가지는 특성을 갖춘 집단이다. 이러한 소집단의 성격은 다음과 같다.

- 소집단은 집단역학의 체험을 강하게 한다.
- 소집단은 면접적 인간관계를 체험한다.

- 소집단은 정적인 관계를 맺게 된다.
- 소집단은 만남의 체험을 하게 된다.

3) 집단의 유형 분류

집단을 분류하는 전통적 방법은 1차 집단과 2차 집단으로 분류한다. 1차 집단이란 성원들이 직접적인 상호작용을 하면서 관계를 맺고 있는 집단으로 가족, 친구, 이웃, 지역공동체 등의 공식적인 집단인 반면, 2차 집단은 특정한 목적을 가진 사람들이 그 목표를 달성하기 위해서 의식적으로 만든 집단을 말한다.

현대사회에서는 일반적으로 집단구성 방법 및 집단목적과 활동에 따라 분류하고 있다. 여기에서는 집단목적과 활동에 따라 다음과 같이 분류하고자 한다 (임정문 외, 2019).

(1) 지지집단

지지집단은 치료나 교육과 같은 특정 목적이 있어서라기보다는 일상적인 생활을 하면서 겪는 다양한 문제들에 대처할 수 있는 힘을 향상시키기 위해 집단성원들로부터 지지를 통해서 생활상의 문제나 위기를 극복하고 희망과 위로를 얻고자 하는 것을 목적으로 하는 집단이다.

예 이혼한 부부와 그 자녀로 구성된 집단, 자녀 양육에 대한 어려움과 해결을 도모하는 한부모 집단, 같은 불치병에 걸린 환자 가족들의 모임

(2) 교육집단

교육집단은 집단성원끼리의 지식, 정보 또는 기술 향상 등의 목표를 위해 형성된 집단이다. 이 집단은 정보를 제공하며 지식을 습득할 수 있도록 도움을 제공하기 위해 일반적으로 초빙 강사, 전문가 또는 집단 지도자가 교육하는 형태를 취하는 경우가 많은 집단이다.

예 아동 양육의 실습, 효과적인 부모가 되는 훈련, 양부모가 되기 위한 준비 집단 등

(3) 성장집단

성장집단은 사회심리적 병리를 치료하기보다는 사회심리적 건강을 향상시키는 데 초점을 두어 성원들의 자기인식을 증진시키고, 자신의 사고를 변화시키는 것을 목적으로 하는 집단이다.

예 감수성훈련집단, 퇴직준비집단

(4) 치료집단

치료집단은 일반적으로 다소 심한 정서적 · 개인적 문제를 가진 성원들로 구성되어 성원들의 행동 변화나 개인적인 문제에 대한 완화 또는 해결을 위한 재활 또는 문제해결능력 향상을 목적으로 한다.

예 정신치료집단, 금연집단, 약물중독자집단 등

(5) 사회화 집단

사회화 집단의 주요 목적은 성원들이 사회적 기술을 습득하여 사회적으로 수용할 만한 행동이나 태도를 학습함으로써 지역사회의 생활에서 효과적으로 기능할 수 있도록 원조하는 데 일차적 목적이 있다. 이러한 사회화 집단은 크게 사회기술훈련집단, 자치집단, 여가집단으로 구분한다.

① **사회기술훈련집단** : 효과적으로 의사소통이 어려워 사회적 관계를 맺지 못하는 사람들에게 유용하다. 역할극, 심리극과 같은 비언어적 프로그램과 언어적 의사소통을 요구하는 프로그램을 활용하여 성원들의 의사소통 능력을 증진시키는 활동을 하는 집단을 말한다. 예 자기주장훈련집단

② **자치집단** : 정신병동이나 시설에서 생활하는 사람들이 치료적 공동체에서 자신들의 역할과 책임, 권리 등을 분명히 할 수 있도록 하는 데 목적을

두고 활동하는 집단을 말한다.

③ **여가집단** : 레크리에이션 활동, 스카우트 활동, 캠핑, 스포츠활동 등을 목적으로 하는 집단을 말한다.

(6) 자조집단(self-help group)

자조집단의 목적은 공통의 문제나 환경, 경험, 불행을 가진 사람들의 모임으로 서로가 문제 상황에 대처할 수 있는 능력을 고양하도록 도움을 제공하는 것이다. 자조집단은 비공식 사회적 지지의 한 유형으로 유사한 경험을 한 사람들의 도움과 이해를 통해 욕구를 가지고 있는 구성원들을 도와주는 조직이며 홀로 대처하는 것에 대한 대안으로 전문가의 도움보다는 구성원의 경험에 기초하여 도움을 주고받는다.

(7) 사회행동집단(social action group)

사회행동집단은 성원들이 살고 있는 사회적 또는 물리적 환경의 어떤 면을 변화시키기 위하여 모이는 과제집단 형태이다. 이 집단은 성원의 욕구와 관련이 있기는 하지만 집단 외부의 사람에게도 이익이 되는 '공동선'을 추구하는 목적을 가지고 있다.

예 사회복지서비스 재원확보를 증대시키기 위한 사회복지사들의 모임, 주거공간에 문화활동 프로그램을 마련하기 위하여 지지를 구하는 주민집단(남연희 외, 2021).

4. 지역사회체계와 문제

사회복지사의 전문성이 다른 관련 전문가들의 전문성과 차별화할 수 있는 것은 사회복지사가 지역사회를 기반으로 활동한다는 데 있다. 사회복지사는 지역사회 차원의 개입을 통해 개인과 사회의 안녕을 증진시키는 일에 노력하여야 할 것이다. 그러므로 사회복지사가 자신의 지식과 기술을 익힐 때 반드시 지역사회에 관한 이해가 있어야 한다.

1) 지역사회체계의 정의

지역사회란 다른 지역과 구별될 수 있는 일정한 지역에 모여 살면서, 구성원 간의 상호작용을 통하여 서로의 생활에 도움을 주며, 같은 전통, 관습 및 규범, 가치를 공유하는 공동체이다. 즉, 지역사회는 지역사회 주민들이 상호작용하며 공동목표를 인식할 수 있는 규모의 공동체이다. 그러므로 지역사회는 주민의 상호작용을 무시하고 공간적인 측면을 강조하는 지역과 구분해야 한다. 반면 개인이 지역사회와의 유의미한 관계를 갖지 못할 경우 사회적 소외 현상을 경험할 가능성이 높으며, 범죄, 자살, 정신질환 등의 사회적 병리를 일으킬 가능성이 높아진다.

2) 지역사회의 기능

Gilbert와 Specht는 지역사회의 기능을 다음과 같이 다섯 가지로 분류하였다(박태영 외, 2014).

(1) 생산 · 분배 · 소비의 기능

이 기능은 일생생활을 영위하는 데 필요로 하는 재화와 서비스를 생산 · 분배 · 소비하는 과정을 말한다. 재화와 서비스를 생산하고 분배하는 기능은 주로 기업을 통해 이루어지지만 정부를 비롯한 각종 전문기관, 종교단체, 교육기관 등도 경제적 기능을 담당하기에 지역사회가 유지되고 확대된다.

(2) 사회통제의 기능

이 기능은 지역사회성원이 사회의 규범(법, 도덕, 규칙 등)을 준수할 수 있도록 일정한 강제력을 행사하는 것이다. 사회통제의 기능이 결여된 지역사회는 사회질서가 파괴되어 비행과 범죄가 만연되는 사회해체현상이 대두된다. 사회통제를 담당하는 일차적 기관은 정부로서 경찰력과 사법권을 통해 강제력을 발휘한다. 그러나 가정, 학교, 종교기관, 사회기관도 이 기능을 부분적으로 수행한다.

(3) 상부상조의 기능

이 기능은 사회구성원들이 갑작스러운 질병, 사망, 실업, 사고 등의 개인적 이유와 경제적 제도의 부적절한 운용으로 인해 앞에서 제시한 사회제도로도 욕구를 충족할 수 없는 경우 필요한 사회적 기능이다. 과거 전통사회에서는 가족, 친척, 동네, 친목단체를 통해 수행되었고, 현대사회에서는 종교기관, 각종 봉사단체 및 민간기관 등을 통해 수행되고 있다.

(4) 사회통합의 기능

이 기능은 사회체계를 구성하는 사회단위조직 간의 충성, 결속력과 사기, 구성원 상호 간의 관계와 관련된 기능을 말한다. 사회화기능이 사람들의 수단이라면 사회통합은 사람들 스스로 규범을 준수하며 바람직한 행동을 하도록 지배하고 강조하는 것이다. 사회통합의 기능은 정치적, 사회적, 경제적으로 급격한 변화를 경험하고 있는 사회와 시대에 특히 강조되는 경향이 있다.

(5) 사회화의 기능

사회가 향유하고 있는 일반적 지식, 사회적 가치, 행동양태를 그 사회구성원에게 전달시키는 과정이다. 사회화는 개인의 어린 시절에 특히 중요하나 이 과정은 일생을 통해서 계속되며 사회성원은 이 과정을 통하여 다른 사회의 성원과 구별되는 생활양식을 터득하게 된다. 이러한 기능들을 볼 때 지역사회체계를 대상으로 사회복지실천을 펼치는 것은 개인, 가정, 집단 등의 하위 체계의 실천과 대립적인 위치에 있는 것이 아니라 사회복지실천이라는 연속선상의 다른 극에 위치한 상호보완적인 관계를 유지한다고 할 수 있다(전재일 외, 2015).

3) 지역사회를 진단하는 지침

지역사회를 대상으로 하는 사회복지실천의 궁극적인 목적은 지역주민들의 의식 변화와 자발적인 조직화를 통해 지역주민들이 바라는 '이상적인 지역사회'를 이룩하는 데 있을 것이다. 이러한 목적을 이루기 위한 점검으로 Warren(1993)은 지역사회를 진단하는 지침을 다음과 같이 제시하였다(최옥채, 2017).

- 지역사회의 대상 주민들의 특성에 관해 파악해야 한다.
- 지역사회의 특성에 관하여 지역사회의 경제와 지역사회의 문제, 지역사회에 지배적인 가치를 파악해야 한다.
- 차별에 관한 확인으로 압박을 가하는 기제와 차별의 증거를 확인한다.
- 구조에 관한 이해에 있어서 권력의 소재 파악과 자원 활용 가능성의 결정, 자원 통제와 서비스 전달 유형을 파악한다.

4) 지역사회의 주요 개념

지역사회복지사는 지역사회체계에서 다루는 주요한 용어의 개념을 이해함으로써 지역사회의 이해의 폭 또는 지역사회의 특성 등의 폭을 넓일 수 있다.

(1) 지역사회 구성요소

지역사회는 지리적 공간, 생활공간, 주민, 조직, 상호작용 등으로 구성된다. 즉, 지역사회는 지리적 공간을 결정하는 일정한 경계, 사람들의 생활터전, 지역사회에서 자신의 생활을 꾸려나가는 사람들, 공동목표를 갖는 사람들의 집합체, 사람들 간의 교류 등으로 구성된다. 이들 지역사회 구성요소는 지역사회의 자원을 동원하거나 지역사회 자체를 변화시키고자 하는 사회복지실천에서 중요하게 다루어야 할 것이다.

(2) 지역사회 병리

지역사회 병리란 지역사회가 병을 앓는 것을 말한다. 즉, 지역사회는 욕구 혹은 문제를 지니는데 이 욕구나 문제가 해결되지 않으면 지역사회가 자정능력을 잃게 된다. 이는 개인의 병리 현상과 같은 이치이다. 예컨대 한 지역사회가 교통, 비행과 범죄, 상하수도, 쓰레기 등의 문제로 시달릴 때 이를 적절한 시기에 해결하지 못하면 그 지역사회는 큰 혼란을 겪게 될 것이며 그 결과에 따른 고통은 곧 지역사회 주민들의 몫이 된다.

(3) 지역사회 역동

지역사회 역동은 지역사회를 구성하고 있는 지리적 공간, 생활공간, 주민, 조직, 상호작용이 지역사회가 추구하고자 하는 목표를 달성하기 위해 움직이는 상태를 의미한다. 즉, 지역사회 주민이 일정한 지리적 공간 안에서 생활공간을 활동 터전 삼아 지속적으로 서로 상호작용한다. 그러므로 모든 지역사회는 지역사회의 구성요소들이 서로 다양한 수준과 방법으로 순환적 영향을 주고받는다. 이런 맥락에서 지역사회 역동은 지역사회 안에서 생기는 동기의 요람이라 할 수 있다.

(4) 사회행동

사회행동은 로스만이 개발한 지역사회조직의 세 가지 유형 중 하나로 집단 혹은 조직을 동원하여 지역사회와 관련하고 있는 제도나 권력 분배를 변화시키는 것이다. 여기에 활용되는 집단 혹은 조직은 사회정의 구현을 기반으로 하는 환경보호단체, 소비자보호단체 등과 같은 민간조직이 대표적이다.

요점정리

개인체계의 분류

- 개인(클라이언트) : 어떤 방법에 따라 사회복지사의 도움을 구하고 있는 사람
- 특수한 개인 : 사회적 장애인, 부적응하는 사람 등 사회적으로 건강하지 못한 상태에 있는 개인
- 개인의 사회관계 : 개인적 특성에 관여할 경우, 개인의 한 부분만 볼 것이 아니라 다차원적인 시각에서 상호 연관된 다양한 측면들을 보아야 한다.

개인체계문제의 유형

- 경제적·사회적 자원의 결핍, 지식과 경험의 부족, 스트레스적 사건에 대한 정서적 반응, 질병과 장애, 관계의 상실, 사회적 관계의 불만족, 대인과의 갈등, 문화적 갈등, 공식적인 조직과의 갈등

가족에서의 주요 개념

- 가족구조, 가족 항상성, 삼각관계 형성, 가족규칙과 가족신화, 경계와 하위체계

집단의 정의

- 집단의 크기 : 사회적 상호작용을 하는 2인 또는 3인 이상의 모임
- 목표 : 모임 안의 각 개인은 공통된 목표
- 상호작용 : 각 구성원은 다른 구성원에 대하여 어떤 책임 또는 관계성을 느끼는 것

집단의 유형

- 집단의 형성조건 : 공통의 목적 확인, 능동적이고 조직적인 활동, 민주적 인간관계 형성
- 자연집단 : 자발적 형태로 함께 모인 집단
- 형성집단 : 어떤 외부의 영향이나 중재에 의하여 함께 모인 집단
- 치료집단 : 대다수의 목적이 성원들의 사회 정서적 욕구를 충족시키는 집단
- 교육집단, 치료(교정)집단, 성장집단, 사회화 집단
- 과제집단 : 집단성원들의 적극적인 참여와 집단에 부여된 위임사항을 달성하는 집단, 위원회, 행정집단, 협의체, 팀, 치료회의, 사회행동집단
- 자조집단 : 비슷한 환경이나 경험, 비슷한 문제 상황을 공유하는 사람들의 모임

지역사회의 기능

- 생산, 분배, 소비의 기능
- 사회화의 기능
- 사회통제의 기능

- 사회통합의 기능
- 상호부조

지역사회의 주요 개념

- 지역사회 구성요소 : 지리적 공간, 생활공간, 주민, 조직, 상호작용
- 지역사회 병리 : 지역사회가 병을 앓는 것
- 지역사회 역동 : 지역사회를 구성하고 있는 지리적 공간, 생활공간, 주민, 조직, 상호작용이 지역사회가 추구하고자 하는 목표를 달성하기 위해 움직이는 상태
- 사회행동 : 제도나 권력 분배를 변화시키는 것

08

CHAPTER

면접의 방법과 기술

1. 면접의 개념 및 목적
2. 효과적인 면접의 구성요소
3. 면접기록

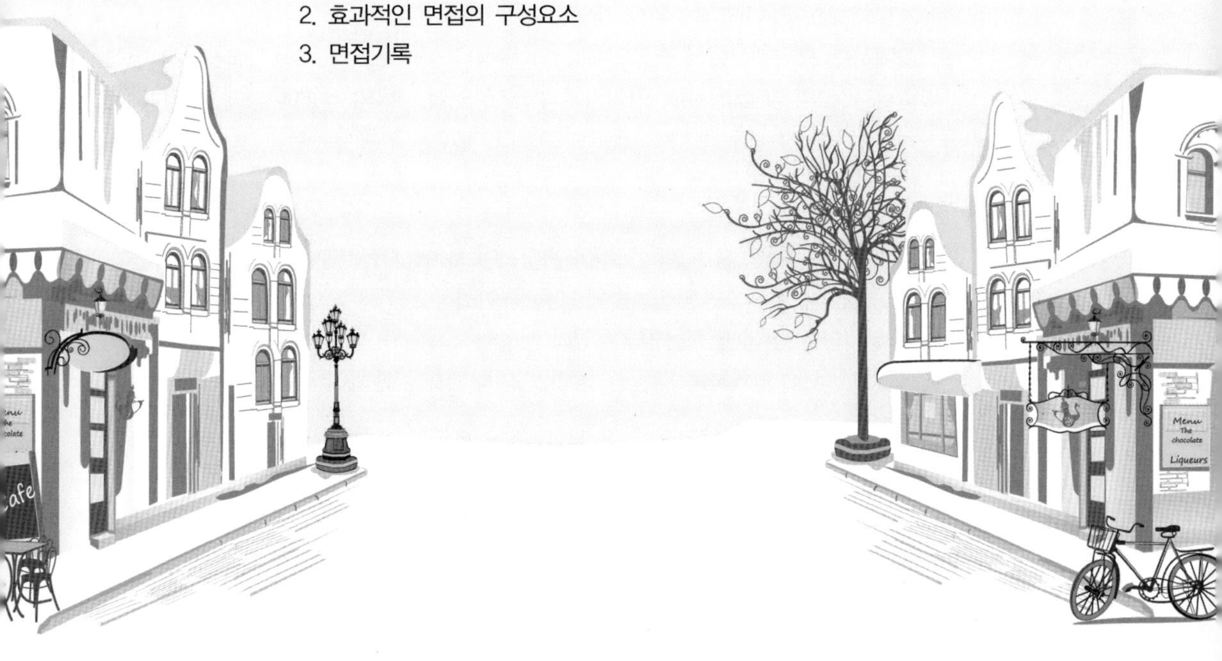

■ 개요

사회복지실천 현장에서 면접은 사회복지사가 클라이언트의 문제를 파악하고 원조 개입을 하는 데 가장 기본적인 의사소통 방식이다. 실천을 위한 정보수집의 도구이기도 하며, 그 자체가 치료적 효과를 갖기도 한다. 그러므로 사회복지사는 면접에 많은 시간을 할애하고 익숙해지기 위해 끊임없이 노력해야 한다.

본 장에서는 사회복지실천 면접의 개념과 목적을 살펴보고, 사회복지실천에서 면접의 조건, 면접의 방법과 기술, 면접기록의 원칙, 면접 기록의 유형에 대해 살펴보고자 한다.

■ 학습목표

- 효과적인 면접 수행 요소를 파악하여 전문적인 사회복지실천 면접을 수행할 수 있다.
- 관찰, 경청, 질문, 기타 면접기술의 내용을 이해하고 적용 시의 유의점을 파악하여 사회복지실천 면접에 적용할 수 있다.
- 면접의 내용을 기록하는 다양한 방법을 이해하고 구분하여 기록할 수 있다.

08 CHAPTER

면접의 방법과 기술

1. 면접의 개념 및 목적

1) 사회복지실천 면접의 개념

사회복지실천의 면접은 전문적 관계에 바탕을 두고 정보수집, 과업수행, 클라이언트의 문제나 욕구해결 등과 같은 목적을 수행하는 시간제한적 대화이다. 사회복지사와 클라이언트 간의 관계 형성은 이러한 면접과정을 통해 구체화될 수 있다. 사회복지사에게 있어 면접은 사회복지실천의 기본적 수단이며 기법이다. 면접이란 두 사람 이상이 특정한 목표를 가지고 상호대화를 한다거나 정보를 교환한다거나 의지나 감정을 전달하거나 문제를 해결하는 것이다.

사회복지실천에서의 면접이란 사회복지사와 클라이언트가 서비스를 제공하는 과정에서 특정 목적을 가지고 계약에 의해 행하는 의사소통이다.

2) 사회복지실천 면접의 목적

사회복지실천의 면접은 사회복지사와 클라이언트 간에 이루어지는 의사소통으로서, 궁극적인 목적은 클라이언트의 정확한 이해를 통한 적절한 서비스 제공에 있다. 다시 말해 면접자는 그들의 문제를 파악하고 문제 상황에 있는 사람들과 그들의 환경을 이해하여 스스로 문제를 효과적으로 돕는 것을 목적으로 한다(이효선 · 정푸름, 2012).

Brown(1992)은 사회복지실천 면접의 목적을 자료수집을 비롯하여 치료관계의 협조를 확립하고 유지하는 것, 클라이언트에게 정보를 제공하는 것, 원조과정에 대한 장애요소를 규명하고 밝히는 것, 목표성취를 지향하는 활동을 규명하여 수행하는 것, 원조과정을 촉진하는 것 등으로 제시하였다. 특히 사회복지실천 면접은 사회적 문제를 다루는 데 특별한 관심이 있다는 점에서 내용과 대상이 특별하다. 사회복지사는 심리사회적 문제에 직면한 클라이언트를 돕기 위해 면접을 실시한다. 면접 첫 단계의 기본적 목적은 문제 상황에 직면한 클라이언트에 대해 이해하는 것이다.

3) 사회복지실천 면접의 특징

사회복지실천에서의 면접은 사회복지사와 클라이언트가 특정 상황에서 특별한 목적을 가지고 계약에 의해서 행하여지는 의사소통으로 사회복지실천 과정에서 주요한 개입 기술로 사용되며, 클라이언트의 문제파악 및 실행, 평가 등 전반적인 실천과정에서 다양하게 사용된다. 면접은 실천을 위한 정보수집 도구이기도 하며 그 자체로도 치료의 효과를 가져오기도 한다.

다음은 사회복지실천 면접에 대한 특징을 정리한 내용이다.

(1) 사회복지실천 면접을 위한 맥락이나 세팅(setting)이 있다

사회복지실천의 면접에서는 클라이언트에게 서비스를 제공하는 특정한 기관이 있고 면접의 내용은 특정 상황에 한정되어 있어 그 상황과 관련이 없는 내용은 면접에서 다루지 않는다.

(2) 사회복지실천 면접은 목적과 방향이 있다

사회복지실천의 면접은 우연히 만나 정보를 교환하는 것이 아니라 클라이언트를 이해하고 돕는 과정으로 구체적 목표를 달성하기 위해 의도적으로 이루어지고 수행되는 목적지향적인 활동이다.

(3) 면접은 계약에 의해 수행된다

사회복지실천의 면접은 클라이언트와 사회복지사가 목적달성을 위한 일련의 과정을 밟기로 상호 합의한 상태에서 계약에 의해 진행된다.

(4) 면접은 특정한 역할 관계가 있다

사회복지실천 면접에서 사회복지사와 클라이언트는 각각의 역할을 가지며 이 역할에 입각하여 상호작용한다.

(5) 면접의 목적은 단계에 따라 달라질 수 있다

사회복지실천 면접의 궁극적인 목적은 클라이언트를 이해하고 돕는 것이다. 그러나 실천의 각 단계마다 세부 목적이 달라진다. 초기단계에서 면접은 신뢰관계를 형성하는 것, 자료수집단계에서는 유용한 정보를 수집하는 것, 사정단계에서는 목표설정 및 개입 계획수립에 필요한 판단을 하는 것, 개입단계에서는 클라이언트의 변화를 유도하는 것이다.

4) 사회복지실천면접의 주요 요소

(1) 바람직한 의사소통

사회복지사는 바람직한 의사소통에 필요한 지식과 경험을 쌓아야 하며 기본적으로 클라이언트의 수준에 맞는 언어를 사용할 수 있어야 한다. 사회복지사의 태도는 면접에 직접적인 영향을 미치는데 기관의 전통과 클라이언트의 기대를 고려하여 진심 어린 관심을 보이도록 한다. 사회복지사는 클라이언트와 전문적 관계를 형성하는 단계에서 클라이언트를 존중하는 호칭을 사용하고 적절한 태도를 통해 개별화된 접근을 해야 한다.

(2) 바람직한 장소

사회복지실천 면접에 있어 바람직한 장소는 클라이언트의 선호와 사례의 특성에 따라 달라질 수 있다. 기동력이 없거나 거동이 불편한 클라이언트는 그의 집이나 집근처에서, 긴박한 상황에서는 공공장소에서 진행되기도 하지만 일반적으로 적당한 밝기, 가구, 공간과 외부로부터 방해를 받지 않는 조용하고 편안한 장소가 효과적인 면접을 가능하게 한다(물리적 조건).

(3) 분명한 목표

사회복지실천 면접은 클라이언트와 사회복지사가 목적달성을 위한 일련의 과정을 밟기로 상호 협의가 이루어진 상태로 진행하는 것이다. 실시하고자 하는 면접의 목표를 분명히 하며, 클라이언트도 알고 있어야 하고, 그렇지 않다면 면접의 목표를 정확히 주지할 수 있도록 배려해야 한다.

(4) 합당한 과정

사회복지실천 면접의 과정은 클라이언트와 사회복지사 간의 계약에 의해 정해진 일정에 따라 이루어져야 한다(면접일, 면접시간, 면접내용 등). 계약적이라는 것은 클라이언트와 사회복지사가 목적을 달성하기 위해 일련의 과정을 면접하기로 상호 합의한 상태에서 진행하는 과정을 말한다.

5) 사회복지실천 면접의 종류

(1) 정보수집 면접(사회조사, social study)

사회복지사는 클라이언트의 개인적 · 사회적 문제와 관련된 인구사회학적 배경과 개인성장 발달사에 관한 정보를 수집한다. 정보수집의 이유는 클라이언트의 배경을 파악함으로써 문제를 잘 이해하고 어떤 서비스를 받아야 하는지 정확히 결정하기 위해서이다.

인구사회학적 요인(나이, 성별, 학력, 결혼상태, 주소 등), 현재 문제, 가족력, 개인력, 사회적 · 직업적기능정도 등이 포함된다.

(2) 사정면접

사정(assessment)면접은 문제가 무엇인지, 어떠한 원인 때문인지, 그 문제를 해결하기 위해 무엇이 변화되어야 하는지에 답하는 사회복지 실천과정의 핵심이다. 사정면접은 구체적인 서비스에 대한 의사결정을 하기 위한 것으로 정보수집을 위한 면접보다 훨씬 더 목적지향적이다. 클라이언트의 현재 문제상황, 그 문제해결의 목표, 그리고 목표달성을 위한 개입방법의 결정 등이 사정면접을 통해 이루어진다.

(3) 치료적 면접

치료를 위한 면접은 클라이언트의 변화를 돕기 위한 것으로 그 자신이 변하게 하거나 클라이언트의 기능을 향상시키기 위해 사회적 환경을 변화시키는 것이다. 클라이언트의 자신감과 자기효율성 강화, 필요한 기술훈련, 문제해결능력 증가 등을 목적으로 한다. 클라이언트의 더 나은 사회적응을 위한 환경을 변화시키는 것을 통해 클라이언트와 관련된 중요한 사람들과 이루어지기도 하고 클라이언트의 권리와 이익을 옹호 · 대변하기 위해 사회복지기관, 지역사회, 관련 공무원들과 이루어지기도 한다.

2. 효과적인 면접의 구성요소

1) 면접의 조건

(1) 물리적 조건

물리적 조건은 사회복지사와 클라이언트의 태도, 감정, 반응 등에 중요한 영향을 미친다.

① 적절한 채광과 조명
② 안락한 온도

③ 적절히 넓은 공간(답답하거나 갇힌 느낌이 들지 않을 정도)
④ 어울리는 가구와 실내장식
⑤ 등을 편하게 받쳐주는 의자
⑥ 방해를 받지 않고 비밀을 이야기할 수 있을 정도의 독립적 공간
⑦ 참여자들 사이의 개방적 공간

(2) 면접시간

일반적으로 면접을 오래 하는 것은 유용하지 않다. 면접시간은 1회 면접 시 40~50분이 적절하며, 최대의 능률은 클라이언트에게 편안한 주위 환경, 집중된 관심, 그리고 면접 동안 자신의 생각을 말할 수 있는 충분한 시간을 줌으로써 얻게 된다.

면접 약속은 반드시 지키고 클라이언트의 주의집중 능력, 의사소통 능력에 따라 조정한다.

(3) 관계형성(rapport)

사회복지실천 과정에서의 라포(rapport)란 클라이언트(내담자)와 사회복지사 사이의 상호작용 이해와 활동관계의 수립을 가능하게 하는 조화, 공감, 화합의 상태로 면접 초기과정에서 라포가 잘 형성되어야 클라이언트가 자신의 감정을 개방적으로 표현한다.

2) 사회복지실천의 면접 기술

(1) 관찰기술

클라이언트가 말하고 행동하는 것에 주의를 기울여 그를 이해하는 데 필요한 정보를 얻는 것이다. 언어적 의사소통과 비언어적 의사소통이 일치하는가 하는 것은 클라이언트의 감정과 표현의 차이를 밝히는 데 매우 중요하다.

(2) 경청기술

면접에서 가장 중요한 기술이다. 클라이언트가 무엇을 말하는지, 면접자의 질문에 어떻게 반응하는지를 듣는 것이다. 클라이언트의 어려움에 공감하고 그에게 필요한 반응을 나타내면서 적극적으로 잘 듣는 것이다. 클라이언트의 말을 그냥 듣는 것이 아니라 그가 지금 무엇을 표현하고 있는지, 그의 감정과 사고는 어떤 것인지 이해하고 파악해 가면서 듣는 것이다. 공감적 태도 속에의 경청은 그것만으로도 클라이언트로 하여금 감정의 정화(catharsis)를 경험하고 마음의 안정을 찾게 하는 효과가 있다.

사회복지사의 감정통제, 분위기 조성, 경청 등 모든 기술은 클라이언트 입장에서 출발한다.

(3) 질문기술

클라이언트로부터 필요한 정보를 이끌어 내기 위해 가장 많이 사용되는 기술이다. 질문을 하여 대답을 유도함으로써 상호작용을 돕고 클라이언트에 대한 이해와 문제해결에 필요한 정보를 효과적으로 얻어낼 수 있다. 질문을 잘못하면 클라이언트를 추궁하거나 이야기 흐름을 차단시키는 역효과를 가져올 수도 있다. 클라이언트로부터 개인적 질문을 받게 되는 경우 그 의미를 잘 이해하여 간단명료하게 답변하는 것이 필요하다.

다음은 질문 시 활용하는 질문의 유형을 제시한 것이다.

① 개방형 질문

개방형 질문은 광범위한 영역에 걸쳐 논의되도록 질문을 하는 것이다. 한마디 이상의 반응을 요구하는 질문으로 클라이언트의 생각, 태도, 느낌 등을 묻는다.

예 어제 무슨 일이 있었는지 말씀해 주시겠습니까? / 어떤 일로 오늘 여기에 오시게 되었습니까?

② 폐쇄형 질문

폐쇄형 질문은 필요한 구체적 정보에 대한 질문을 하는 것이다. 응답의 선택이 한정되는 질문이다. '예' 또는 '아니요'로 답할 수 있는 질문으로 사실 여부나 양자택일을 요구하는 형식이다.

예 오늘 우리 기관에 처음 왔습니까? 남편이 동의를 하였습니까?

③ 기적질문

클라이언트가 가지고 있을 갈등, 가치관, 사고, 느낌 등에 대해 탐색할 수 있는 질문이다.

예 만일 내일 아침 자고 일어나 보니 모든 문제가 해결되었다면 어떤 마음일까요?

④ 이끄는 식의 질문

개인의 진정한 반응보다는 동의를 구하는 식의 질문으로 이러한 질문은 편견이 내포되어 있다.

예 과거에 이런 경험을 했군요, 그렇지요?

⑤ 복합적인 질문

대답을 하기 전에 한꺼번에 둘 혹은 세 개의 질문을 하는 것이다. 클라이언트가 복합적인 질문을 받았을 때는 혼동하게 되거나 단순히 마지막 물음에 대해서만 이야기할 수 있다.

예 그것에 대해 이야기할 수 있습니까? 너무 두려웠습니까?

⑥ 왜?라는 질문

'왜'라는 질문은 개인이 스스로 분석을 하도록 요구하는 것이다. 이 질문은 위협을 주는 경향과 비난하는 질문의 성격을 가지고 있다. 또한 왜?라는 질문은 클라이언트로 하여금 합리화나 꾸며서 대답하도록 하며 자신의 방어를 시도할 수 있다.

예 당신은 왜 우리를 만나기 위해 더 일찍 오셨습니까?

(4) 요약기술

요약은 면접 동안 주로 사용할 수 있는 기술이며 각각의 클라이언트를 개별화하고 특별하게 다루는 데 필요한 기술이다. 사회복지사는 지금까지 행한 면접 내용이나 지난번 면접 내용을 요약하고, 사회복지사가 토의를 해온 것과 면접의 방향을 제시한 것을 간략히 반복한다. 요약은 토의해 온 항목의 주제를 명확히 해주게 되며 또 사회복지사가 계속된 토의의 내용을 알고 주의 깊게 들었다는 것을 의미하는 것이 된다.

클라이언트가 말한 것을 간단하게 재진술하거나 요약하여 클라이언트가 미처 깨닫지 못한 것을 지적해 주는 면접기술이다.

(5) 명료화 기술

명료화는 클라이언트가 말하는 것을 반영하는 것인데, 더욱 분명히 이해할 수 있도록 보다 유사한 말로 바꾸어서 표현하는 것이다. 사회복지사들은 명료화를 통해서 클라이언트가 말한 것을 분명하게 하고자 한다. 명료화는 가끔 주관적 현실을 객관적 현실과 구별하고 고려하기 위하여 여러 가지 선택을 제시하고 상이한 선택의 결과에 관한 서술을 하는 데 관심을 가진다.

(6) 직면기술

직면은 클라이언트가 자신의 문제를 유지하거나 그에 영향을 미치는 사고, 감정, 행동과 대면하는 것을 말한다. 직면은 클라이언트의 말과 행동 사이에 불일치나 모순을 지적하는 것을 의미하나, 상대방을 비평하고자 하는 것이 아닌 스스로 모순점을 파악하고 해석해 가도록 알려주는 것으로 클라이언트에게 갈등을 유발시킬 필요와 기대되는 결과를 인식하고 의도적으로 개입하는 것을 말한다.

(7) 해석 기술

해석은 클라이언트가 말한 것을 명확하게 설명하는 것이다. 해석은 사회복지사가 클라이언트에게 그의 어떤 행동이나 사고, 감정이나 생각 등을 지적해 주는 것이기도 하지만 거기에 대해서 그런 생각이나 감정이 본인에게 어떤 의미를 지니는지 그 의미에 관한 사회복지사 나름의 추리를 제시해 주는 것을 말하기도 한다.

(8) 정보수집을 위한 기술

정보를 얻기 위한 면접이란 클라이언트의 개인적 혹은 사회적 문제와 관련된 사회적 배경이나 개인의 성장 · 발달사에 관한 정보를 얻기 위한 면접을 말한다. 많은 정보를 수집하여 정확한 판단과 간단한 해석이 요구된다.

3) 분위기 조성 기술

분위기 조성 기술은 면접을 위해 심리적으로 편안한 분위기를 만드는 기술을 말하는데 서로에 대한 이해와 개방성을 촉진시키는 방향으로 분위기가 형성되어야 한다.

분위기 조성을 위해서 필요로 하는 조건을 제시하면 다음과 같다.

- 공감(empathy)은 사회복지사가 클라이언트를 수용하고 그에게 관심이 있음을 전달하는 능력으로 클라이언트의 감정을 공개적으로 수용하고 인정하는 것이다.
- 진심(genuineness)은 클라이언트에게 사회복지사가 믿을 만한 사람임을 전달하는 것이다.
- 온화함(warmth)은 친밀하고자 하는 욕구를 전달하는 것으로 이러한 친밀감 속에서 클라이언트는 긍정적 · 부정적 감정을 표현할 수 있고 가치 있는 존재로 느낄 수 있게 된다.

4) 자료수집과 문제 사정에 도움이 되는 면접기술

면접의 기술이란 상담 과정에서 클라이언트가 표현한 모든 상황과 말하지 않은 정서까지 정확하게 파악하고 성공적인 상담으로 이끌어 갈 수 있는 기법을 말한다. 다시 말해 사회복지사와 클라이언트 간의 의사소통에 필요한 다양한 기술이라는 것이다. 그러나 면접 기술 중에는 의사소통을 위한 기술 이외에도 자료수집과 문제 사정에 도움이 되는 기술들이 있다.

(1) 탐색

탐색 기술은 클라이언트에 대한 구체적인 사회조사 자료 및 반영적 사고의 표현을 이끌어 내기 위해서 클라이언트의 언어적 표현뿐 아니라 비언어적 표현도 민감하게 수용하며, 행동, 표정 등을 탐색하고 관찰하는 것이 중요하다.

(2) 적절한 침묵의 사용

사회복지실천 면접에서 침묵은 면접의 진행을 방해하는 것으로 보고 있다. 그러나 가끔 이 침묵은 면접의 목적을 달성하는 데 더욱 효과적일 수 있다. 질문을 한 후에 클라이언트가 응답을 할 때까지 침묵을 참아야 한다.

이상과 같이 효과적인 면접을 위해서는 다양한 면접의 기술이 필요함을 알 수 있다. 아울러 이러한 면접의 효과성을 높이기 위해서 사회복지사는 클라이언트의 도덕적 기준에 비판적인 표현을 하거나 성급한 조언이나 해결책을 제시하거나 논리적인 설득과 논쟁, 비판과 비난적 반응, 극적인 해석, 형식적인 확신, 동정, 위로, 지나친 풍자와 유머 사용, 위협, 경고, 공격적인 반응, 부적절한 질문(폐쇄형 질문, 중첩형 질문, 유도형 질문), 말 중단, 사회복지사의 지배적인 태도, 사적인 대화, 소극적 반응 등은 삼가는 것도 면접기술의 일부분이라고 할 수 있다.

3. 면접기록

면접기록은 클라이언트의 욕구 확인, 사례의 지속성 유지, 기관이 실시하는 서비스의 정당성 입증, 전문가 간 의사소통의 원활화, 클라이언트와의 정보 공유, 사례에 대한 지도 감독의 자료, 교육훈련의 자료, 행정적 과업을 위한 자료제공, 조사를 위한 자료제공 등으로 활용하는 데 목적이 있다. 이러한 목적 외에도 사회복지사가 자신의 사례를 철저히 기록함으로써 개입 과정 중에 순간적으로 요구되는 아이디어의 발상과 사례종결 이후에 사례발표를 위한 기초자료로 활용하는 데 도움이 되고 있다(최선화, 2020).

1) 기록의 원칙

사회복지사는 면접 과정에서 면접한 내용을 기록으로 남기게 되는데, 이때 적용되는 원칙이 있다. 그 원칙은 첫 번째, 비밀보장원칙으로 기록의 내용은 비밀이 철저히 보장되어야 하며, 교육상의 목적으로 사용할 경우 클라이언트로부터 사전에 허락을 받고 가명으로 기록해야 한다. 두 번째, 객관성 유지로 사회복지사의 개입 내용은 과장되거나 축소되어서는 안 되며, 객관성을 유지해야 한다는 의미이다. 세 번째, 논리성 유지로 기록의 논리성은 다음 면접 계획이 전 면접의 평가 내용과 상통해야 하는 등 사회복지사의 개입이 계획적으로 이루어져야 함을 의미한다. 네 번째, 근면성 유지로 사회복지사는 기록을 위해 시간과 에너지를 투자해야 한다.

2) 기록의 활용

사회복지실천에서의 기록(recording)은 그 쓰임새가 다양할 뿐 아니라 실천현장의 특성과 기관의 요구에 따라 다르게 나타나는데 일반적으로 사회복지사가 수집한 정보와 개입과정의 진행상황을 문서화하는 것이다. 문서화한 이 기록은 사회복지실천에서 아주 다양하게 활용되는 정보이다. 기록이 활용되는 영역을 살펴보면 다음과 같다.

- **클라이언트의 욕구 확인** : 클라이언트가 갖는 관심의 초점을 알 수 있고, 다양한 서비스와 연결될 때 클라이언트의 세부적인 사항, 욕구를 확인할 수 있도록 한다.
- **서비스 내용의 보고** : 서비스가 진행된 상황과 과정에 대한 기록은 과정상 주요한 사건과 서비스가 클라이언트의 욕구에 적절했는지를 검토할 수 있도록 한다.
- **사례의 지속성 유지** : 사례가 다른 기관이나 다른 사회복지사에게 의뢰될 때 클라이언트의 욕구, 개입의 목적, 진행과정 등을 검토할 수 있도록 하여 사례가 유지 및 연결되도록 한다.
- **전문가 간 의사소통의 원활화** : 다른 전문직과의 사례회의나 토론을 대신하여 사례에 대한 의사소통의 도구로 활용되어 집단적 의사결정을 도울 수 있다.
- **클라이언트와 기록 공유** : 실천개입 방법에 따라 클라이언트의 기록을 공유하고 토론할 수 있다. 이런 기록 공유를 찬성하는 이유는 정보의 잘못된 부분을 수정할 수 있고, 사회복지사와 클라이언트와의 관계를 효율적으로 활용하여 클라이언트의 참여를 유도할 수 있기 때문이다. 그러나 기록공유를 반대하는 입장에서는 클라이언트가 아닌 제3자에게서 얻은 정보에 대한 비밀보장을 할 수 없고, 클라이언트가 기록에 사용된 전문적 용어를 잘못 해석하여 오해를 일으킬 수 있기 때문이다.
- **지도감독, 자문, 동료 검토의 원활화** : 사회복지사들은 자신의 개입과정과 진행에 대한 지도 감독을 받기 위해 동료들과 사례를 검토하기 위해 기록을 활용한다.
- **서비스 과정과 효과의 점검** : 서비스의 과정이 유용했는지, 원하는 목표를 달성하였는지를 평가하기 위한 자료가 된다.
- **학생과 다른 전문가들에 대한 교육** : 학생들과 수련생에게 사회복지실천 기법과 기록방법을 가르치는 교육적 자료로 활용된다.
- **행정적 과업을 위한 자료제공** : 클라이언트의 욕구, 서비스의 유형, 직무관

리, 직무수행, 자원분배에 대한 행정적 결정을 위한 자료로 사용된다.

- **조사를 위한 자료제공** : 기관의 정책과 사회복지 실천방법에 관한 연구를 위한 조사 자료로 활용된다.

3) 기록의 유형

(1) 이야기체기록(narrative recording)

이야기체기록은 개별적이며 독특한 기록의 양식으로 클라이언트의 상황과 서비스교류에서의 특별한 본질에 대한 반영을 할 수 있어 임상실무의 기록에 특히 유용하다. 이 유형은 시간대별로 서술을 하거나 요약체로 기록할 수 있다. 시간대별로 서술하는 것은 일지의 형식과 유사하며 사건이 있을 때마다 기록한다.

(2) 요약기록(summary recording)

사회복지기관에서 가장 많이 사용되는 기록의 형태로 시간의 흐름에 따라 변화된 상황, 개입활동, 중요한 정보 등을 요약하여 기록하는 것으로 사례가 장기간 진행될 경우 매우 유용하다. 요약기록은 날짜와 클라이언트의 기본적인 사항을 기입하고, 개입내용과 클라이언트에게 일어난 변화에 초점을 두어 기록한다.

(3) 문제중심기록(POR : Problem-Oriented Recording)

문제중심기록 유형의 기록은 단순한 기록의 차원을 넘어서 문제해결 접근방법에 반영하며, 의료분야와 다른 다학문적 접근 세팅에서 주로 사용된다.

문제중심기록은 나이, 성별, 결혼관계와 같은 클라이언트와 면담에 관련된 기본적인 자료, 초기단계에서 관련된 사람들이 언급하는 불만들을 중심으로 한 문제 목록, 각 문제에 대한 목표와 계획, 활동을 통해 이룬 것과 결과에 대한 진행을 기록하는 방식이다.

이러한 요소들을 기록하는 방법에는 SOAP 방식이 있다. 다음은 SOAP 기록 방식에 대한 내용이다.

① **주관적**(S : Subjective) **정보**

주관적 정보는 클라이언트와 가족들이 주관적으로 기술하는 문제와 정보로 클라이언트가 상황을 어떻게 느끼고 있는가를 나타내며, 클라이언트의 자기보고에서 나오기 때문에 외적 타당도는 없다. 주관적 정보기록에는 클라이언트의 병력, 클라이언트의 생활양식이나 가정생활, 클라이언트의 정서나 태도, 클라이언트의 목표, 클라이언트의 치료(면접)에 대한 반응, 클라이언트의 사례나 현 상황에 관련된 정보를 기록한다.

② **객관적**(O : Objective) **정보**

객관적 정보는 사회복지사가 직접적 관찰, 임상적 실험, 체계적 자료수집 등에 의하며, 독립적으로 검증될 수 있다. 이 기록은 의료기록지에서 나온 클라이언트의 병력이나 현 문제와 관련된 환자의 병력, 객관적인 검사 또는 측정이나 관찰의 결과, 이미 클라이언트에게 제공되고 있는 치료에 대한 내용을 기록한다.

③ **사정**(A : Assessment)

사정에서의 기록은 주관적 · 객관적 정보의 검토를 통한 사회복지사의 문제에 대한 개념화와 결론을 말한다. 사정에서의 기록은 주관적인 정보와 객관적인 정보와의 관계, 단기목표 또는 치료계획에 대한 정당화, 클라이언트의 주요문제들에 대한 명확화, 치료에 있어 클라이언트의 진전 또는 비진전에 대한 토의, 클라이언트의 문제해결 가능성과 이유에 대한 토의, 처음의 면담과 면접 진행 동안 정보획득에 있어서의 어려움에 대한 설명에 대해 기록한다.

④ **계획**(P : Plan)

계획에 대한 기록은 사회복지사가 특정한 문제를 제기하거나 해결하는 방법에 대해 기록하는 것을 말한다. 이 기록의 내용은 클라이언트가 면접(상담)을 받아야 할 횟수, 면접의 장소, 면접의 진전, 평가나 재평가에 대한 계획들, 종결계획, 타 기관에의 의뢰 등의 계획에 대해 기록한다.

(4) 목표중심기록(GOR : Goal-Oriented Recording)

목표중심기록은 1970년대 개발된 것으로, 과제중심모델이나 목표성취 척도로부터 발전하게 되었다. 목표중심기록은 목표의 구체화와 목표성취를 위한 과업 또는 활동의 기록을 특징으로 한다. 이는 문제와 목적에 대해 구체적으로 기록하고 목표를 성취하기 위한 과제가 점검된다.

(5) 과정기록(process recording)

과정기록이란 사회복지사와 클라이언트가 면접 전개과정을 시간적 흐름에 따라 기술하는 방법으로 이러한 기록은 교육, 지도감독 시에는 유용하게 사용될 수 있지만 시간이 많이 소모된다는 한계를 가지고 있다. 기록의 방법은 사회복지사와 클라이언트가 면담하는 동안 일어난 모든 것들을 대화형태 그대로 기록하고, 그 옆의 칸에 사회복지사가 관찰한 클라이언트의 행동과 평가 등을 기록한다. 과정기록은 면접 후 사회복지사가 모든 과정을 기억하여 기록해야 하므로 기록의 유용성은 사회복지사의 기억력에 달려 있으며, 객관적으로 기억하여 지도감독에 활용한다면 면접기술 발달에 매우 유용하게 사용될 수 있다.

4) 기록보조

기록을 남기기 위해서 사회복지사는 면담 중 클라이언트가 말한 것을 간단히 메모할 수 있다. 하지만 이 메모로 인하여 면담의 흐름을 깨지 않아야 하고 결코 면담보다 더 중요한 부분을 차지해서도 안 된다. 또한 메모가 필요한 경우에는 미리 클라이언트에게 메모할 것에 대한 사전 동의를 구해야 한다. 그리고 녹음이나 녹화로 남기기도 한다. 이는 면담의 전 과정을 자세히 기록해 주므로 더 효과적인 방법으로 활용되고 있다. 특히 언어적 표현뿐만 아니라 비언어적 표현까지 기록해 주기 때문에 클라이언트가 되돌아보면서 문제를 파악할 수 있도록 돕는다. 이 또한 클라이언트에게 사전 동의를 구해야 한다.

요점정리

면접

- 전문적 관계에 바탕을 두고 정보수집, 과업수행, 클라이언트의 문제나 욕구해결 등과 같은 목적을 수행하는 시간제한적 대화이다.

사회복지면접의 특징

- 맥락이나 세팅(setting)을 가지고 있다.
- 목적과 방향이 있다.
- 계약에 의한다.
- 관련자들 간의 특정한 역할관계가 규정된다.

사회복지 면접의 종류

- 정보수집 면접 : 클라이언트의 개인적, 사회적 문제와 관련된 인구사회학적 배경과 개인 성장 발달사에 관한 정보를 수집
- 사정면접 : 구체적인 서비스에 대한 의사결정을 하기 위한 것
- 치료적 면접 : 클라이언트의 변화와 적응을 돕기 위한 것

면접의 조건

- 물리적 조건, 면접시간, 관계형성

사회복지실천 면접의 방법과 기술

- 관찰기술 : 클라이언트가 말하고 행동하는 것에 언어적 의사소통과 비언어적 의사소통의 일치 여부를 관찰
- 경청기술 : 클라이언트가 무엇을 말하는지, 면접자의 질문에 어떻게 반응하는 지를 듣는 것
- 질문기술 : 개방식 질문, 폐쇄식 질문, 가상질문
- 요약과 해석 기술 : 명료화, 직면, 해석
- 분위기 조성 기술 : 공감, 진심, 온화함

기록의 유형

- 이야기체기록 : 객관적 사건이나 사실을 그대로 서술하는 것이며, 일기형식으로 기록하는 것
- 요약기록 : 시간의 흐름에 따라 변화된 상황, 개입활동, 중요한 정보 등을 요약하여 기록하는 것
- 문제중심기록(SOAP) : 주관적(S) 정보, 객관적(O) 정보, 사정(A), 계획(P)
- 목표중심기록 : 목표의 구체화와 목표성취를 위한 과업 또는 활동의 기록
- 과정기록 : 사회복지사와 클라이언트가 면접 전개과정을 시간적 흐름에 따라 기술하는 방법

09

CHAPTER

관계형성에 대한 이해

1. 관계형성의 중요성
2. 원조관계 형성의 구성요소
3. 관계형성의 장애요인

■ 개요

이 장에서는 사회복지실천 현장에서 사회복지사와 클라이언트 간의 관계가 가지는 가장 큰 특징은 클라이언트는 도움을 요청하고 사회복지사는 전문적 도움을 제공하는 전문적인 관계라는 점을 강조한다. 이에 따라 사회복지사와 클라이언트 간의 전문적 관계형성의 중요성, 원조관계 형성의 구성요소, 관계형성의 장애요인에 대해 살펴보고자 한다.

■ 학습목표

- 사회복지실천 현장에서 관계형성의 중요성을 알 수 있다.
- 원조관계 형성의 구성요소를 파악할 수 있다.
- 클라이언트와의 관계형성에 있어 장애요인과 그에 따른 대처방안을 알아본다.

09 CHAPTER

관계형성에 대한 이해

1. 관계형성의 중요성

1) 관계의 개념 및 의의

(1) 관계의 정의

사회복지실천 현장에서의 관계란 사회복지사와 클라이언트 두 사람이 서로에 대한 신뢰와 믿음을 바탕으로 상호작용하여 만들어 내는 파트너십으로 촉매제로서 문제해결과 도움을 향한 인간의 에너지와 동기를 지지하고 양성하며, 자유롭게 하는 원동력이며, 사회복지사와 클라이언트 간의 감정과 태도의 역동적인 상호작용으로서 클라이언트 자신과 환경 간의 좀 더 나은 적응을 이룰 수 있도록 돕는 목적을 가지고 있다. 이처럼 사회복지실천은 사회복지사와 클라이언트 간의 관계를 활용하여 실천해 나가는 과정이라고 할 수 있으며, 사회복지실천 발달과정의 초기부터 실천과정의 핵심으로 중요시되어 왔고, 관계에 대한 정의는 학자들에 따라 조금씩 다르게 진술되고 있다.

- Biestek(1957) : 관계란 사회복지사와 클라이언트 간의 감정과 태도의 역동적인 상호작용으로서, 클라이언트가 자신과 환경 간의 보다 나은 적응을 이룰 수 있도록 개인의 능력과 지역사회 자원을 적절히 동원하고 활용할 수 있도록 돕는 것이다.
- Perlman(1957) : 관계를 정서적인 유대 및 인간적인 도움을 위한 수단으로 간주하였으며 좋은 관계란 자극과 영향이 되고 타인의 개성을 존중하고 키워주며 안전한 느낌과 일치성을 제공하는 것이라고 하였다.

- Pincus & Minahan(1973) : 관계란 사회복지사와 그가 관계하는 다른 체계 사이의 정서적 유대이며 협조적 · 교섭적 · 갈등적 분위기를 포함하고 있다.

이상의 내용을 종합하면 사회복지실천관계란 사회복지사와 클라이언트 간의 감정과 태도의 역동적 상호작용으로서 클라이언트의 문제해결과 그를 둘러싸고 있는 환경과의 사이에 보다 나은 적응을 위해 협력 및 협상하는 것뿐 아니라 개인 가족, 집단, 지역사회의 자원을 적절히 동원하고 활용할 수 있도록 돕는 활동의 총체로 볼 수 있다(강병철 외, 2013).

(2) 전문적 관계의 특성

사회복지실천 현장에서 전문적 관계의 가장 큰 특성은 사회복지사는 클라이언트에게 전문적 도움을 제공하는 관계를 말한다. 전문적 관계에 있어 사회복지사는 클라이언트에게 일어난 일에 대하여 진심으로 관심을 가지고 전반적인 과정에 전문적 책임성을 지니는 공식적인 관계라는 것으로 다음과 같은 기본적인 특성을 지닌다(양정남 외, 2012).

① 의도적 목적성

서로 합의된 의도적인 목적이 있다. 사회복지사와 클라이언트 간에 클라이언트의 보다 나은 적응 및 문제해결을 위한 원조를 목적으로 하여 진행된다는 것을 의미한다.

② 시간제한성

사회복지실천 과정에 있어 사회복지사는 클라이언트와 구체적으로 한정된 기간을 갖고 관계를 맺는다. 사회복지 실천과정은 시작단계, 중간단계, 종결단계에 이르는 과정이기에 시간적 제한성을 가진다. 그러나 목적의 달성 여부에 관계없이 종결이 필요하다고 생각될 때에는 관계를 종결한다.

③ 클라이언트에 대한 헌신과 의무

사회복지실천과정에서 전문적 관계는 상호 책임을 가져야 하지만 사회복지사의 헌신은 클라이언트의 문제해결을 위해 최선을 다해야 하므로 욕구 중심적이다. 사회복지사는 자기 자신의 이익보다 클라이언트의 이익을 위해 자기 자신을 헌신한다. 따라서 사회복지사는 타인의 욕구에 민감할 수 있는 객관성과 자아 인식을 토대로 관계를 형성한다.

④ 권위성

사회복지사는 특화된 지식 및 기술 그리고 전문직 윤리강령에서 비롯되는 권위를 지닌다.

⑤ 통제적 관계

전문적 관계는 현재 진행 중인 사례에 대해 객관성을 유지하고 자기 자신의 감정, 반응, 열망을 자각하고 그 책임을 진다는 의미에서 통제된 관계이다.

(3) 전문적 관계의 기본적 요소

클라이언트와 사회복지사와의 관계는 일차적 관계가 아닌 전문적 관계이며, 도움을 요청한 특정 개인의 행동과 환경에 초점을 두며, 전문적 관계는 클라이언트의 문제해결 및 적응이라는 분명한 목적을 가지고 그 목적 달성을 위해 제한된 시간 동안 이루어지는 특수한 관계로 언제나 클라이언트의 입장에서 출발해야 한다. 이에 사회복지사는 관계의 전반적인 과정에 대한 책임을 지게 된다. 이러한 전문적 책임을 위해 사회복지실천에서는 다음과 같은 관계의 기본요소들이 있다.

① 타인에 대한 관심

책임감, 배려, 존중, 타인에 대한 필수적인 요소이며 조건 없는 인정과 목적의식을 가지고 관계를 유지해야 한다. 클라이언트에게 일어난 일에 대해 진심 어린 관심을 가지며 이들의 감정과 교류할 수 있어야 함을 의미한다.

② 헌신과 의무

사회복지사와 클라이언트가 함께 관계의 목적과 조건을 위해, 그리고 상호의존적인 교류관계를 위해 헌신하며, 사회복지사로서의 필수적인 절차상의 조건을 최대한 지켜나가며 신뢰관계를 형성해야 한다.

③ 권위와 권한

권위는 클라이언트와 기관에 의해 사회복지사에게 위임되는 권한으로 정의된다. 사회복지사는 지식과 경험을 보유하고, 제도적인 측면과 심리적인 측면을 가짐으로써 어떤 권위와 권한을 가지고 있으며, 이것들의 사용범위와 사용되는 사용처에 대해 클라이언트에게 분명하게 설명할 수 있어야 한다.

(4) 기타 사회복지사의 자질

사회복지사에게는 전문적 관계의 기본적 요소 외에도 전문가적 자질이 요구된다. 그 내용은 다음과 같다(엄명용 외, 2020).

① **성숙함** : 사회복지사는 자신의 변화와 성장에 대해 두려움 없이 수용하고, 인간의 자질들을 이끌어 내는 성숙함이 바탕이 되도록 노력할 수 있어야 한다.

② **창조성** : 클라이언트의 문제 상황에서 개방성을 통해 최선의 해결책을 찾을 수 있도록 자신을 개방하는 것이다. 클라이언트의 상황은 각자의 환경에 따라 독특하고 개별적이면서 항상 변화하기 때문에 사회복지사의 창조성은 매우 중요하다고 볼 수 있다.

③ **자기성찰능력** : 자기를 관찰하여 자기 자신에 대한 이해와 신뢰를 높이고 자아의 모습을 인정한다.

④ **도우려는 열망** : 헌신적인 자세이며 사회복지사의 필수적인 요소이다.

⑤ **용기** : 모든 위험과 실패에 대해 관대하게 받아들일 용기가 있어야 한다.

⑥ **민감성** : 열린 사고를 가지고서 클라이언트의 감정과 입장을 파악할 수 있어야 한다.

⑦ **인간적 자질** : 사회복지사와 클라이언트의 관계에서 어려움에 부딪힐 경우 존중과 포용력, 인내심 등을 발휘하여 클라이언트가 스스로 결정할 수 있도록 사회복지사는 수동적인 자세를 취해야 한다.

2. 원조관계 형성의 구성요소

1) 관계의 유형

사회복지 실천에서의 관계는 사회복지사와 클라이언트 간의 감정이나 태도의 역동적인 상호작용이고, 두 사람 간의 관계는 함께 활동해서 희망하는 결과를 모색하는 데 미치는 중요한 요인이라고 볼 수 있다. 이러한 행동체계 안에서 일어나는 관계의 형태를 유형별로 분류해 보면 다음과 같다.

(1) 협력적 관계

협력적 관계란 사회복지사와 클라이언트가 목적을 성취하기 위해 변화과정과 방법에 함께 동의하는 협력적인 관계를 가지게 되는 것을 말한다. 이것으로 자기결정과 민주적 의사결정을 강조하는 사회사업의 가치는 클라이언트와의 협력적인 관계를 촉진하는 것으로, 변화 매개인이 클라이언트와 관계를 가질 때 수용적인 분위기를 만들어 내는 것이며 이런 분위기는 사회복지사와 클라이언트 간의 신뢰감, 진실함, 정직한 느낌을 가질 수 있게 한다. 협력적 관계는 조직과 지역사회의 변화를 위한 작업에서도 협력적 관계의 유용성이 강조되고 있다. 진실한 협력관계는 사회복지사와 표적관계 간에 계획된 변화 노력의 목표와 달성하기 위한 방법에 대해 상호협의가 있을 때만 가능하다.

(2) 교섭적 관계

교섭적 관계란 각자 상대의 목표는 무엇이고, 각자에게 무엇이 요구될 것이며, 변화노력의 결과는 어떻게 될 것인지 등을 시험하는 것을 말한다. 이러한 시험과정을 거친 후 서술한 조건들이 협력적 관계에 도달하면 계약에 이르게 되고 교섭적 관계가 뒤따르게 된다.

한편 사회복지사가가 교섭적 관계에 들어갈 수 있는 상황으로는 변화매개인 체계와 클라이언트 체계의 공통 목표와 표적 체계의 공통 목표와의 차이점을 인식할 경우와 표적 체계와 변화 목표가 전적으로 자신의 이해와 부합되지 않는다고 인식할 경우이다. 그리고 표적 체계가 변화를 위해 절제된 요구가 자신에게 부여될 것이라고 인식할 경우와 적어도 합의 또는 융통성 있게 조정할 가능성이 있는 교섭적 상황으로 양 당사자들을 이끄는 조건들이 존재할 경우이다.

(3) 갈등적 관계

위에서 설명한 교섭적 관계가 깨어지고 당사자들이 합의나 조정에 이르지 못하거나, 목표나 요구에 대해 당사자들이 인식하고 있는 것이 극단적으로 차이가 있을 때 갈등적 관계에 놓이게 되는데, 변화매개체계와 클라이언트 체계가 공유하는 목표가 표적체계 이익을 심각하게 위협하는 것으로 나타나고, 표적 체계가 자체의 기능 수행에 있어서 주요한 변화가 요구된다고 인식할 경우 불가피하게 생기게 된다. 이러한 교섭적 관계를 수립할 수 있는 조건들이 초기에 조성되지 못하고 변화에 대해 협상하려는 욕구가 없는 것으로 나타날 때 갈등이 생기게 된다.

2) 사회복지실천 관계의 기본원칙

Biestek(1957)은 도움을 구하는 모든 사람들에게 공통적인 기본 감정 및 태도 유형이 존재한다고 보았으며, 이를 바탕으로 그의 저서 『개별사회사업관계(Casework Relationship)』에서 7대 원칙이라 부르는 '관계론'을 정립하였다. 이를 바탕으로 임은희(2010)는 사회복지실천 관계의 기본 원칙에 대해 다음과 같이 제시하고 있다.

(1) 개별화(individualization)의 원칙

① 개념

개별화란 모든 인간이 개별적으로 취급되기를 원한다는 기본적인 욕구에 바탕을 둔 것이다. 즉, 모든 클라이언트는 다른 사람과 다르며 각 클라이이언트의 감정, 사고, 행동, 독특한 생활양식, 경험 등은 각기 존중되어야 할 권리가 있다는 것이다. 사회복지사가 클라이언트를 원조함에 있어서 개개인에게 상이한 원리나 방법을 활용하는 것이며 개별성을 지닌 특정한 인간으로 대우받아야 한다는 것이다.

② 사회복지사의 역할

- 클라이언트의 개별화를 위해 사회복지사는 클라이언트의 욕구와 권리를 이해하며 특정 클라이언트 집단, 개별 클라이언트의 성별, 외모, 교육정도 등에 대한 편견이나 선입견으로부터 벗어나야 한다.
- 인간행동 및 사회 환경에 관한 지식에 근거하여 클라이언트를 이해하여야 한다.
- 클라이언트의 언어표현 내용과 표정, 몸짓, 침묵 등에 대한 적극적 경청과 관찰 능력이 있어야 한다.
- 사회복지사는 모든 개입에 있어 클라이언트와 보조를 맞추어야 한다.
- 클라이언트의 감정과 경험을 사회복지사 자신의 경험으로 받아들여 이해하고 느껴야 한다.
- 사회복지사는 클라이언트의 개별화를 위해 개별적인 측면뿐만 아니라 환경적인 측면, 즉 전체적인 면까지 관여하여야 한다.

③ 개별화의 방법

- **세심한 배려** : 클라이언트의 입장을 자상하게 이해하고 그의 상황에 대해 배려해 주어야 한다.
- 면접에서의 비밀보장
- **약속시간 엄수** : 약속한 면담시간이 잘 지켜지면 클라이언트는 사회복지사가 자신을 존중한다고 느낀다.
- **면접의 사전준비** : 사회복지사는 면접 전에 사례기록을 찾아 자세한 것까지 기억하고 면접에 임하며 또한 자료나 사회적 동원 등도 사전에 파악하여야 한다.

- **클라이언트의 참여 유도** : 클라이언트의 능력에 맞게 클라이언트를 조사, 진단, 치료과정에 참여시켜야 한다.
- **원칙 적용의 융통성** : 클라이언트의 상황, 변화에 따른 수정이 필요하다.

(2) 의도적 감정표현(purposive expression of feeling)

① 개념

클라이언트가 자신의 감정, 특히 부정적인 감정을 자유롭게 표현하려는 욕구와 관련된 것이다. 사회복지사는 클라이언트가 표현하는 감정에 의도적으로 귀를 기울이고 비난하거나 실망시키지 않아야 한다. 때로 클라이언트가 감정을 자유롭게 표현할 수 있도록 자극하고 격려해 주어야 한다. 클라이언트에게 도움을 주고자 하는 마음을 전달하고, 편안한 환경을 제공하며, 상황을 충분히 이해하기 전에 충고나 해결책을 제시하는 오류를 방지한다.

② 사회복지사의 역할

- 클라이언트로 하여금 자신의 감정을 자유롭게 표현할 수 있도록 안정된 환경을 조성해야 한다.
- 클라이언트의 면접 시 사회복지사는 시간적, 정신적 여유를 가지고 있어야 한다.
- 사회복지사의 허용적 태도가 필요하다.
- 사회복지사는 클라이언트의 감정을 표현하도록 격려하여야 한다.
- 클라이언트의 변화속도에 민감하여야 한다.
- 비현실적 보장, 성급한 해석, 지나치게 많은 해석은 감정표현에 방해가 된다.

(3) 통제된 정서적 관여(controlled emotional response)

① 개념

클라이언트의 감정에 대한 사회복지사의 민감성과 그 감정들이 의미하는 것에 대한 이해, 그리고 클라이언트의 감정에 대한 의도적이고 적절한 반응이다.

② 사회복지사의 통제된 정서적 관여의 구성요소

- **민감성** : 사회복지사가 클라이언트의 감정을 관찰하고 경청하여 파악하는 것을 의미한다. 클라이언트는 자신의 감정을 드러내는 데 언어뿐만 아니라 말속에 숨겨진 감정을 드러내는 수단으로 비언어적인 것(얼굴 표정, 손놀림, 자세, 복장, 말의 속도, 억양 등)을 사용한다.
- **이해** : 클라이언트의 문제에 대해 클라이언트 자신이 갖는 감정의 의미를 사회복지사가 이해하는 것을 의미한다. 이해는 계속적인 과정이며 모든 면접에서 증대되고 표명되어야 한다.
- **반응** : 사회복지사는 관계를 통해 클라이언트의 감정에 반응을 보임으로써 정서적으로 관여하게 된다. 클라이언트의 감정에 대한 사회복지사의 반응은 사회복지실천에서 가장 중요한 심리적인 요소이며 고도의 기술이 필요한 부분이다.

(4) 수용(acceptance)

① 개념

수용은 행동상의 원칙이자 기본적으로 갖추어야 할 태도로서 클라이언트를 있는 그대로 받아들이고 대우하는 것이다. 즉, 사회복지사가 클라이언트의 강점과 약점, 바람직한 성격과 그렇지 못한 성격, 부정적인 감정, 비판적인 태도와 행동 등 모든 것을 있는 그대로 인정하고 존중해 주는 것을 말한다. 그러나 수용한다는 것은 일탈적인 태도나 행동을 허용한다는 것은 아니다. 클라이언트를 바람직하고 수용할 수 있는 상황으로 발전할 수 있도록 돕는 것이 사회복지사의 역할이다. 이로 인해 클라이언트를 바람직하지 못한 자기방어로부터 자유롭게 하며 현실을 객관적으로 바라볼 수 있게 한다.

② 사회복지사의 반응적 수용

- 반응은 클라이언트가 초점이 되며 사회복지사가 자신의 욕구보다는 클라이언트의 욕구로 진행되어야 한다. 즉, 사회복지사가 클라이언트에게 말하고 싶어 하는 것이 아니라 클라이언트가 사회복지사에게 호소하는 것을 중심으로 면접을 진행시켜야 한다.
- 사회복지사는 자조할 수 있도록 클라이언트의 잠재능력을 실현하게 하며 성장을 도모하도록 전문적 책임을 수행한다.
- 사회복지사의 이성적인 면과 감정적인 면을 고려하여야 한다. 이성적인 면에서는 목적에 대한 명확한 인식과 성격이나 행동양식에 대한 지식을 갖추어야 하며, 감정적인 면에서는 클라이언트의 수용을 의미한다. 즉, 사회복지사가 클라이언트에게 정서적으로 수용의 반응을 할 수 있기 위해서는 먼저 자신의 감정이나 태도를 이해할 수 있어야 하며, 이는 계속적인 자기인식에 의해 이루어질 수 있다.

③ 수용의 장애요인(양정남 외, 2012)

- 클라이언트의 문제 중 어떤 측면을 사회복지사가 받아들이지 못하는 태도를 말한다.
- 사회복지사가 자신의 감정을 클라이언트에게 맡겨버리는 것이다.
- 편견과 선입견을 말한다.
- 보장할 수 없는 내용을 말로만 안심시키는 것에 주의해야 한다.
- 수용과 시인의 혼동은 장애요인이 될 수 있다.
- 클라이언트에 대한 존중심 결여를 말한다.

(5) 비심판적인 태도(nonjudgemental attitude)

① 개념

비심판적인 태도는 클라이언트가 가진 문제나 욕구의 발생 원인에 대해서 클라이언트의 잘못 때문인지, 클라이언트에게 책임이 있는지 등을 심판하지 않으며 클라이언트의 특성 및 가치관을 비난하지 않는다는 원칙이다. 클라이언트는 자신의 무능력, 실패, 부도덕성에 관한 사회복지사의 심판 가능성에 두려움을 가지고 있으므로 심판이 아닌 분석적이고 객관적인 판단을 클라이언트에게 전달해야 한다.

② **비심판적 태도의 전달 장애 요인**(한국전문대학사회복지교육협의회, 2005)

- 편견과 선입견은 사회복지사가 비심판적 태도를 가지며 이를 전달하는 데 장애가 될 수 있다.
- 사회복지사가 클라이언트의 보조를 맞추지 않고 시간적으로 지나치게 빨리 결론에 이르려고 하는 것은 장애가 된다.
- 유사한 문제를 가진 다른 사람과 비교하거나 예시의 목적으로 참고하는 것은 사회복지사가 클라이언트를 하나의 범주에 넣으려고 하는 인상을 준다.
- 사회복지사에 대한 적의 등과 같은 클라이언트의 부정적인 감정의 표현이다.

(6) 클라이언트의 자기결정(client self-determination)

① **개념**

사회복지실천의 개입과정에서 클라이언트가 자신의 삶에 대해 스스로 선택하고 결정할 수 있는 권리와 욕구를 존중하고 인정해야 하며, 최대한 사용하도록 권장해야 한다.

자기결정권을 최대화하기 위해서는 클라이언트의 실수나 한계보다 장점과 능력을 강조한다. 사회복지사가 클라이언트를 위해 무엇을 해주는 것이 아니라 클라이언트와 함께 해결해 나가는 것을 의미하므로 전문적 관계의 파트너십을 강조하게 된다.

② **사회복지사의 역할**(엄명용 외, 2020)

- 사회복지사는 클라이언트로 하여금 자신의 문제와 욕구를 전체적인 관점에서 관찰하고 이해할 수 있도록 돕는다.
- 사회복지사는 클라이언트가 지역사회 내 인적 자원을 포함한 활용 가

능한 자원들이 존재하고 있음을 알려주어야 한다.

- 사회복지사는 클라이언트 자신의 잠재적인 자원의 활용을 적극적으로 활성화할 수 있도록 자극을 주는 역할을 한다.
- 사회복지사는 클라이언트가 사회복지실천 전 과정에 적극적으로 참여할 수 있도록 돕고, 더불어 경청하고 수용적인 태도로 클라이언트가 자신이나 자신의 문제에 대해서 보다 깊이 이해할 수 있도록 원조하여야 한다.

③ 자기결정의 한계(임은희, 2010)

- 클라이언트의 지적, 정신적, 신체적 장애로 클라이언트가 스스로 결정할 능력이 없는 경우(아동, 치매노인, 정신질환자)
- 클라이언트의 결정이 도덕적 규범에 어긋나는 경우
- 클라이언트의 결정이 법을 어기는 경우
- 클라이언트가 도움을 청한 사회기관의 규정에 어긋날 경우 클라이언트의 자기결정권이 최소한으로 침해되면서도 덜 파괴적이고 더 기능적인 방향으로 결정을 내릴 수 있도록 도와주어야 한다.

④ 자기결정의 장애요인(양정남 외, 2012)

- 사회복지사가 문제해결에 중요한 책임을 지고 클라이언트에게는 부차적인 역할만 하도록 허용하는 것
- 클라이언트가 요구하는 서비스는 무시하고 클라이언트의 사회적·정서적 생활에 사소한 조사를 강조하는 것
- 사회복지사가 직·간접적으로 조정하려는 것
- 강제적인 방법으로 설득하는 것

(7) 비밀보장(confidentiality)

① 개념

비밀보장이란 클라이언트의 기본적 권리이자 사회복지사의 윤리적 의무이며 사회복지실천의 가장 기본 원칙이다. 클라이언트가 전문적 관계에

서 노출한 비밀스런 정보를 사회복지사가 전문적 치료 목적 외에 타인에게 알려서는 안 된다는 원리에 근거하고 있다. 사전에 클라이언트에게 비밀보장의 한계를 분명히 말해주어서 양해를 구해야 한다. 그러나 타인이나 클라이언트의 생명을 위협하는 경우에는 생명의 보호가 우선이 되므로 비밀보장의 원리는 유보될 수밖에 없다.

② **비밀보장의 한계**(임은희, 2010)

- 클라이언트의 비밀보장의 권리가 다른 권리와 모순될 경우
- 클라이언트의 비밀보장의 권리와 타인의 권리가 충돌되는 경우
- 사회복지사의 권리가 박탈될 경우
- 사회복지기관의 고유의 법적 권한과 사회적 사명에 위배되는 경우
- 사회의 공적인 이익을 촉진하는 사회의 전체의 권리와 의무에 충돌되는 경우

3. 관계형성의 장애요인

사회복지사와 클라이언트의 관계는 변화의 중요한 도구이다. 따라서 이 양자 간 관계에서의 문제점은 변화를 방해할 뿐 아니라 관계를 단절하여 도중에 사회복지개입을 중단시키기도 한다. 일반적으로 변화를 방해하는 관계에는 다음과 같은 것들이 있다(한국전문대학사회복지교육협의회, 2005).

1) 클라이언트의 불신

클라이언트의 불신은 대부분 사회복지사와의 관계 이전의 중요한 다른 관계로부터 유래된다. 살아온 과정에서 격려와 인정을 받아보지 못한 사람은 사회복지사를 신뢰하고 그에게 의지하는 것이 쉽기 때문에 비난, 거부, 상처를 미리 예상하여 방어적 태도를 보이게 된다. 이런 상황에서는 클라이언트의 자기노출은 어려워지고 더 이상의 변화는 기대할 수 없다.

2) 전이(Transference)

전이는 클라이언트가 어린 시절 가졌던 누군가에 대한 바람, 원망, 사랑, 두려움 등의 무의식적인 감정들을 사회복지사에게 보이는 것이다. 이런 감정들은 어린 시절에 그 뿌리를 두고 있기 때문에 스스로 인식하지 못하는 경우가 많다. 전이 반응은 상황에 맞지 않는 비현실적인 왜곡을 낳아 변화에 대한 강한 저항을 일으킨다. 분노, 원망, 증오 같은 부정적인 전이만이 저항으로서 작용하는 것만은 아니다. 긍정적인 감정도 마찬가지로 변화를 일으키지 못한다.

전이는 장시간 강한 감정을 불러일으키는 통찰 지향적, 장기적 개입에서 주로 잘 일어나며, 사회복지사가 적극적인 역할을 수행하고 개입 시 과업과 역할이 뚜렷하여 투사를 일으키기 어려운 단기적 개입에서는 잘 일어나지 않는다. 그러나 사회복지사와 강한 정서적 관계를 맺은 클라이언트에게도 종종 나타난다.

3) 사회복지사의 역전이(Counter-transference)

사회복지사가 클라이언트에게 느끼는 전이로 인한 무의식적 반응으로 역전이는 사회복지사가 클라이언트를 마치 자신의 과거 어떤 인물인 것처럼 느끼고 무의식적으로 그렇게 반응하는 것이다. 예컨대 어린 시절 자신의 형과 강한 경쟁의식을 가지고 성장한 사회복지사가 또래의 남자 클라이언트에게 도전적이고 비판적이 되는 경우이다.

4) 저항(Resistance)

사회복지사와 클라이언트의 관계에서 변화를 방해하는 힘을 저항(resistance)이라고 한다. 저항은 개입 목표와는 반대되는 클라이언트의 행동을 말하는데, 클라이언트가 이러한 행동을 인식하고 있는 경우도 있지만 대부분의 경우 의식하지 못하며 사회복지사의 눈에만 보이는 경우가 많다.

(1) 저항의 유형

저항의 형태로는 침묵, 무감정, 주제의 잦은 변화, 사소한 것에 집착, 특정 주제 회피, 지각, 결석, 행동화 비밀 등이 있다.

① **침묵** : 초심자의 입장에서 가장 다루기 어려운 저항의 한 형태로 갑자기 말을 하지 않거나, 할 말이 생각나지 않는다거나, 말하고 싶지 않다는 경우이다.

② **핵심에서 벗어난 주제의 서술** : 쓸데없는 이야기를 장황하게 하다가 더 중요한 이야기가 생각났다는 듯 또다시 주변 이야기를 늘어놓는 행동이다.

③ **무력함의 표현** : 변화를 원하지 않는 것으로 오히려 사회복지사를 무력하게 만들기도 한다.

④ **문제의 축소 또는 마술적 해법 기대** : 문제를 직면하지 않음으로써 변화에 대한 노력을 기울이지 않으려고 하는 것이다.

⑤ **저항심리의 행동으로의 표출** : 약속시간을 지키지 않거나, 면담 중 안절부절못하며 몸을 움직이거나, 지루해하며 하품을 하는 행동 또한 저항의 한 형태로 변화를 거부하는 행동으로 간주한다.

(2) 저항의 근원지

저항의 근원지는 인간의 양가감정에서 찾을 수 있다. 인간은 변화를 원하여 도움을 요청하는 동시에 새로운 것에 대한 두려움으로 변화에 대한 저항을 가지게 된다. 따라서 사회복지사는 양가감정이 매우 자연스러운 것임을 수용하면서 자유롭게 표현할 수 있도록 도와야 한다. 그럴 때 클라이언트는 자신의 양가감정을 인식하게 되고 저항을 줄일 수 있게 된다. 또 다른 저항의 근원지는 서비스와 개입에 대한 잘못된 이해를 가지고 있거나 혹은 익숙하지 못한 상황에 직면하는 것이 두려워 저항을 보일 수 있다. 이런 경우 서비스와 기관의 특성을 제대로 설명해 주고 익숙하지 않은 상황인 경우 사회복지사가 시범을 보여주거나 역할극을 통해 상황에 익숙해지도록 돕기도 한다.

5) 변화를 방해하는 관계 다루기

(1) 저항 다루기

저항 다루기는 저항이 변화로의 진전을 심각하게 방해할 때만 사용하는 것이 좋다. 왜냐하면 저항은 클라이언트의 행동으로 나타나므로 저항을 다루기 위해 행동 하나하나를 일일이 끄집어 내는 것은 불쾌할 수 있고 오히려 역효과를 가져올 수 있기 때문에 목표달성을 심각하게 방해할 때 저항을 인식하고 부정적 감정을 표현함으로써 저항을 다루어 준다(양정남 외, 2012).

(2) 긍정적 재해석

긍정적 재해석은 재명명기법과 유사한 것으로 클라이언트의 부정적이고 바람직하지 못한 감정들에 사회복지사가 긍정적 의미를 부여하는 것이다. 이 기법의 목적은 클라이언트의 자기방어를 줄이고 손상되기 쉬운 자존심을 보호하고자 하는 것이다. 예를 들어, "남편이 의지가 약해 담배를 못 끊는 것 같아 화가 난다"는 클라이언트의 말을 "남편의 건강을 그렇게 걱정하다니 남편을 무척 사랑하시는 것 같아요"라고 긍정적 해석을 붙여주는 것으로 클라이언트의 방어를 최소화하고, 강점관점으로 일관되게 행동하는 것이다.

(3) 문제를 성장의 기회로 재구성

문제를 성장의 기회로 재규정하는 것은 문제가 분명 변화되어야 하는 것임은 틀림이 없지만 지나치게 부정적으로만 볼 것이 아니라 이것을 성장과 도전의 기회로 인식하게 하는 것이다. 이 기법은 두려워하고 불안해하는 클라이언트에게 문제에 대한 낙관적인 관점을 제공해 주며, 아무리 어려운 상황도 생각하기 나름이라는 좀 더 확대된 시각을 제공해 준다.

(4) 직면

변화를 방해하는 부정적인 감정, 생각, 행동들을 클라이언트가 인식하도록 돕는 것으로 매우 직접적인 방법이다. 클라이언트가 자신의 행동, 감정, 생각 사이의 모순을 발견하지 못할 때 직면은 효과적이나 클라이언트가 받아들일 준비가 되어 있지 않은 상태에서 하게 되면 오히려 역효과가 나타나기 쉽다. 따라서 사회복지사는 모순된 양상에 대해 클라이언트가 스스로 생각해 보도록 돕는 것이 필요하다.

(5) 전이와 역전이 다루기

① 전이는 클라이언트가 과거에 알았던 사람에 대한 감정과 태도 등을 사회복지사에게 옮기는 것이다. 즉, 이전 경험을 토대로 현재 일어나고 있는 사실을 일반화해서 왜곡된 인식을 갖는 것이다. 클라이언트의 반응이 비현실적임을 지적하고 현실적 사회복지사 관점을 갖도록 도와야 한다. 또한 사회복지사에 대한 감정을 과거에 다른 사람에게도 느낀 적이 있는지 알아보고 그 유래에 대해 클라이언트가 깨닫도록 도와준다.

② 역전이는 사회복지사나 상담사 등 원조전문가가 클라이언트를 마치 자신의 과거 어떤 인물처럼 느끼고 무의식적으로 그처럼 반응을 보이는 것이다. 사회복지사는 자신의 감정의 기원에 관심을 갖고 클라이언트와의 현실적 관계에 관점을 갖도록 노력해야 한다. 그러나 역전이로 인해 관계를 지속할 수 없을 경우에는 클라이언트에게 사회복지사 자신의 문제로 인해 관계를 지속할 수 없음을 알리고 다른 사회복지사에게 의뢰해야 한다.

요점정리

관계

- 사회복지사와 클라이언트 간의 감정과 태도의 역동적인 상호작용

전문적 관계의 특성

- 서로 합의된 의도적인 목적이 있다.
- 클라이언트와 구체적으로 한정된 기간을 갖고 관계를 맺는다.
- 클라이언트의 욕구 중심적이다.
- 사회복지사는 권위를 지닌다.
- 전문적 관계는 통제된 관계이다.

전문적 관계의 기본적 요소

- 타인에 대한 관심
- 권위와 권한
- 수용과 기대
- 헌신과 의무
- 진실성과 일치성
- 감정이입

사회복지사의 자질

- 성숙함, 창조성, 자기성찰능력, 도우려는 열망, 용기, 민감성, 인간적 자질

관계의 유형

- 협력적 관계 : 사회복지사는 클라이언트와 협력적인 관계를 가짐
- 교섭적 관계 : 각자 상대의 목표는 무엇이고, 각자에게 무엇이 요구될 것이며, 변화노력의 결과는 어떻게 될 것인지 등을 서로 시험한다.
- 갈등적 관계 : 합의나 조정에 이르지 못하거나, 목표나 요구에 대해 차이가 있을 때 갈등적 관계에 놓이게 된다.

클라이언트의 욕구와 사회복지실천관계의 7대 원칙(Felix Biestek, 1957)

클라이언트의 욕구	관계의 요소
개별적인 개인으로 취급되기를 바라는 욕구	개별화
자신의 감정을 자유롭게 표현하고자 하는 욕구	의도적 감정 표현
문제에 대한 공감적 반응을 얻으려는 욕구	통제된 정서적 관여
가치 있는 인간으로 인정받고자 하는 욕구	수 용
판단받고 싶지 않은 욕구	비심판적인 태도
자기 스스로 선택하고 결정하고자 하는 욕구	클라이언트의 자기결정
자기에 관한 사적인 정보나 비밀을 지키고자 하는 욕구	비밀보장

관계형성의 장애요인

- 클라이언트의 불신 : 사회복지사와의 관계 이전의 중요한 다른 관계로부터 유래
- 전이 : 상황에 맞지 않는 비현실적인 왜곡을 낳아 변화에 대한 강한 저항
- 역전이 : 사회복지사가 클라이언트에게 느끼는 전이로 인한 무의식적 반응
- 저항 : 사회복지사와 클라이언트의 관계에서 변화를 방해하는 힘

저항의 유형

- 침묵, 핵심에서 벗어난 주제의 서술, 무력함의 표현, 문제의 축소 및 마술적 해법 기대, 저항심리의 행동으로의 표출

변화를 방해하는 관계 다루기

- 저항 다루기, 긍정적 재해석, 문제를 성장의 기회로 재구성, 직면, 전이와 역전이 다루기

10

CHAPTER

사회복지실천 과정 - 접수, 자료수집 및 사정

1. 접수(Intake) 및 참여유도
2. 자료수집
3. 문제사정

■ 개요

사회복지실천 과정의 첫 번째 단계인 초기단계에서는 클라이언트가 기관을 처음 방문하여 사회복지사를 만나게 되는 접수단계와 클라이언트의 욕구와 문제를 수집하는 자료수집 및 사정단계가 포함된다.

이 장에서는 접수 개념과, 접수과정에서 사회복지사의 역할, 그리고 접수과정에서의 주요 과업을 이해하고, 자료수집의 개념과 방법에 대하여 학습하도록 한다.

■ 학습목표

- 접수의 개념과 주요 과업을 설명할 수 있다.
- 접수의 주요 내용을 설명할 수 있다.
- 사회복지실천 과정의 자료수집 방법에 대해 이해한다.
- 사회복지실천 과정의 접수단계에서 사회복지사의 역할과 활동에 대하여 이해할 수 있다.

10 CHAPTER

사회복지실천 과정 - 접수, 자료수집 및 사정

1. 접수(Intake) 및 참여유도

사회복지사에게 도움을 청하게 되는 모든 경우에 그 사람은 일정한 형태의 문제 또는 욕구를 가지고 있으며, 사회복지사의 도움을 통해서 그 문제가 해결되고 욕구가 충족되기를 바란다. 따라서 사회복지사는 자신과 자신의 기관에 도움을 요청하는 사람에게 그가 필요로 하는 전문적인 서비스를 제공할 수 있어야 한다. 이때 사회복지사가 가장 먼저 고려해야 할 사항은 도움을 요청하는 사람의 문제와 욕구, 그리고 기관과 사회복지사의 서비스 내용의 일치 여부를 판단하는 일이다.

1) 접수의 개념 및 특성

(1) 접수의 개념

접수란 문제를 가진 사람이 사회복지기관을 찾아왔을 때 사회복지사가 클라이언트의 문제와 욕구를 확인하여 그것이 기관의 정책과 서비스가 부합되는지 여부를 판단하는 과정으로 서비스 제공 여부를 결정하고 앞으로 진행될 전문적 관계의 양상을 결정하는 중요한 만남이다. 접수를 통해 그 기관에서 적합한 서비스를 줄 수 있다고 판단될 때, 사회복지사를 찾아온 사람은 클라이언트가 되어 그 다음 실천과정인 자료수집, 사정의 단계를 거쳐 적절한 서비스를 받게 된다. 각 기관에서 접수만을 담당하는 사회복지사를 인테이크 사회복지사라 한다.

(2) 접수단계의 과제(임은희, 2010)

접수(intake)단계는 사회복지실천의 첫 번째 단계로 클라이언트와 긍정적인 관계를 수립함으로써 개입에 필요한 구체적인 자료를 수집하는 단계이다. 먼저 클라이언트를 만나 서비스의 적격 여부를 판단·결정하고, 타 기관에 의뢰가 필요한 경우에는 의뢰하기 위한 예비적 활동 등의 주요 활동이 이루어지는 시기이다. 이 시기에 사회복지사의 과제는 문제에 대한 확인, 의뢰, 관계형성, 클라이언트의 참여를 유도하기 위한 동기화의 과정이 요구된다.

① 문제 확인

접수단계에서의 문제 확인이란 클라이언트가 놓여있는 체계에 대한 심층적인 분석이 아니라 현재 명백하게 드러나는 문제를 확인하는 것이다. 즉, 클라이언트가 기관에 찾아와서 호소하는 사안을 통해서 현재 드러난 문제와 욕구파악에 초점을 두어야 한다는 말이다. 이때 실제 문제가 클라이언트가 제일 처음 찾아온 이유와 다른 경우도 있다. 사회복지사는 실제 문제가 무엇인지 정확히 파악하고 본 기관에서 그에 관한 서비스를 제공할 수 있는지 평가하여야 한다.

② 의뢰

의뢰는 클라이언트의 문제와 욕구가 본 기관에서 개입할 수 없는 경우이거나 혹은 문제해결에 더 적합한 기관이 있을 경우 적합한 기관으로 클라이언트를 보내는 과정이다. 만약 접수단계에서 의뢰를 결정할 경우 반드시 클라이언트의 동의가 필요하므로 다른 기관에서 제공되는 서비스에 대해 거부감을 느끼지 않도록 정서적으로 지지하고 클라이언트가 서비스를 적절히 받고 있는지 등을 반드시 확인해야 한다.

③ 관계형성

접수단계에서는 사회복지기관을 방문한 클라이언트들이 일반적으로 보이는 두려움과 양가감정을 해소하고, 서비스의 효과를 높이기 위해서는 사회복지사와 상호 긍정적인 친화관계, 즉 라포를 형성해야 한다. 라포가 형성됨으로써 클라이언트와 사회복지사는 원조관계에 필요한 효과적인 의사소통을 할 수 있으며 클라이언트는 좀 더 자신의 문제를 드러내고 앞으로의 개입과정에 참여하고자 하는 동기를 가지게 된다.

관계형성에 필요한 조건과 특성, 기술, 그리고 관계형성에 장애가 되는 요인 등을 살펴보면 다음과 같이 요약할 수 있다.

㉠ 관계형성에 중요한 조건과 특성

- **감정이입**(empathy) : 감정이입이란 사회복지사가 클라이언트의 주관적 경험과 감정을 정확하게 인지하는 능력이고, 클라이언트가 이것의 의미를 잘 포착하는 것을 의미한다. 감정이입은 클라이언트의 입장이 되는 것이며 클라이언트처럼 보고 느끼는 것이다.
- **긍정적 고려**(positive regard) : 긍정적 고려는 모든 클라이언트는 가치 있는 존재이며 외모나 행동, 환경에 관계없이 존엄하게 대우받아야 한다는 믿음을 의미한다. 즉, 비심판적인 태도를 유지해야만 의사소통이 증진될 수 있다.
- **개인적 온화함**(personal warmth) : 개인적 온화함이란 클라이언트들이 편안해하고 수용되며, 이해되고 있다는 것을 사회복지사가 느끼도록 해주는 것이다.
- **진실성**(genuineness) : 진실성이란 가식이 없고 방어적이지 않으며 일치성 있고 자발적인 것이다.

㉡ 관계형성에 필요한 기술 : 의사소통기술(엄명용 외, 2020)

- 클라이언트의 의도를 정확히 파악하기 위해 클라이언트의 언어를 재구성해 주기
- 클라이언트의 감정표현을 위해 감정에 대해 성찰적 반응 보여주기
- 클라이언트의 문제를 보다 확실히 해주기 위해 인식을 명료하게 해주기
- 해석, 정보제공, 클라이언트의 장점 강조
- 사회복지사 자신을 적절한 수준으로 노출하기
- 클라이언트의 말을 요약해 주기

㉢ 의사소통에 장애가 되는 언어적 행동

- 클라이언트의 자기방어를 강화하는 도덕적 반응
- 성급한 조언과 해결책 제시
- 논리적 설득과 논쟁 및 지적, 분석
- 비판과 비난적 반응
- 극적인 해석과 명명
- 겉치레적인 확신
- 동정과 위로
- 지나친 충고, 위협, 경고 및 역공격적인 반응
- 부적절한 질문유형, 지배적인 태도나 소극적인 반응

④ 클라이언트의 동기화(enhancing motivation)

원조활동의 성공은 변화에 대한 클라이언트의 동기에 달려 있으므로 클라이언트를 변화과정에 적극적으로 참여시키기 위해 클라이언트를 동기화시키는 것이 초기단계의 주요 과제라고 할 수 있다. 클라이언트가 변화하고자 하는 동기나 의지가 없다면 사회복지실천의 개입은 성공을 기대하기 어렵다. 따라서 클라이언트 스스로가 변화할 수 있다는 믿음과 용기를 가질 수 있도록 사회복지사는 접수단계에서 적극적으로 동기 부여에 관심을 기울여 지지해야 할 필요가 있다. 특히 비자발적인 클라이언트의 경우에는 변화하려는 동기가 약하거나 거의 없으므로 원조관계에 어려움이 있다. 협조도 하지 않고 상황에 대해 분노하며 사회복지사에게는 부정적 감정을 가지고 있다. 이런 경우 사회복지사는 자발성을 보일 때까지 인내심을 가지고 기다려야 하며 오기 싫으면서도 상황을 더 악화시키지 않기 위해 억지로 참여한 그들의 노력을 격려해야 한다. 동시에 그들이 가지고 있는 거부감과 두려움을 인정해 주며 자유롭게 말할 수 있도록 자극하고 사소한 변화에도 깊은 관심과 의미를 부여해 줄 수 있어야 한다. 지나치게 낙심하고 지쳐 더 이상의 변화를 기대하지 않는 클라이언트의 경우 클라이언트의 고통을 이해하고 이제까지 견디어 왔던 의지를 격려해 준다. 동시에 과거 비슷한 상황에서 보여주었던 그의 능력을 회생시켜 스스로에게 능력이 있음을 지지해 주어야 한다.

(3) 사회복지실천의 시작단계에 필요한 기초기술

① 기본원조 기술

사회복지사는 클라이언트를 원조 과정에 적극적으로 참여시키기 위해 노력해야 한다. 초기접수 단계에서 사회복지사는 클라이언트가 자신의 문제해결이나 욕구 충족을 위해 적극적으로 참여해야 한다는 점을 인식시켜 적극적인 참여를 이끌어 내도록 관계를 발전시키는 것이 본질적인 도움의 기술이다.

② 참여기술

도움을 필요로 하는 상황에 있는 개인, 가족 및 집단을 효과적으로 참여시키는 과정은 자아의 의도적인 사용을 필요로 한다. 참여기술은 계층적 요인, 하위문화에 대한 지식, 사회의 습관에서 벗어난 집단, 준거집단, 소수인종집단, 그리고 상이한 가치 체계와 생활양식을 고려해야만 한다. 부정적인 요소들을 제거하여 정직하고 비심판적이고 현실적이며, 의존적이 되지 않으려는 노력이 참여과정을 향상시킬 수 있다.

③ 관찰기술

관찰기술은 사회복지사가 개발해야만 하는 가장 중요한 기술 중의 하나이다. 또한 관찰은 단순히 보는 것 이상으로 무엇을 보아야 할 것인가의 선택과 관련된다. 사회복지사는 클라이언트가 말하지 않는 면, 즉 그의 진술에서 의미 있는 차이에 대해서도 주의를 기울여야 한다.

④ 커뮤니케이션 기술

개인이나 집단은 커뮤니케이션을 이해하는 경우에만 받아들일 수 있다. 자신의 일을 효과적으로 조직하는 기술은 클라이언트에게 직 · 간접으로 이익이 된다. 또한 비언어적 커뮤니케이션 역시 언어적 커뮤니케이션 못지않게 중요한 기술이다.

(4) 접수 시 사회복지사가 염두에 두어야 할 사항

이상에서와 같이 접수단계에서 사회복지사는 클라이언트가 가지는 두려움과 긴장감 혹은 양가감정을 완화시키고 비자발적인 클라이언트가 동기를 가질 수 있도록 도와주어야 한다. 클라이언트의 문제가 기관에서 다룰 수 있는 문제인지를 판단하여 서비스 제공 여부를 결정하고 만약 문제가 기관에서 다루기 적합하지 않을 경우에는 적합한 기관으로의 의뢰를 결정해야 한다. 클라이언트를 문제유형에 따라 정형화하지 말고 모든 클라이언트를 개별화하여 그들이 가질 수 있는 양가감정과 두려움을 이해하고 클라이언트가 편안한 마음을 갖도록 관심과 존중을 보여주어야 한다.

2) 접수내용

접수내용을 기록하는 양식을 초기면접지라 한다. 기관에 따라서는 클라이언트가 주어진 양식의 빈칸을 직접 채우기도 하지만 대부분 사회복지사가 접수면담을 한 후 기록을 한다.

접수 시 기록해야 하는 정보에 대하여 한국전문대학사회복지교육협의회(2005)에서는 다음과 같이 제시하고 있다.

(1) 신청자의 기본정보

이름, 성별, 나이, 결혼관계, 가족관계, 주소, 종교, 학력, 전화번호, 직업 등이 포함된다.

(2) 주요문제

주요문제란 클라이언트가 사회복지사의 도움을 요청하게 된 문제가 무엇이며 문제는 언제 발생되었고 어떤 과정 속에서 지속되어 왔는가 하는 것이다. 기관에 오게 된 동기나 사회복지기관에 도움을 요청하게 된 문제는 어떤 것인지를 확인하는 것이 필요하고 문제로 인하여 어떤 점들이 가장 힘들며 원조해

주어야 할 문제가 무엇인지를 파악한다. 또한 도움을 요청하는 내용이나 충족되기를 바라는 욕구, 지금까지 문제를 해결하기 위해 타 사회복지기관이나 어떤 서비스를 이용해 보았는지를 체크할 필요가 있다.

(3) 기관에 내담하게 된 이유

도움을 신청한 것이 자발적인 것인지, 아니면 타 기관의 소개로 온 것인지, 홍보물을 보고 온 것인지, 누구의 소개로 온 것인지를 파악하여야 한다.

(4) 의뢰 이유

클라이언트가 스스로 온 것이 아니라 가족이나 다른 기관으로부터 의뢰받아 온 것이라면 의뢰한 이유가 여기에 해당된다.

(5) 이전의 사회복지서비스를 받은 경험의 여부와 내용

이전에 이 문제나 혹은 다른 문제로 사회복지기관을 방문한 적이 있는지, 있다면 어느 기관으로부터 어떤 서비스를 받았는지 하는 것이다.

(6) 기본적인 가족관계

현재 동거인 가족 중 핵가족을 중심으로 각 가족원의 이름, 나이, 직업, 교육정도, 종교, 관계 등이 포함된다.

(7) 담당 사회복지사의 소견

인테이크 사회복지사는 신청자의 문제와 욕구가 기관의 기능이나 도움의 범주와 일치하는지를 의견으로 기록할 수 있다. 이러한 소견은 차후 클라이언트를 직접 도와줄 사회복지사에게 업무를 인계하는 데 도움이 될 수 있다.

2. 자료수집

1) 자료수집의 정의

자료수집은 클라이언트의 문제를 이해하고, 분석하며, 해결하는 데 필요한 자료를 모으는 것을 말한다. 이렇게 수집된 자료를 바탕으로 사정을 하게 되므로 자료수집이 사정에 선행되어 이루어져야 할 것으로 보이지만 실제 자료수집과 사정은 거의 동시에 반복적으로 이루어진다. 즉, 사회복지사는 자료를 수집하면서 문제를 분석하고 또한 분석 과정에서 필요한 정보를 수집한다.

2) 자료의 출처

자료를 수집하는 가운데 자료의 출처와 관련된 내용을 김기태 등(2007)은 다음과 같이 제시하고 있다.

(1) 자료를 얻기 위한 주요 정보원

사회복지사가 수집하여야 할 자료는 클라이언트의 주관적 사실에 관한 인식을 포함하는 것으로 클라이언트의 진술과 클라이언트 스스로 작성한 양식, 그 외 부수적인 정보와 심리검사, 클라이언트의 비언어적 행동, 중요한 사람과의 상호작용을 비롯하여 사회복지사가 활동하면서 파악한 점 등이 모두 포함된다.

① 클라이언트의 진술

클라이언트의 문제, 그가 느끼는 감정, 문제를 해결하기 위한 개인적 자원, 문제를 해결하기 위한 노력, 문제의 역사, 문제 원인에 대한 견해 등에 대한 의견이 포함된다. 그러나 클라이언트의 이야기는 편견과 잘못된 인식, 강한 정서적 감정 등에 의해 왜곡되는 경우가 있으며 기관이나 정부에서 제공하는 이득을 얻기 위해 거짓을 말할 수도 있다. 따라서 사회복지사는 클라이언트 이야기의 객관성을 정확히 인지할 수 있어야 한다.

② 클라이언트가 작성한 양식

초기 면접지에 클라이언트가 직접 이름, 성별, 나이, 직업, 주소나 전화번호, 문제, 가족구성원 등 작성한 내용은 대단히 중요한 정보원이기 때문에 사회복지사는 이를 잘 활용할 수 있어야 한다.

③ 부수적인 정보

클라이언트의 동의를 얻어 가족, 이웃, 친구, 친척, 다른 기관, 의사, 학교 등으로 정보를 얻을 수 있다. 때로는 상반된 정보가 있을 수 있는데 각 정보의 정보제공자와 정보의 신뢰도를 염두에 두고 어떤 상호작용 속에서 이런 관점의 차이가 나타나는지 주목한다.

④ 심리검사

심리검사는 객관적이고 표준화된 측정을 통해 인간의 심리적 · 내적 특성을 파악하는 과정으로 클라이언트에 대한 과학적이고 객관적인 정보를 파악할 수 있다. 최근 활용하는 검사로는 MBTI, MMPI, 사회성숙도, 결혼만족도, 가족관계의 친밀도, 자아존중감, 우울척도 등이 있다.

⑤ 클라이언트의 비언어적 행동

초기단계에서 클라이언트는 직접적 자체에 대해 각 개인들 특유의 방식으로 행동하고 반응한다. 이는 클라이언트 자신의 감정과 문제를 어떻게 다루고 있는가를 간접적으로 보여주는 한 단면이 될 수 있다. 클라이언트의 제스처, 얼굴 표정, 손동작, 눈맞춤, 목소리 톤 등이 해당된다.

⑥ 중요한 사람과의 상호작용 및 가정방문

클라이언트와 그의 삶의 중요한 사람과의 상호작용을 관찰한다. 특히 가정방문 시에는 면접실에서 보이는 태도와 달리 자연스러운 클라이언트의 행동과 상호작용을 볼 수 있고 그의 문제에 미친 환경적 영향을 더 잘 파악할 수 있게 된다.

⑦ 직접 상호작용하면서 느끼는 사회복지사의 감정

클라이언트가 사회복지사와 상호작용하는 패턴은 그가 다른 사람과 어떻게 상호작용하는지에 대한 실마리를 제공한다.

(2) 자료수집에 포함될 요소

사정을 위한 자료수집의 목적은 문제를 이해하고, 분석하여 개입을 계획하기 위한 것으로 그 내용은 다음과 같다.

① 접수 시 클라이언트에 대한 기본적인 정보

② 문제에 대한 깊이 있는 정보

접수할 때는 문제가 무엇인가에 초점을 두었다면, 이때는 문제에 영향을 미친 요인과 문제를 지속시키거나 악화시키는 요인에 대한 정보를 개인적 · 환경적 측면에서 찾아본다.

③ 개인력, 가족력

개인력에 포함되는 내용은 클라이언트가 살아온 역사로 이는 영유아기, 학령기, 청소년기, 성인기, 노년기 등 인간의 생활주기에 따른 인간관계, 생활사건, 클라이언트 감정 등을 말한다. 반면 가족력의 내용은 원가족의 가족상황과 가족관계, 현재의 가족구성, 가족관계 등이 포함된다.

④ 클라이언트의 기능, 클라이언트의 자원

클라이언트의 기능은 지적 기능, 정서적 기능, 신체적 기능, 행동적 기능, 대인관계 기능, 업무능력, 문제해결 능력 등이 포함되며, 클라이언트의 자원에 포함되는 요소는 현재 이용하고 있는 서비스, 활용 가능한 자원 등을 말한다.

⑤ 클라이언트의 한계, 장점, 동기

문제를 해결하는 데 있어 클라이언트 개인 혹은 클라이언트를 둘러싼 환경 속에 있는 한계, 장점, 동기 등에 대한 정보가 포함된다.

3. 문제사정

1) 사정(Assessment)의 정의 및 특징

(1) 사정의 정의

사정이란 클라이언트의 관심과 상황을 이해하고 이것을 기반으로 활동계획을 개발하기 위한 과정이다. 즉, 사정은 문제가 무엇인지, 어떤 원인 때문인지 그리고 그 문제를 해결하거나 줄이기 위해 무엇이 변화되어야 하는지에 대해 답하는 사회복지실천 과정의 핵심적 단계이다. 즉, 수집한 자료를 분석, 종합하는 과정을 말한다(임은희, 2010).

과거 전통적인 사회사업에서는 '진단'이라고 했으나 진단이라는 용어는 의료모델에서 나온 것으로 개인이나 가족, 집단에게 질병이나 역기능적인 문제가 있는 것으로 보고 무엇이 잘못되었는가에 초점을 두는 것이다. 그러나 사회복지실천 과정에서는 무엇이 잘못되었는가에만 초점을 두는 것이 아니라 그들의 자원, 동기, 장점, 능력들을 모두 보기 때문에 '진단'보다는 '사정'이라는 용어를 더 많이 사용하고 이에 많은 학자와 실천가들이 동의하고 있다.

(2) 사정의 특징

사정은 주어진 자료들을 연결하여 무엇이 문제인지 판단하여 그의 대한 개입계획을 세우게 된다. 개입의 효과는 사정의 정확성에 달려 있다. Johnson(1989)은 사정의 특징을 다음과 같이 10가지로 보았다(김기태 외 2007).

① 사정은 지속적인 과정이다

사정은 원조과정 전체를 통해 계속되는 활동이다. 클라이언트의 초기 접촉에서 가장 많은 정보가 발견되기도 하지만 돕는 과정이 진행되는 동안 새로운 정보가 발견되기도 하고 새로운 이해가 생기기도 하므로 사정은 항상 계속되는 작업이다.

② 사정은 이중 초점을 가진다

초기과정에서 수집된 정보를 바탕으로 상황 속의 클라이언트를 이해하는 동시에 개입 계획과 행동을 위한 기초를 제공하는 이중 초점을 가진다.

③ 사정은 클라이언트와 사회복지사의 상호과정이다

사정의 기본이 되는 자료수집이 사회복지사와 클라이언트의 상호과정 속에서 이루어지므로 사정 역시 상호작용 속에서 클라이언트의 반응을 이해하며 진행된다.

클라이언트는 수동적 수혜자가 아닌 적극적 동반자로 참여함으로써 클라이언트는 자기존중감을 경험하고 이는 자신 및 환경의 강점과 능력을 깨닫게 하는 기초가 되어 권한부여(empowerment)의 효과를 가진다.

④ 사정에는 사고의 전개과정이 있다

사정은 지속적으로 필요한 정보를 수집하고 수집된 정보들을 이용하여 클라이언트 상황을 이해하며, 부분적인 이해를 모아 전체적인 맥락 속에서 통합하여 사고하는 전개과정이 포함된다.

⑤ 수평적, 수직적 탐색 모두가 중요하다

초기 과정에서는 수평적인 정보, 즉 현재의 관계, 능력, 기능 등을 중심으로 클라이언트의 욕구를 발견하고 점차 시간이 지나면서 수직적인 탐색, 즉 과거력, 개인력, 문제의 역사 등에 대한 정보를 수집한다.

⑥ 클라이언트를 이해하는 데는 지식기반이 활용된다

개인에 대한 이해를 위해 인간발달 및 다양성에 대한 요인들이 고려되어야 하며, 가족관계, 집단 및 지역사회, 정책, 행정 등 사례에 따른 개별적인 지식이 필요하기도 하다.

⑦ 사정은 생활상황 속에서 욕구를 발견하고 문제를 정의하며 그 의미와 유형을 설명한다

즉, 사정은 욕구를 발견하고 욕구만족을 방해하는 것이 무엇인지를 생활상황과 관련시켜 명확히 하는 과정이다.

⑧ 사정은 개별적으로 다루어진다

인간의 상황이 같다는 것은 불가능하다. 그러므로 사정은 각 클라이언트의 독특한 상황과 관련되어 있으므로 개별적이다.

⑨ 판단이 중요하다

사정은 여러 가지를 결정해야 한다. 어떤 문제에 어떤 가설을 세워야 하는지, 어떤 부분을 고려해야 하는지, 어떻게 문제를 정의할 것인지 등의 결정을 해야 한다.

⑩ 클라이언트를 완전히 이해하는 데는 항상 한계가 있다

어떤 사정도 완전할 수 없다. 어떤 상황에 대한 완전한 이해도 불가능하다. 또한 완전한 이해란 바람직하지도 않으므로 클라이언트를 완전히 이해하는 데는 한계성이 있다.

2) 사정의 내용(김기태 외, 2007)

(1) 문제의 파악

문제사정은 클라이언트가 제시한 문제에 초점을 두는데 이는 클라이언트가 시급하게 느끼고 있는 문제이며 그것 때문에 그가 도움을 청하였고 사회복지사가 좀 더 깊이 탐색해야 할 영역이 어느 부분인지 알려주기도 한다. 그에 따른 문제정의는 클라이언트 중심으로 그의 고유한 가치와 상황 속에서 정의되는 것이므로 사회복지사는 문제에 대한 클라이언트의 이해를 존중하고 그가 문제를 잘 정의할 수 있도록 도와야 한다. 즉, 클라이언트의 문제가 무엇인지 정의한다는 것은 클라이언트의 문제를 해결하기 위한 과업이라고 할 수 있다.

다음 15가지 질문은 문제 사정에 유용한 지침으로 Zastrow(1999)가 제시한 내용이다.

① 구체적으로 무엇이 문제인가?

사정에서는 가능한 한 보다 구체적이고 정확하게 하기 위해 문제와 문제의 차원을 명료화하는 것이 중요하다.

② 클라이언트는 문제를 어떻게 보며 문제에 대한 정서적 반응은 어떠한가?

③ 문제체계에 누가 관여되어 있는가?
클라이언트가 제시한 문제에 따라 관여된 개인, 집단, 조직이 점차 확대되기도 한다.

④ 참여자들은 어떻게 관여하고 있는가?
선행사건-사고-행동의 과정에서 관여자들이 서로 어떻게 상호작용하고 상대방의 행동을 어떻게 생각하느냐에 따라 문제행동이 유발될 수 있다.

⑤ 문제의 원인은 무엇인가?

⑥ 어디서 문제행동이 일어나는가?
문제행동을 보이는 장소와 보이지 않는 장소의 차이를 통해 어떤 종류의 불안, 긴장, 스트레스가 문제 행동을 야기하는지 알 수 있다.

⑦ 언제 문제행동이 일어나는가?
문제행동이 일어나는 시기와 줄어드는 시기의 차이점을 통해 유발요인을 발견하여 그 요인에 관련된 사람들의 행동을 더 깊이 탐색해 나갈 수 있다.

⑧ 문제행동이 일어나는 빈도, 강도, 지속기간은 어느 정도인가?
문제행동이 얼마나 클라이언트의 전반적인 삶에 폭넓게 영향을 미치는지를 이해하는 데 도움을 준다.

⑨ 문제행동은 언제부터 있어 왔는가?
문제행동의 역사를 알아보는 것이다. 제일 처음 문제행동이 발생했던 상황에 대한 깊이 있는 탐색이 초기의 유발요인을 발견하는 데 도움을 준다. 뿐만 아니라 "왜 하필 지금 도움을 요청하는가" 하는 주요한 질문과 연결될 수 있다.

⑩ 문제와 관련하여 채워지지 않는 욕구는 무엇인가?
클라이언트는 자신이 원하는 바를 피상적으로 이야기하기 쉽다. 그들의 욕구에 초점을 두는 것은 클라이언트의 변화 동기를 강화할 수 있다.

⑪ 클라이언트는 문제를 어떻게 보며 문제에 대한 정서적 반응은 어떠한가?
감정이 지나칠 경우 오히려 문제가 더 악화될 수 있고, 경우에 따라 행동

보다 감정이 더 문제가 되어 감정을 일으킨 선행 문제행동의 중요성이 가려지기도 하기 때문에 매우 중요한 질문이다.

⑫ 클라이언트는 그동안 문제에 어떻게 대처해 왔으며 문제를 해결하는 데에는 어떤 기술이 필요한가?
클라이언트가 스트레스를 감당하는 수준과 그의 문제해결 및 대처기술의 정도를 파악하는 데 도움이 된다. 또한 과거 이와 유사한 어려움에 어떻게 대처해 왔는지, 그리고 지금은 무엇 때문에 과거와 같은 대처를 하지 못하는지에 대한 실마리를 제공해 준다.

⑬ 필요로 하는 외적 자원은 무엇인가?
클라이언트가 필요로 하는 자원을 얻을 수 있는 자격과 과정에 대한 정보를 제공하여 자원과 클라이언트를 연결해 주는 매개자의 역할을 할 수 있다.

⑭ 클라이언트 자신의 자원, 기술, 강점은 무엇인가?
클라이언트가 자신에 대한 긍정적인 시각을 가짐으로써 스스로 문제해결의 주체가 되어 변화에 대한 강한 동기를 가질 수 있어 효과적이다.

⑮ 치료계획과 개입계획은 어떠한가?

(2) 촉진적 요인

사정에서 최종적으로 도움을 요청하게 만든 사건과 문제의 응급성을 촉진시킨 사건을 파악하는 것이 중요하다. 가능한 한 이 촉진적 사건에 대한 조사는 첫 번째 면접에서 이루어져야 한다. 클라이언트는 종종 사건에 대해 자발적으로 말을 하기도 하나 어떤 일이 있었는지 구체적으로 질문할 경우, 사회복지사는 당면문제의 원인이 되는 요인들을 지적하고 질문을 하여 클라이언트로 하여금 여기에 관심을 기울이게 할 수 있다.

(3) 신체적 및 정서적 질병

사정과정에서 간과되어서는 안 될 사항이 클라이언트의 신체적 질병이다. 사회복지사는 생물, 심리, 사회적 조사를 한다고 볼 수 있다.

사회복지사는 클라이언트가 말하는 것뿐만 아니라 병의 가능성을 나타내는 징후에 대해서도 주의를 기울여야 한다.

(4) 클라이언트의 강점

클라이언트의 강점에 초점을 두는 것은 클라이언트가 문제를 해결하고 나아가 사회복지 원조과정에서의 참여를 향상시킬 수 있는 기회 및 자원을 제공하기 위함이다. 즉, 모든 인간체계들이 고유하게 가지는 독창성, 다양성, 가능성 등을 발견하고 숙지함으로써 변화에 대한 잠재력을 활성화시킬 수 있다. 이러한 강점 관점은 인간의 책임성 있고 독립적인 행동에 대한 기대들을 포함하며 이는 변화를 위한 전략을 실행하는 데 필요한 희망, 자아존중감, 소명의식의 고취를 불러온다.

(5) 클라이언트의 기능

클라이언트의 기능은 그 사회의 평균적인 기대와 관련하여 검토할 필요가 있다. 한 문화권 내에는 개인이나 집단에게 적절한 기능이라고 판단되는 기대나 규범이 있다. 기능의 척도는 유기체와 그의 환경에 따라 다르며, 신체적 기능, 인지적 및 지각적 기능, 정서적 기능, 행동적 기능으로 나누어 볼 수 있다.

(6) 동기

클라이언트는 그의 문제를 인지해야 할 뿐만 아니라 문제해결 활동에 기꺼이 참여해야 한다. 이러한 동기 없이는 원조노력이 실패하기 쉽다. 그러므로 클라이언트의 동기를 평가하고 강화시키는 것이 사정과정에서 취급할 중요한 사항이다. 이러한 클라이언트의 동기는 사회복지사와의 지속적 상호작용에 의해 강하게 영향을 받는 일종의 역동이라고 할 수 있다. 그러므로 사회복지사는 초기 동기를 사정함과 더불어 앞으로 계속 동기를 유지 · 강화시켜 나가야 할 책임이 있다.

(7) 환경적 요인

클라이언트의 문제를 유발하게 하는 주요 체계 중 하나가 환경일 것이다. 클라이언트의 문제를 사정함에 있어 문제 상황과 현저하게 관련된 환경 측면이 무엇인지 중점적으로 사정해야 할 필요가 있다. 일반적으로 사정에서는 클라이언트의 다양한 생활상황과 클라이언트의 독특한 욕구를 측정한다. 이러한 사정에 기초하여 개입전략은 클라이언트의 욕구와 환경적 자원 간을 적절히 결합시킬 수 있는 자원을 안내하는 데 목표를 두고 있다.

(8) 클라이언트의 해결노력

사정과정에서 클라이언트가 무엇을 원하는지 탐구할 필요가 있다. 그 후 이와 관련하여 기관이나 사회복지사가 무엇을 제공할 수 있을지에 대한 설명을 한다. 한편 제공하는 과정에 대한 클라이언트의 반응, 긍정적 · 부정적 · 수동적 · 포기, 양가감정에 대한 도움을 주면서 개방적으로 의견을 교환할 필요가 있다.

3) 사정에 유용한 도구

사정은 문제를 규정하고 우선순위를 결정하는 실행계획의 첫 단계로서 사정의 대상영역으로는 클라이언트의 정서 심리상태, 역할상의 문제, 클라이언트의 생활력, 자기방어기제, 클라이언트의 강점과 대처방법, 가족구조, 가족기능, 사회적지지 등이 있다(엄명용 외, 2020). 이와 같이 사정의 대상영역은 아주 다양하며 광범위하다. 또한 전문적인 지식을 기반으로 하는 사정기술이 필요하다. 이때 활용할 수 있는 유용한 도구들을 한국전문대학사회복지교육협의회(2005)에서는 다음과 같이 제시하고 있다.

(1) 가계도(genogram)

가계도는 각 가족성원이 2~3세대에 걸친 가족관계를 생물학적, 법적 그리고 정서적으로 어떻게 관련되어 있는지를 도표로 표시하는 사정도구이다. 가계도는 ❙그림 10-1❙에서와 같이 사람을 표시하는 기호, 관계를 표현하는 선, 개인 관련 주요 정보를 사용하여 3세대 이상의 가족에 나타나는 결혼, 이혼, 출생, 사망, 입양 등 중요한 생활사건과 성별, 연령, 교육수준, 직업 등 인구사회적 정보들을 나타낸다(남연희 외, 2021). 가족에 대한 사정을 할 때에는 가족의 의사소통, 가족구조, 상호작용에 영향을 미치는 가족의 경계, 가족 안에서의 하위체계 또는 상위체계, 가족의 규범 등이 그 대상이다. 가계도는 가족관계를 도표에 표시함으로써 가족 스스로가 세대 간 반복되는 관계유형을 찾고 그것에 대한 통찰력을 갖도록 하는 데 매우 유용한 도구이며 항상 사회복지사와 클라이언트가 함께 작성해야 하는 것이다.

가계도에서 사용하는 상징들은 다음 【그림 10-1】과 같다(남연희 외, 2021).

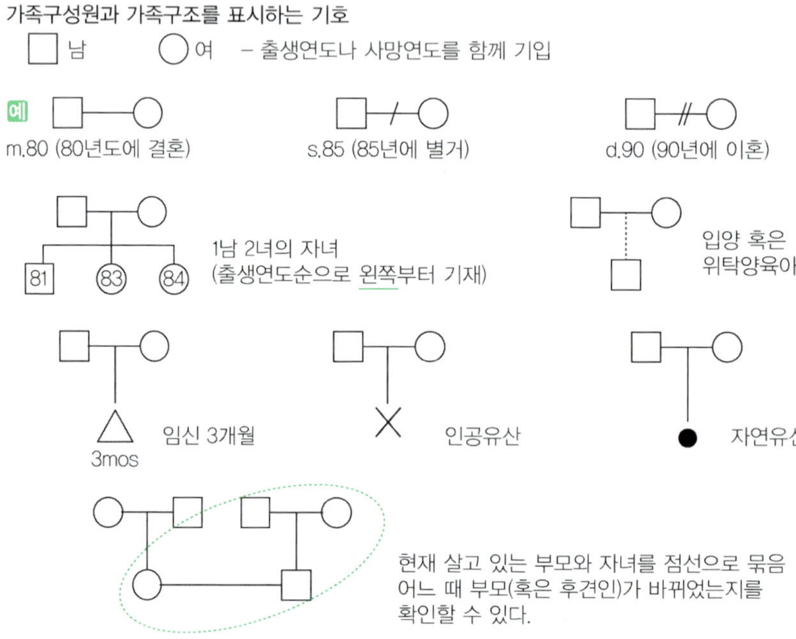

【그림 10-1】 가계도의 상징기호

(2) 생태도(ecomap)

생태도는 개인과 가족의 외부에 있는 생태학적 체계, 생활공간에서의 개인 혹은 가족들을 둘러싸고 환경적 요소들을 확인하고 체계화하여 시각적으로 볼 수 있도록 도표로 묘사한 사정도구이다. 생태도는 사회복지사들이 전통적인 케이스 기록 및 사회력을 보완하는 데 사용되며, 가족 내의 인간관계나 이용자 및 가족의 사회자원과의 관계를 하나의 도식에 그려 내려고 하는 것이다. 이용자가 어느 사회자원과 연결되어 있고 그것들과 어떠한 관계를 가지고 있는가는 원조실시의 계획을 세우기 위해서 필요한 정보이다. 이용자 간의 관계나 직원 간의 관계, 가족 간의 관계 등이 생태도에 표시될 수 있다.

❙그림 10-2❙에서와 같이 클라이언트 체계와 주변 환경의 관계에 대해서는 관계의 내용과 방향을 나타내는 여러 가지 형태의 선으로 표현한다. 실선이 굵을수록 강한 긍정적 관계, 점선은 약한 관계, 실선 위에 사선은 갈등적인 관계를 의미한다. 자원과 에너지의 흐름은 화살표로 나타낸다. 클라이언트 체계에서 의미 있는 체계들과의 관계를 시각적으로 표현한 생태도는 클라이언트의 표적 문제와 이에 대한 개입계획을 세우는 데 유용한 사정도구이다(최혜경, 2009).

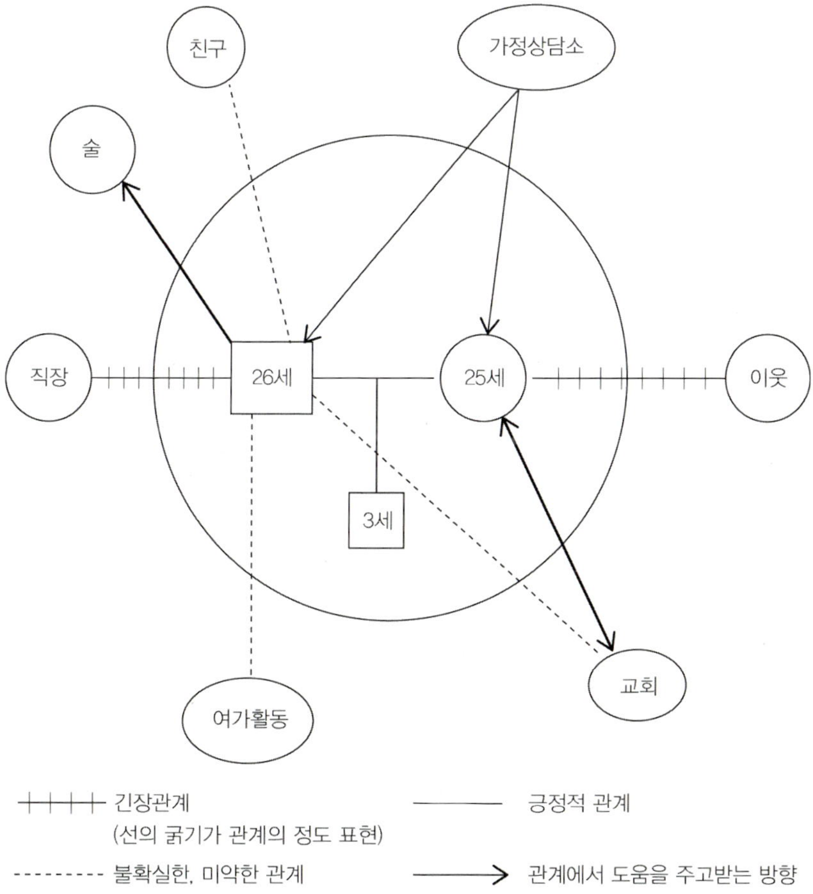

❙그림 10-2❙ 생태도

(3) 사회도(sociogram)

전체집단에 대한 사정은 집단의 의사소통과 상호작용 유형, 결속력, 집단의 응집력 등을 사정하게 된다. 이때 가장 많이 활용하는 것이 사회도인데 상징을 사용하여 집단 내 성원들 간의 상호작용을 표현하는 그림으로 성원 간의 개인적 수용과 거부 및 집단 내의 대인관계를 평가하는 데 사용하는 기법이다.

사회도는 【그림 10-3】에서와 같이 집단성원들의 관계를 점, 선을 이용해 그래프로 나타내는데 점은 집단구성원을 의미하고, 이들이 서로 어떻게 연결되어 있는지를 의미한다. 선은 한 구성원이 다른 구성원들과 어떤 형태의 관계에 포함되어 있는지를 나타낸다(남연희 외, 2021).

사회도는 사회복지실천과정에서 주로 집단과 일하는 사회복지사가 집단 내의 소외자, 하위집단, 연합 등을 파악할 수 있는 유용한 도구이다.

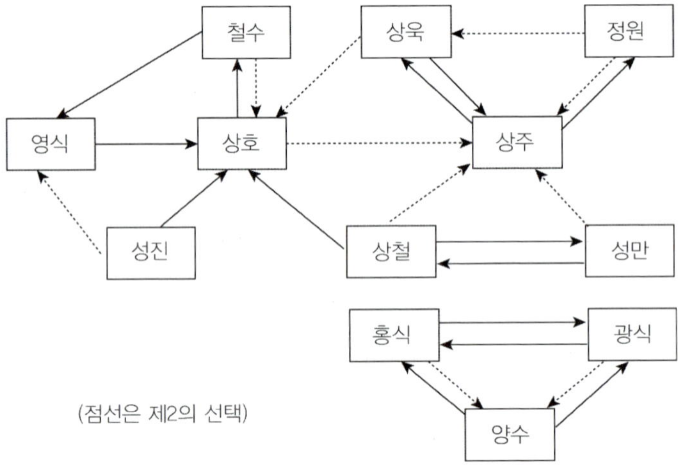

【그림 10-3】 소시오그램의 예시

(4) 심리검사 등의 활용

클라이언트의 심리상태는 지능, 동기화, 대처행동의 유형, 자기개념, 불안이나 우울의 정도, 일반적인 인성의 통합 등을 표준화된 심리검사를 통해 파악할 수 있다.

(5) 생활력 조사

생활력 조사는 모든 사회사업실천에서 공통적으로 쓰이는 방법인데 클라이언트의 생애 동안 발생한 사건이나 문제의 발전과정을 사정하는 데에 요긴하게 사용되는 사정도구이다. 생활력조사는 출생부터 개입시점까지 시간별로 클라이언트의 가족문제, 건강문제, 대인관계 문제 등을 구체적으로 기록해 봄으로써 클라이언트의 문제상황을 사정할 수 있게 한다(남연희 외, 2021).

요점정리

사회복지실천 과정 - 접수, 자료수집 및 사정단계

- 접수 : 사회복지사가 클라이언트의 문제와 욕구를 확인하여 그것이 기관의 정책과 서비스가 부합되는지 여부를 판단하는 과정
- 자료수집 : 정보, 사실적인 자료를 수집하는 것
- 사정 : 사실적 자료를 해석하고, 의미를 추론해서 실천적 개입을 위한 함의를 도출해내는 것

접수단계의 과제

- 문제 확인 : 클라이언트의 문제가 무엇인지를 확인하는 것
- 의뢰 : 기관에서 문제를 해결할 수 없을 때, 다른 적합한 기관으로 클라이언트를 보내는 것
- 관계형성(rapport) : 감정이입, 긍정적 고려, 개인적 온화함, 진실성
- 클라이언트의 동기화

사회복지실천의 시작단계에 필요한 기초기술

- 기본원조 기술, 관여 기술, 관찰 기술, 커뮤니케이션 기술

접수양식

- 신청자의 기본정보, 주요문제, 기관에 오게 된 동기, 의뢰 이유, 이전의 사회복지서비스를 받은 경험의 여부와 내용, 기본적인 가족관계, 담당 사회복지사의 소견

자료의 출처

- 클라이언트와의 직접 면접
- 클라이언트가 작성한 양식
- 가족, 친구, 선생님, 친척, 이웃 등을 통해 수집한 자료
- 심리검사
- 클라이언트의 비언어적 행동
- 중요한 사람과의 상호작용 및 가정방문
- 직접 상호작용하면서 느끼는 사회복지사의 감정

자료수집에 포함될 요소

- 접수 시 클라이언트에 대한 기본적인 정보
- 문제에 대한 깊이 있는 정보
- 개인력
- 가족력
- 클라이언트의 기능

- 클라이언트의 자원
- 클라이언트의 한계, 장점, 동기

사정의 특징

- 사정은 지속적인 과정이다.
- 사정은 이중 초점을 가진다.
- 사정은 클라이언트와 사회복지사의 상호과정이다.
- 사정에는 사고의 전개과정이 있다.
- 수평적, 수직적 탐색 모두가 중요하다.
- 클라이언트를 이해하는 데는 지식기반이 활용된다.
- 사정은 생활상황 속에서 욕구를 발견하고 문제를 정의하며 그 의미와 유형을 설명한다.
- 사정은 개별적으로 다루어진다.
- 판단이 중요하다.
- 클라이언트를 완전히 이해하는 데는 항상 한계가 있다.

사정의 내용

- 문제의 파악, 촉진적 요인, 신체적 및 정서적 질병, 클라이언트의 강점, 클라이언트의 기능, 동기, 환경적 요인, 클라이언트의 해결노력

사정에 유용한 도구

- 가계도, 생태도, 사회도, 심리검사 등의 활용, 생활력 조사

11

CHAPTER

사회복지실천 과정 - 목표설정 및 계약

1. 목표설정
2. 계 약

■ 개요

이 장에서는 목적이란 성취하기를 원하는 것에 대한 폭넓은 표현이 일반적인 정의라면, 목표는 목적을 이루기 위한 방법을 세분화하여 구체적이고 측정 가능한 방식으로 계획하는 것임을 알아보고, 사회복지사와 클라이언트가 목적과 목표를 달성하기 위해 구체적으로 계획하고 상호 합의하는 과정임을 알아보고자 한다.

■ 학습목표

- 사회복지실천단계의 목표설정에 대해 이해한다.
- 사회복지실천 과정에서 계약의 정의와 구체적인 내용에 대해 이해한다.

CHAPTER 11

사회복지실천 과정 - 목표설정 및 계약

1. 목표설정

클라이언트와 사회복지사가 자료를 수집하고 클라이언트의 문제나 상황에 대한 초기사정에 동의하게 되면 개입목표 설정과 계약단계에 이르게 된다. 특히 개입대상이 되는 문제와 개입방법을 설정하는 단계이므로 사회복지사와 클라이언트 사이의 의견 불일치는 문제해결에 미치는 영향이 크므로 사소한 의견 차이라도 개입단계에 도달하기 전에 충분한 토의를 거쳐 합의점을 찾도록 해야 한다(임은희, 2010).

1) 사회복지실천의 일반적인 목표

사회복지실천에 있어서 일반적인 목표는 클라이언트의 문제 상황을 완화시키고 개인 상황체계 내에서의 기능을 강화시키며, 클라이언트의 안락함, 만족함 및 독립성을 증대시키는 것이다. 이에 대하여 구체적으로 제시하면 다음과 같다(김기태 외, 2007).

- 사람들이 자신의 능력을 확장하고 문제해결 및 대처능력을 증진하도록 원조하는 것이다.
- 사람들이 자원을 획득하고 원조하는 것이다.
- 기관들이 사람들의 욕구에 반응하도록 하는 것이다.
- 환경 안에서 개인과 그를 둘러싼 타인들 간의 상호작용을 장려하는 것이다.
- 기관들과 제도 간의 상호작용에 영향력을 행사하는 것이다.
- 사회정책에 영향을 미치는 것이다.

(1) 목표의 정의

목표는 '문제가 해결된 상태' 혹은 '개입을 통해 일어나기 바라는 변화'를 의미한다. 다시 말하면, 본질적으로 개입과정의 바람직한 결과 혹은 기대를 말하며, 개입의 본질에 영향을 미치고 변화과정에 사회복지사와 클라이언트가 수행하는 역할과 바람직한 목표에 따라 이행되는 활동 유형에도 영향을 미친다. 목표설정이 중요한 이유는 사회복지와 클라이언트에게 개입 과정의 방향을 명확히 제시해 주어 혼란스럽거나 주저함 없이 진행될 수 있게 해주기 때문이다.

사회복지실천 과정의 목표, 즉 개입을 통해 일어나기 바라는 변화유형의 예를 들면 다음과 같다.

① 다른 사람들과의 관계를 변화시키거나 그 사람에 대한 자신의 인식을 변화시키는 것이다. 예 부부관계를 원만히 하는 것

② 중대한 결정을 내리는 것이다.
예 미혼모가 아이를 입양시킬 것인가 아니면 유산시킬 것인가를 결정하는 것

③ 자신과 타인에게 혹은 환경에 부정적인 행동(증상 포함)을 변화시키는 것이다.
예 수업 중 아이의 산만한 행동을 감소시키는 것

④ 주변의 환경이 좀 더 클라이언트의 요구에 반응하도록 변화시키는 것이다.
예 장애인을 위해 주거환경을 변화시키는 것

⑤ 필요한 자원이나 정보를 구하는 것이다.
예 실업자가 공공근로에 대해 알아보는 것

⑥ 기능적인 사회적 역할수행에 필요한 기술을 익히는 것이다.
예 부모교육을 통해 자녀양육에 필요한 기술을 익히는 것

(2) 목표설정의 목적(임은희, 2010)

목표는 개입과정의 방향을 제시해 주고 변화과정에 클라이언트를 적극적으로 참여하게 하는 수단으로 제공된다. 즉, 목표를 통해 클라이언트는 자기결정 혹은 자기 주도적 활동에 집중할 수 있다.

목표를 설정하는 목적을 요약하면 다음과 같다.

① 사회복지사와 클라이언트는 성취될 목표에 대해 동의한다.
② 원조과정의 방향과 계속성을 제공하며 불필요한 저항을 예방한다.
③ 적절한 전략과 개입을 선정하고 발전시키는 것을 용이하게 한다.
④ 사회복지사와 클라이언트가 그들의 진행상황을 조절하는 것을 돕는다.
⑤ 구체적인 개입과 원조과정의 효율성을 평가하는 척도로 활용된다.

(3) 목표설정의 선정 지침

사회복지사가 클라이언트의 문제 및 욕구를 해결하기 위한 목표를 설정하는 일은 그렇게 간단하고 쉬운 과정이 아니다.

목표설정을 선정하기 위한 지침을 제시하면 다음과 같다.

① 목표는 반드시 클라이언트가 바라는 바와 연결되어야 한다.
목표 속에는 클라이언트가 원하는 결과와 연결되어야 동기를 가지고 목표를 달성하고자 하는 노력을 하게 될 것이다.
② 목표는 명백하게 측정 가능한 형태로 진술되어야 한다.
변화하고자 하는 바가 무엇인지 분명할 때에만 그 결과를 객관적 관찰에 의해 평가할 수 있기 때문이다.
③ 목표는 달성 가능해야 한다.
클라이언트는 대부분의 노력이 실패하여 좌절된 상태에서 사회복지사를 찾아오게 된다. 목표는 작더라도 달성 가능할 수 있도록 해야 한다.
④ 목표는 사회복지사의 지식과 기술에 상응하는 것이어야 한다.
사회복지사의 지식과 기술 내에서 목표달성이 가능해야 한다. 그렇지 않

으면 자격이 되는 다른 전문가에게 의뢰해야 한다.

⑤ 목표는 성장을 강조하는 긍정적 형태여야 한다.
주로 '…하기'로 진술되어야 한다. '…를 하지 않는 것'은 문제행동의 상실을 의미하지만 '…를 하는 것'은 긍정적 행동을 얻는 것을 의미한다.

⑥ 목표가 사회복지사의 중요한 권리나 가치에 맞지 않는다면 동의하지 않아야 한다.

⑦ 목표는 반드시 기관의 기능과 일치해야 한다.
만약 일치되지 않을 경우 다른 기관으로의 의뢰를 생각해야 한다.

(4) 목표가 여러 가지일 경우

개입목표를 설정하는 데 있어서 때로는 개입목표가 여러 가지가 있을 수 있다. 이럴 경우 클라이언트와 의논하여 목표를 2~3개로 줄인 뒤 이것을 다시 우선순위로 나열하여 우선되는 것부터 초점을 두어 개입한다. 그러나 순위를 정하였다 하더라도 경우에 따라서는 두세 가지를 동시에 목표로 삼기도 한다. 따라서 목표들 중 우선순위를 정하는 것은 개입 시 목표의 중요성을 상기시키고 어느 것이 더 시급한 것인지를 인식하여 정확한 개입방향을 설정하여야 한다.

다음은 목표가 여러 가지일 경우 우선순위를 결정하는 순서이다.

① 클라이언트의 가장 시급한 문제부터 목표로 하여야 한다.

② 가장 단기간에 달성할 수 있어 성취감을 느낄 수 있는 것부터 하여야 한다.

③ 클라이언트가 다른 목표에 도전할 수 있도록 강한 동기를 제공할 수 있는 것부터 설정한다.

④ 사회복지사의 능력, 기관의 기능상 무리 없이 달성 가능한 것부터 설정한다.

2. 계 약

1) 계약의 정의

사회복지실천의 계약이란 사회복지실천 개입의 표적 문제, 개입의 목표와 전략, 그리고 참여자들의 역할과 과업에 관하여 사회복지사와 클라이언트 간에 명백하게 동의를 하는 것이다.

따라서 계약 내용 속에는 개입활동과 그에 따른 클라이언트와 사회복지사 각각의 역할을 명확히 하여 가능한 한 클라이언트의 참여를 높여야 한다.

2) 계약의 목적 및 특성

계약은 목표와 과업을 설정함에 있어서 원조활동의 책임을 지는 데 영향을 미친다. 더욱이 계약은 서비스의 결과를 평가하고 서비스 방향을 설정하는 기초가 될 수 있다. 또한 계약은 모호성과 미지의 두려움과 관련된 불안을 감소시키며 원조활동의 초점을 맞추는 데 도움을 준다. 그러므로 계약의 주요 특성은 사회복지사와 클라이언트 간의 상호 동의, 개입과정에서의 상이한 참여, 상호 책임성과 의무, 그리고 명확성 등이다.

3) 계약의 내용 및 유형

(1) 계약의 내용

계약은 사회복지사와 클라이언트가 이해한 내용을 간결하게 재검토하는 것으로 계약의 내용은 기관에 따라 다소의 차이가 있을 수 있다. 그러나 대부분 기관에서 공통적으로 계약에 포함되는 내용은 대개 계약당사자와 주요 인물의 역할, 문제목록과 우선순위, 최종목표, 사회복지사와 클라이언트의 과업과 책임, 개입방법과 개입의 몇 가지 구조적 요인(장소, 기간) 및 평가방법, 사회복지사와 클라이언트의 역할 등으로 구성된다(엄명용 외, 2020).

사회복지실천과정에서 계약서에 포함될 구체적인 내용을 요약하면 다음과 같다.

① **구조적 요인** : 참석자, 날짜, 시간, 장소

② **문제** : 클라이언트가 규정한 문제, 사회복지사가 규정한 문제, 합의된 문제 등

③ **목표** : 명확하고도 구체적으로 목표달성 정도가 측정될 수 있도록 기술

④ **계획** : 접근방법, 클라이언트의 과제, 사회복지사의 과제, 회기 내의 과제, 평가계획(목표와 과정에 대한 평가)

⑤ **비용** : 합의된 목표를 달성하기 위하여 사용될 비용

⑥ **참여자의 역할** : 클라이언트는 문제를 해결하는 주체가 사회복지사가 아니라 클라이언트 자신임을 인식하고 문제해결에 사회복지사가 파트너로 참석하여 도울 수 있도록 변화를 위한 적극적인 태도를 가져야 하며, 사회복지사는 문제해결의 파트너로 조언할 뿐 문제해결은 클라이언트 스스로 하는 것임을 분명히 해야 함

⑦ **개입방법** : 해결되어야 할 문제와 욕구가 분명히 정의되고 그 치료적 대안들이 명백하다면 초기 계약과정에서 개입기법을 구체적으로 제시하고, 개입기간, 세션의 빈도와 시간 등도 포함됨

⑧ **서명날인** : 사회복지사, 클라이언트 모두 서명날인

(2) 계약의 유형

계약의 유형은 서면계약과 구두계약, 암묵적 계약으로 나눌 수 있다(남연희 외, 2021).

① 서면계약

서면계약은 가장 공식적인 형태로 내용을 서면으로 기재하는 것을 말한다. 서면계약의 장점은 동기촉진, 개인목표 명료화, 우선순위 결정, 역할과 책임을 분명히 함으로써 클라이언트와 사회복지사의 오해의 소지를

줄일 수 있다. 또한 사회복지실천 개입과정 중간에도 계약내용 확인이 가능한 점, 정확한 의사소통이 가능한 점, 기관의 책무성과 근거를 분명하게 할 수 있다는 점이 장점이 될 수 있다.

반면에 서면계약의 단점으로는 계약 과정이 복잡하고 작성 시간이 오래 걸린다는 점, 클라이언트가 처벌의 두려움으로 계약에 동의할 위험성이 있다는 점, 계약내용 변경이 어려우며 공식적인 형식으로 클라이언트가 거부감을 가질 수 있다는 점, 비자발적 클라이언트에게는 활용이 어렵다는 점이다. 또한 클라이언트에 따라서는 계약내용의 목표를 달성해야 하는 것이 사회복지사의 의무인 것으로 인식하여 목표를 달성하지 않았을 경우 법적 문제의 원인이 될 수 있다는 점이다.

② 구두계약

구두계약은 서면계약과는 다르게 그 형식을 말로 계약하는 것을 말한다. 구두계약의 장점은 신속하고, 편리하며, 용이하게 할 수 있다는 점과 계약내용을 유동적으로 융통성 있게 조정할 수 있어 거부감이 없다는 점이다. 반면에 단점은 계약에 합의한 내용을 잊어버리거나 다르게 기억할 수 있다는 점과 원조과정의 내용이나 역할, 책임소재가 분명하지 않고 평가하기가 어렵다는 점이다. 이러한 것을 보완하기 위해서는 구두계약이라도 간략하게 계약내용을 기록해 놓는 것이 바람직하다.

③ 암묵적 계약

암묵적 계약은 계약 내용을 문서화하거나 구두로 합의하지 않았지만 암묵적으로 합의한 계약으로 가장 비공식적 계약 형태이며 사회복지실천현장에서 자주 사용하기도 한다. 암묵적 계약은 클라이언트가 실제로 동의하지 않은 부분에 대해서도 사회복지사는 동의했다고 생각할 수 있다. 또한 클라이언트가 자신의 역할, 권리, 책임 등을 이해한다고 가정하지만 실제로 그렇지 않을 수 있다는 단점이 있다(남연희 외, 2021; Kirst-Ashman & Hull, Jr., 1993).

요점정리

목표의 선정지침(SMART)

- 구체성(Specific) : 클라이언트가 바라는 바와 연결되어야 한다.
- 측정 가능성(Measurable) : 목표는 명백하게 측정 가능한 형태로 진술되어야 한다.
- 성취 가능성(Achievable) : 목표는 달성 가능해야 한다.
- 현실성(Realistic) : 목표는 성장을 강조하는 긍정적 형태여야 한다.
- 시기적절성(Timely) : 목표는 반드시 기관의 기능과 일치해야 한다.

계약의 주요 특성

- 상호동의, 개입과정에서의 상이한 참여, 상호 책임성과 의무, 그리고 명확성 등

계약의 내용

- 성취할 목표, 참여자의 역할, 사용되는 개입형 및 기법, 시간적 조건, 평가방법, 그리고 시작일 취소와 변경의 조건, 비용 등과 관련된 관리, 사용 등이 포함된다.

사회복지실천과정 - 목표설정 및 계약

- 목표 : 클라이언트의 문제상황 완화, 개인 만족감, 독립성을 증대시켜, 문제가 해결된 상태, 개입을 통해 바라는 변화 달성을 의미한다.
- 계약 : 사회복지실천 개입의 표적문제, 목표와 전략, 참여자의 과업과 역할에 관하여 명백한 동의를 하는 것

계약의 유형

- 서면계약 : 계약의 내용을 서면으로 기재하는 것
- 구두계약 : 구두로 계약하는 것
- 암묵적 계약 : 암묵적으로 합의한 계약

12
CHAPTER

사회복지실천 과정- 개입

1. 개인수준의 개입
2. 가족수준의 개입 : 가족치료
3. 집단수준의 개입
4. 지역사회수준의 개입

■ 개요

이 장에서는 변화를 위한 핵심단계인 개입단계에서 사회복지사와 클라이언트가 상호 합의한 목표를 위해 구체적인 행동을 실행에 옮기는 것으로, 선택된 목표를 성취하기 위한 다양한 전략을 알아보고, 사회복지사와 클라이언트 간 합의된 개입과 기술에 관한 계획을 실행하는 단계에 대해 살펴보고자 한다. 또한 이 장은 앞의 제7장에서 다루었던 "사회복지실천 대상과 문제"와 연결되는 내용으로 이해할 수 있다. 앞에서는 사회복지실천 대상 체계와 그 체계들에서 발생할 수 있는 문제까지 다루었고, 여기에서는 대상 체계들에서 발생한 문제를 해결하고 변화를 위하여 개입하게 되는 과정을 설명하고자 한다.

■ 학습목표

- 사회복지실천 과정 중 직접개입 부분에서 개인수준의 개입, 가족수준의 개입, 집단수준의 개입에 대해 이해한다.
- 개입과정에 사용되는 직접적인 실천기법들에 대해 이해한다.
- 사회복지실천 과정 중 간접개입 시 사회복지사의 활동에 대하여 이해할 수 있다.

12
CHAPTER

사회복지실천 과정 - 개입

1. 개인수준의 개입

개인수준에서의 실천은 전통적 방법으로는 '개별사회사업(casework)'으로부터 발달되어 온 전문사회사업 방법 중 가장 먼저 개발된 방법이다. 개인에 대한 직접적 개입의 초점은 일대일 관계를 기반으로 클라이언트의 사고, 감정, 행동의 변화에 있으며, 문제해결을 위해 치료적 면담과 상담기술을 사용한다(Zastrow, 1992). 다시 말하면, 개인수준에서의 사회복지실천은 사회복지사와 클라이언트 간 일대일의 관계를 통하여 클라이언트의 개인적이고 사회적인 문제들을 해결할 수 있도록 돕는 것으로 치료적 면담은 클라이언트가 변화하도록 돕는 것과 아울러 사회적 환경이 보다 클라이언트의 필요에 맞도록 변화를 지원하는 것이다.

아래에 제시한 기술들은 개인을 대상으로 하는 개입과정에서 개인의 변화를 이끌어 내기 위하여 활용하는 기법들이다.

1) 개인의 변화

개인의 변화는 정서적 영역, 행동적 영역, 인지적 영역으로 구분하여 볼 수 있다. 이러한 모든 요소를 동시에 변화시키려는 개입방법은 너무나 복잡하기 때문에 어느 한 요소를 중심으로 다루어 변화를 일으키며 다른 요소가 따라서 변화하도록 하는 전략을 사용하는 것이 일반적이다.

(1) 정서변화를 목표로 하는 개입

정서적 안정이란 낙담, 좌절, 의기소침과 무력감, 자신감 결여 등의 심적 상태를 건강하고 자신감 있는 상태로 회복시키고 불안, 분노, 죄의식 등의 불합리하고 불건전한 정서를 적절히 해소하도록 도와 자아기능을 회복시키는 것을 말한다.

① 감정적 표현 촉진과 자기인식 확장을 통한 정서적 변화

감정표현은 그 자체만으로 감정의 정화요소가 있다. 공감적 경청과 반영, 그리고 의도적 감정표현과 정서적 관여를 통하여 클라이언트가 감정을 표현하도록 도와 클라이언트의 감정표현을 적절히 통제하며, 감정표현 이후 그런 감정의 배경이나 원인에 대해 이해하고 클라이언트에게 문제가 되는 감정과 정서를 수용하도록 도와야 한다.

② 인지수정을 통한 정서의 변화

사람은 상황을 어떻게 인식하고 해석하느냐에 따라 정서와 행동반응이 다르다. 정서적 반응은 어떤 사건이나 상황에 직면했을 때 떠오르는 생각과 감정으로 각자의 고유한 경험에 의한 매우 주관적인 자기중심적 해석에 따라 나타난 반응이다. 따라서 클라이언트로 하여금 자신의 정서를 알게 하고, 이러한 정서가 어떤 결과를 가져왔는지 알게 하며, 그러한 감정의 결과가 타당한 것인지 판단해 보게 함으로써 적절한 행동을 선택하도록 도울 수 있다.

③ 행동체험을 통한 정서의 변화

가장 전형적인 행동치료에서는 공포대상이나 상황에 의해서 생긴 불안상황을 직면 또는 상상하게 하고, 긴장이완훈련을 통해 생기는 이완반응을 동시에 일으켜서 결국 긴장이완이 불안반응을 극복하도록 한다. 대인적 불안이나 열등감에도 여러 가지 가상적인 상황을 설정하여 반복하여 연습한 후 실제상황에서도 적용하도록 격려한다.

④ **사회복지사가 사용할 수 있는 기술**(엄명용 외, 2020)

다음은 정서변화를 목표로 하는 개입과정에서 사회복지사가 주로 사용하는 기술이다.

- **격려**(encouragement) : 어려운 과업에 직면해 있거나 자신감이 약화되어 있고 불안한 상황과 위기에 처해있는 사람들에게 유용하게 활용될 수 있는 방법으로 클라이언트의 행동, 태도, 감정을 칭찬하거나 인정해 주는 사회복지사의 언어적 표현이다.
- **재보증**(reassurance) : 클라이언트가 초기에 불안해할 때 안심시키는 것으로 클라이언트의 능력에 대해 사회복지사가 신뢰를 표현하여 자신감을 주는 기술이다.
- **일반화**(universalization) : 클라이언트가 자기만이 이런 문제가 있다고 괴로워하는 것에 대해 비슷한 상황에 있는 사람들이 일반적으로 그런 경험을 겪는다든지, 또는 특별하게 자신만이 가지고 있다고 생각하는 사고, 감정, 행동에 대해 대개 사람들이 공통적으로 겪는 것임을 지적해 줌으로써 클라이언트가 자기 자신을 다른 사람들로부터 소외시키거나 일탈감을 갖는 것을 막아주는 기법이다.
- **환기법**(ventilation) : 클라이언트의 억압되어 있는 감정, 특히 부정적인 감정인 분노, 증오, 슬픔, 죄의식, 불안 등이 문제해결을 방해하거나 감정 자체가 문제가 되는 경우 이를 표출하도록 함으로써 감정의 강도를 약화시키거나 해소시키려고 하는 기법이다.

(2) 행동변화를 목표로 하는 개입(엄명용 외, 2020)

클라이언트의 행동을 변화시키는 것이 목적일 때 사용하는 기법들은 주로 행동이론에 기초하고 있다. 행동수정이론은 인간의 행동은 그 행동을 발현하게 하는 선행조건과 행동, 그리고 그 행동의 결과에 영향을 받는다고 보기 때문에 선행조건과 결과에 조작을 가함으로써 표적행동 자체를 변화시킬 수 있다는 가정에서 출발한다. 행동결과의 조작기법은 바람직한 행동을 새로 형성하고자 하는 경우에는 강화가, 문제행동을 제거하고자 하는 경우에는 벌 또는 소거가 대표적이다.

인간의 문제들 중에는 행동의 변화가 없이는 문제가 해결되었다고 보기 어려운 문제들이 있다. 즉, 음주, 도박, 반복적 비행, 거짓말로 인한 품행장애, 폭력과 행동 등은 인지나 정서적인 차원에서 변화되었다고 하여 문제가 해결된 것으로 보기는 어렵다. 이때 사회복지사가 주로 사용하는 기술은 다음과 같다.

- **강화**(reinforcement) : 특정한 행동이 보상을 받으면 그 행동이 다시 일어나기 쉽다는 원리에서 사용하는 기법
- **처벌**(punishment) : 특정한 행동이 불유쾌한 결과를 초래하면 그 행동은 약화되거나 없어진다는 원리로 활용하는 기법
- **소거**(extinction) : 벌을 사용하는 대신 특정 행동에 대한 강화를 주지 않음으로써 자연히 그 행동이 소멸되도록 하는 기법
- **모델링**(modeling) : 바람직한 행동을 타인이 하는 것을 보고 그대로 모방함으로써 행동의 변화를 이끌어 내기 위한 기법

(3) 인지변화를 목표로 하는 개입(양정남 외, 2012)

인지변화를 위한 개입은 개인이 가지고 있는 잘못된 신념이나 인지패턴을 수정하여 행동의 변화로 인도하는 원조방법으로 클라이언트의 인지와 행동기술을 향상시킴으로써 기능적인 삶을 살 수 있도록 돕는 것이다.

사회복지실천에서 인지치료는 범죄자나 학대부모의 우울문제에 주요 치료적 개입모델로 활용되고 있고, 학대자들의 분노조절 프로그램에 주로 사용되고 있다. 또한 배우자 폭력자들의 구타행동을 중단시키는 데 활용되고 있으며 청소년 문제에 대한 개입에도 자주 활용되고 있다.

① 인지변화를 목표로 하는 개입과정에서의 주요 초점

인지변화를 꾀하는 사회복지사는 오류에 의한 왜곡된 사고에 논박이나 교육과 같은 인지적 방법과 인지적 과제 부여와 같은 지식적인 방법 등을 적극적으로 사용하게 된다.

이러한 인지치료 과정을 통하여 클라이언트는 다음과 같은 것들을 배우게 된다.

- 부정적, 자동적 사고를 점검하기
- 인지, 행동, 정서 간의 관련성 인식하기
- 왜곡된 자동적 사고의 증거와 반대증거를 검토하기
- 편파된 인지를 보다 더 현실지향적인 해석으로 대체하기
- 경험을 왜곡하는 요인으로 작용하는 역기능적 신념을 파악하고 수정하기

② 인지치료의 주요 원리

- 사회복지사는 먼저 클라이언트의 감정과 사고를 분명하게 구별하도록 돕기 위해서는 그 차이를 여러 가지 예를 들어 설명을 반복하여 해주어야 한다.
- 과거는 단지 잘못된 사고의 원천을 찾아내기 위해서만 중요하다는 것이다. 행동을 동기화하는 것은 과거의 생각이 아니라 현재의 잘못된 생각이다. 나아가서 사고의 새로운 패턴은 학습될 수 있고 잘못된 사고의 원천을 결정짓지 않고도 문제는 해결될 수 있다.
- 건설적 변화를 가져오기 위해서 사람들은 자신의 잘못된 신념이 만들어 내고 기여하는 많은 자신들의 문제를 자각하고 이러한 잘못된 신념을 수정하는 책임이 자신에게 있다고 생각해야 한다는 것이다.

③ 인지치료 과정에서 사회복지사가 사용할 수 있는 기술

- **초점화**(focusing) : 클라이언트가 자기문제를 언어로 표현할 때 혼란되고 산만하게 느끼는 것을 점검해 줌으로써 클라이언트의 말속에 숨겨진 선입견, 가정, 혼란을 드러내어 자신의 사고과정을 명확히 볼 수 있도록 해주는 기법이다.

- **직면**(confrontation) : 클라이언트가 자신의 문제를 부정하거나 회피하고 합리화하여 변화를 거부하고 개입을 피하려고 할 때 사용되는 기법이다.
- **재명명**(reframing) : 어떤 문제에 대해 클라이언트가 부여하는 의미를 수정해 줌으로써 클라이언트의 시각을 긍정적인 방향으로 변화시키려는 전략이다.
- **조언** : 조언은 클라이언트가 해야 할 것을 추천하거나 제안하는 사회복지사의 진술을 말한다. 사회복지사가 클라이언트의 잠재적 강점을 무시한 채 조언을 사용한다면 부정적인 효과를 낳을 수 있으므로 조언은 클라이언트의 요구가 있을 때 이득을 얻을 수 있다.

2) 관계의 변화

관계를 변화시킨다는 것은 배우자, 가족구성원, 친구, 동료처럼 중요한 관계에서의 변화를 의미한다. 대인 관계의 어려움을 겪는 클라이언트의 문제를 해결하고, 관계변화를 돕기 위해서는 자신에 대한 이해를 확장시키는 것을 도우면서 의사소통을 효과적으로 할 수 있는 방법을 제시해 주는 것이 필요하다.

클라이언트가 타인과의 관계에서 바람직한 인간관계를 형성하고 사회에 잘 적응할 수 있도록 지원하기 위해 활용하는 기술을 허정철 등(2019)은 다음과 같이 제시하고 있다.

(1) 의사소통기술

의사소통기술 중 효과적인 표현기술로 활용되는 기술은 나-전달법(I-Message)이라고 할 수 있다. 나-전달법은 상대방의 행동이 자신에게 미친 영향과 자신의 욕구에 대한 표현을 잘할 수 있도록 하는 의사소통 기술로, 분명하게 자신의 메시지를 보내되 상대방에 대한 비난을 하지 않으므로 상대의 저항을 일으키지 않고 상대방의 행동이나 말로 인해 자신이 어떻게 영향을 받고 있는지 효과적으로 알리는 방법이다.

나-전달법은 상대방의 특정 행동에 대한 간결하고 분명하게 묘사한 후 그 특정 행동으로 인한 나의 느낌과 생각을 전달하고, 상대방의 그 행동이 나에게 미친 영향이나 결과를 설명하는 것으로 구성한다.

예 당신이 어제 밤늦게 들어와서(특정 행동) 제가 걱정을 많이 했어요(나의 느낌). 그래서 잠을 잘 자지 못해 머리가 아파 오늘 컨디션이 좋지 않습니다(영향 및 결과).

(2) 사회훈련기술

사회훈련기술의 목적은 예방과 교정을 위한 폭넓고 다양한 기술을 가르치는 것으로서 클라이언트에게 현재의 환경과 발달단계 혹은 역할관계에서 효과적으로 기능하는 데 필요한 기술을 학습하도록 지원한다. 사회기술훈련은 앞으로의 부적응, 생산성 상실, 잠재능력 개발의 실패 등을 줄이고, 효과적인 대처를 할 수 있도록 효과적인 기술을 배움으로써 사회적 역기능을 예방하는 기능이다.

(3) 자기주장훈련

자기주장이란 자신과 타인의 권리를 동등하게 존중하면서 자신의 사고, 감정, 원하는 것, 의견을 단호하게 요구하거나 표현하는 것을 말한다. 사람은 자기주장을 잘 표출하지 못할 때 대인관계에서 어려움을 경험하게 된다. 따라서 클라이언트가 자기의 사고나 감정을 잘 표현하지 못하거나 공격적인 방법으로 표현함으로써 대인관계에 갈등이 발생할 경우 자기주장훈련을 통하여 개선할 수 있도록 지원이 필요하다. 자기주장의 방법은 요청 거부하기, 자신의 의견 표현하기, 자신의 약점 인정하기, 칭찬 수용하기, 긍정적 감정 표현하기, 행동의 변화를 요구하기, 대화를 주도하고 유지하기 등이 있다.

(4) 스트레스 관리(이완 훈련)

스트레스란 부정적인 것으로 신체적 질병과 정신적 고통, 부적응의 원인이 되는 것들로 자기에게 부과된 요구수준과 이 요구에 부응할 수 있는 자신의 능력 간 어떤 불균형감이 지각될 때 일어나는 생리적 반응이다. 이러한 스트레스 상황에 노출된 클라이언트가 적절히 대처할 수 있도록 돕는 기술을 스트레스 관리기술이라고 한다. 스트레스에 자주 노출되어 그것을 극복하면 점차 웬만한 강도의 스트레스는 충분히 견디게 되므로 그것을 훈련한다는 것이다.

클라이언트에게 특정 근육을 수축·이완하는 기술을 가르치고 규칙적이고 깊은 호흡을 할 수 있는 방법, 즐거운 생각이나 이미지를 떠올리는 법 등을 훈련함으로써 스트레스에 대처할 수 있도록 돕는 것을 의미한다.

다음은 스트레스 관리에 필요한 면역훈련 과정이다.

① 1단계 : 교육

스트레스 면역훈련 필요성과 스트레스 상황에서 자신의 반응을 이해하도록 교육하는 것으로 주로 무엇이 감정(예 분노, 수치심, 좌절 등)을 촉진시키는지, 그리고 그런 감정을 느꼈을 때 실제 스스로에게 무엇을 어떻게 말하고 행동하는지, 그리고 감정을 통제하기 위해 다른 새로운 대처방법으로 무엇이 있는지를 깨달을 수 있도록 돕는다.

② 2단계 : 연습

자기지시를 통해 새로운 대처방법을 익히고 인지적 재구조화를 하는 단계로, 먼저 새로운 대처방법을 익히기 위해서는 자신의 대처방법을 돌이켜보고 다른 대처방법이 있는지 그리고 그 방법을 사용했을 때 어떻게 될 것 같은지를 상상해 보며, 그 방법을 분석해 보는 것이다. 다음은 인지적 재구조화를 위해서 늘 사용하는 부정적이고 파괴적인 자기진술 대신에 긍정적이고 건설적인 자기진술로 바꾸어 보는 것이다. 처음에는 가장 감정적 반응이 적었던 것에서부터 시작하여 점차 감정적 반응이 높은 것으로 올라간다.

③ 3단계 : 적용

사회복지사가 상대방이 되어 역할극을 통해 스트레스에 노출된 장면을 시연해 보고 여기서 스트레스에 대한 통제가 가능해지면 점차 실제상황으로 옮겨가는 것이다.

(5) 문제해결 기술 향상

인간의 삶은 복잡한 문제들의 연속이므로 우리는 의식적으로 혹은 무의식적으로 나름대로 끊임없이 문제해결을 한다. 그러나 자신이 가진 문제해결 능력으로 직면한 문제를 적절히 해결하지 못하게 될 때 인간은 무기력해지고 누군가의 도움을 요청하게 된다. 이러한 상황에서 클라이언트는 사회복지사를 찾게 되고 사회복지사는 당면한 문제의 해결뿐 아니라 클라이언트의 문제해결기술 능력을 향상시켜 다른 문제에 대한 대처능력도 향상시키고자 하는 개입을 하게 된다.

다음은 클라이언트의 문제해결 기술을 향상시키기 위해 사회복지사가 개입하는 단계를 제시한 것이다.

① 문제해결 단계

- 1단계(문제 인식) : 다루고자 하는 문제가 무엇인지 그리고 현재는 그 문제가 작아 보여도 그냥 두면 악화되어 심각해질 수 있음을 인식시킨다.
- 2단계(문제분석 및 욕구 발견) : 문제에 관여되어 있는 각 사람들의 입장에서 문제 상황을 솔직하게 이야기하고 이를 통해 문제의 원인을 밝힌 뒤 각 상황에서 그들의 요구를 파악한다.
- 3단계(가능한 해결책을 위한 브레인스토밍) : 브레인스토밍은 창의성에 제한을 주지 않고 비현실적이거나 엉뚱한 생각들도 하나의 대안으로 수용할 수 있다. 이를 통해 참여자들은 긍정적 피드백을 주고받으며 타인들의 생각을 비판 없이 수용하는 법을 배우게 된다. 이때 모든 대안들을 빠짐없이 기록한다.
- 4단계(대안 평가) : 각 해결책에 대한 찬반양론을 신중하게 평가하여 모든 참여자의 욕구에 맞는 최고의 대안 중 하나를 선택한다.
- 5단계(선택된 대안 실행) : 선택된 대안의 실행은 참여자들의 욕구를 고려해서 결정한 것으로 서로 간의 협력하에 실시해야 하며 한 사람이 제대로 수행하지 않을 경우 전체가 실패하게 된다. 따라서 참여자들은 서로에게 대안실행에 대한 압력을 가할 수 있다.

- 6단계(문제해결 노력에 대한 결과 평가) : 대안실행 후 문제가 해결되었는지, 해결되지 않았다면 왜 해결되지 않았는지를 평가한다. 만약 실패할 경우 다시 두 번째 단계로 돌아가 욕구를 파악하고 대안을 정하는 과정을 밟게 된다.

2. 가족수준의 개입 : 가족치료

가족은 일차적 보호체계이면서 가족 구성원의 문제에 영향을 주고받으며, 다양한 체계 안에서 상호작용한다(허정철 외, 2019). 가족의 중요한 기능은 재생산, 보호, 사회화, 성행위의 규제, 애정 제공 등이라 할 수 있다(Zastrow, 1995). 이러한 가족의 기능을 도와 긍정적으로 가족성원들이 적절한 사회적 역할을 수행할 수 있도록 돕는 것이 가족수준의 개입 혹은 가족치료라고 한다.

가족치료는 개인의 문제가 가족과 밀접하게 연관되어 있어서 가족이 변하지 않고서는 개인의 문제가 해결될 수 없다는 전제에서 출발하여 가족을 '전체로서의 가족'으로 보아야 한다. 가족과 개인이 제시하는 문제는 생태체계적 관점에서 가족체계 전체의 상호작용과 역사적 산물로 보고 개별구성원의 문제에 초점을 맞추기보다는 가족 전체로 초점을 맞추어 가족체계의 상호작용 문제에 관심을 가진다.

가족치료가 한국의 사회복지실천에 적용되고 연구된 시기는 1980년대 중반 이후이며 최근에는 가족치료의 효과가 입증되면서 가족치료에 대한 관심이 급증하는 추세이다. 가족치료에서 활용하는 가족치료 모형은 구조적 가족치료, 경험적 가족치료, 전략적 가족치료, 해결중심적 가족치료, 다세대 가족치료 등이 있다. 다음은 이러한 가족치료 모형들에 대하여 요약한 내용이다.

1) Minuchin의 구조적 가족치료(엄명용 외, 2020)

구조적 가족치료는 가족을 재구조화함으로써 가족이 적절한 기능을 수행할 수 있도록 돕는 방법이다. 이 모델에서는 가족을 하나의 기본적인 구조로 보고, 가족 안에서 일어나는 복잡한 상호작용들은 때때로 예측할 수 없는 방향으로 문제를 야기한다고 본다(남연희 외, 2021). 또한 가족 내에는 가족구성원의 상호작용 패턴과 반복적인 가족행동의 패턴 그리고 다양한 하위체계들이 있다(Nichols & Schwartz, 1995). 이러한 가족 내에 존재하는 패턴과 하위체계들을 가족의 구조라 하며 그 패턴을 재조직하거나 새로운 구조와 상호작용 형태로 변형시키는 작업이 가족을 재구조화하는 가족치료라고 한다.

구조적 가족치료에서의 개입과정은 사회복지사가 지도자의 위치에서 가족에 합류하여 적극적인 자세로 개입한다. 가족에 합류한 사회복지사는 가족구조를 조사하고 평가하며, 구조를 변형시키기 위해 환경을 조성하는 활동을 하게 된다.

(1) 주요 개념

① **경계**(boundary)

경계 개념은 하위체계 간 눈에 보이지는 않지만 가족구성원 개인과 하위체계의 안팎을 구분하는 선이며 가족원 사이에 허용되는 접촉의 양과 종류를 결정한다. 즉, 경계선을 통해 개인 혹은 하위체계 간 친밀함의 정도, 정보의 상호 교환 정도, 문제해결을 위해 서로 상호 교류하는 정도를 파악할 수 있다. 가족체계 내에는 명확한 경계, 분리된 경계, 밀착된 경계가 존재한다.

② **가족구조**(family structure)

가족구조는 가족구성원들이 상호작용하는 조직화된 패턴으로 같은 행동이 반복될 때 가족들은 지속적인 패턴을 수립한다. 이렇게 반복되는 패턴들은 가족 구성원들이 언제, 어떻게, 누구하고 관계할 것인가를 결정한다.

③ **하위체계**(subsystems)

하위체계란 전체 체계를 유지시키기 위해 특정 기능을 수행하는 전체 체계 내의 조직화된 단위들을 말한다. 가족을 하나의 전체 체계(total system)

로 보면 개인은 하나의 하위체계이며 가족 내의 다른 체계들과 함께 가족의 기능을 분배하고 수행하는 역할을 한다. 대표적인 하위체계는 부부 하위체계, 부모 하위체계, 형제 하위체계 등이 있다.

바람직한 위계구조는 부모 하위체계가 자녀 하위체계에 대해 권위와 영향력이 있고 경계선이 명확하다.

④ **제휴**(alignment)

제휴는 연합과 동맹 두 가지가 있는데, 연합은 두 사람이 제삼자에 대항하기 위하여 제휴하는 경우이고 동맹은 두 사람이 제삼자의 다른 공동의 목적을 위해 제휴하는 것으로 반드시 삼자와 적대관계에 있지는 않다. 만약 가족하위체계 간 위계구조가 달라지면 가족구성원 간에 제휴라는 역기능 현상이 발생한다.

⑤ **권력**

권력이란 개개인의 가족성원이 상호작용 과정을 통하여 다른 사람에게 미치는 영향력이다. 권력은 일반적으로 절대적인 권한을 의미하는 것이 아니라 경우에 따라 달라지며, 가족구성원들이 적극적인 교류와 소극적인 교류 여부에 따라서 달라진다.

(2) 치료목적

구조적 가족치료에서는 일차 목표를 가족구조의 재구조화에 두고 부차적 목표를 문제해결과 증상완화에 둔다. 따라서 역기능적 경계선을 기능적이고 구조적인 위계질서를 회복하도록 재조정하고 가족규칙을 재조정하여 하위체계 간 위계질서를 회복하는 데 초점을 둔다.

(3) 치료기법(엄명용 외, 2020)

가족을 재구조화하기 위해 가족구조에 도전하고 직면시키는 치료적 개입을 하는 기법은 다음과 같이 요약할 수 있다.

① 상호교류 유형의 실연(enactment)

가족갈등을 치료 상황으로 가져와 가족들의 상호교류 행동을 실제로 해보게 하는 것으로 성원들이 어떻게 갈등을 처리하는지 좀 더 다양한 상호교류 유형을 직접 관찰할 수 있으며, 그 상호작용을 수정하고 구조화하는 것이다. 뿐만 아니라 실연을 통하여 자연스럽게 갈등을 해소하고, 서로 지지해 주고, 동맹이나 결탁하고, 스트레스를 발산하는 방법으로 활용하게 된다. 이때 가족구성원들이 앉아 있는 위치는 그들의 심리적 거리를 나타낼 수 있으므로 그들의 앉는 위치를 변경해서 다시 앉아보게 하는 실연을 하게 하는 방법을 많이 활용한다.

② 경계 만들기

가족이 건강하게 기능하기 위해서는 가족은 전체 체계로서의 통합성과 각 부분의 자율성이 모두 보호되어야 한다. 즉, 가족체계 안에 존재하는 하위체계 간의 경계는 분명해야 한다는 것이다. 이에 가족구성원의 경계가 밀착된 곳에서는 개인의 개별성을, 경계가 경직된 관계에서는 가족의 지지와 통제 능력을 강화시켜 줌으로써 하위체계 간의 유연하고 분명한 경계를 만들어야 한다.

③ 긴장의 고조

가족 내의 긴장을 고조시켜 대안적인 갈등해결방법을 사용하도록 돕는 기법이다. 긴장을 고조시킴으로써 가족구조를 재구조화하는 기술은 기존의 상호교류 유형을 차단시키기, 가족구성원 간의 의견 차이를 강조하기, 은폐하려는 갈등을 조장하기, 가족의 한 구성원이나 하위체계와 제휴하여 긴장을 증대시키기 등이 있다. 이 기법은 갈등을 경직되게 부인하거나 가족 전체가 문제라는 사실을 받아들이지 않는 가족에게 효과적이다. 이때 사회복지사는 궁극의 목표가 가족 전체에 이익을 가져오게 하는 것이라는 것을 다른 가족구성원들이 느낄 수 있도록 할 필요가 있다.

④ 과제부여

가족이 행할 필요가 있는 분야를 개발시키기 위하여 가족들이 상호 교류하는 과정에서 자연스럽게 발전될 수 없는 행위를 실연해 보도록 하는 과제이다.

⑤ 증상활용

역기능적인 가족을 가장 빠르게 변화시키는 길은 현재의 증상을 다루는 것이다. 역기능적인 가족의 변화를 돕기 위해 현재 클라이언트의 증상에 초점두기, 증상 강화하기, 증상을 의도적으로 무시하기, 새로운 증상으로 관심 돌리기 등의 기법이 사용된다.

⑥ 분위기 조성

사회복지사는 편안하고 수용하는 분위기를 조성함으로써 치료적 효과를 높일 필요가 있다. 지배적인 분위기는 다시 명칭을 붙이는 것도 분위기 조성에 도움이 된다.

⑦ 지지, 교육, 안내

지지, 교육, 안내는 일반적으로 합류하는 데 사용되지만 재구조화하는 기능을 하며 가족체계를 유지하기 위해 필요하다. 사회복지사는 가족성원들의 상호 간에 순응하는 방법, 부모들이 자녀들에게 개별적으로 반응하는 방법, 각 가족 구성원들이 외부세계에 적응하는 과정 등을 교육하는 기법이다.

2) Satir의 경험적 가족치료

경험적 가족치료는 가족 내 의사소통의 명확화를 강조한다. 문제가 있는 가정의 의사소통은 모호하며 간접적이라고 지적하면서 이러한 의사소통은 가족원의 낮은 자존감에서 기인된다고 강조한다. 경험적 가족치료자들은 정서적으로 메마른 가족들의 내면에 숨겨진 자신의 감정을 느끼도록 하며 그러한 감정을 솔직히 표현하도록 도와줌으로써 좀 더 성숙한 인간이 되도록 돕는 것으로 치료적이며 성장지향적 모델이다.

(1) 주요 개념

① 자기존중과 자기가치

자기존중과 자기가치는 다른 사람들이 자기를 보는 것과는 별개의 것으로 인간이 자신을 사랑하고 감사를 느낄 때 에너지가 만들어지며, 에너지가 조화롭고 긍정적으로 사용될 때 현재 주어진 상황을 더욱 창조적이며 현실에 맞게 잘 극복할 수 있게 된다. 이 개념은 자기가 자신에게 가지는 애착, 사랑, 신뢰, 존중과 같은 것이다.

② 가족규칙

규칙에는 도움이 되는 규칙이 있는 반면 비합리적이고 억압적인 규칙이 존재한다. 합리적 규칙은 개인의 성장에 도움이 되지만 비합리적 규칙은 낮은 자아존중감을 형성시킨다. 가족은 경제, 가사 등과 같은 집에서 함께 살아가는 데 필요한 규칙을 가지고 있지만 대부분 처음부터 명확하게 규칙이라는 이름으로 만들어진 것이 아니라 반복적이고 상호작용적인 일상의 경험을 통하여 암묵적으로 만들어져 어려움에 대처하거나 극복하는 행동유형의 일부분이 된다. 그럼에도 불구하고 가족규칙은 가족구조 내에서 필수적이며 역동적이고 영향력이 강한 행동규범이며, 가족의 성장과 학습에 지대한 영향력을 미치게 된다.

③ 의사소통(양정남 외, 2012)

Satir는 사람들이 긴장할 때 보여주는 의사소통 및 대처유형을 관찰한 결과 긴장을 처리하는 방식에 따라 공통점이 있음을 발견하였다. 다음은 Satir가 제시한 의사소통유형을 정리한 내용이다(이영실 외, 2010, 전재인 외, 2010; Bosch, 1977; Satir, 1975).

- **회유형** : 회유형의 의사소통을 하는 사람은 다른 사람과 상호작용하는 상황은 존중하지만 자기 자신의 가치나 자신이 느끼는 감정보다는 상대방에게 "예"라고 대답하는 것이 중요하다고 생각하면서 다른 사람의 문제를 해결하는 것이 유일한 목적인 것처럼 행동한다.
- **비난형** : 회유형과 정반대 의사소통 유형으로 다른 사람을 무시하고 비

난하며, 다른 사람들의 변명이나 불편함 등은 수용하지 않고, 감정은 경직되어 융통성이 없으며 독선적이다.

- **초이성형** : 초이성형의 의사소통방식은 비인간적인 객관성과 논리의 소유자이며 다른 사람을 과소평가하고 지나치게 합리성과 상황만을 중요시한다. 자신과 다른 사람의 감정을 거부하며 어떤 감정도 내보이지 않고 매우 정확하고 이성적이며 냉정하고 차분하며 침착하다.
- **산만형** : 산만형은 초이성형의 정반대 유형으로 자신의 행동과 말이 타인의 행동이나 말과는 무관하여 다른 사람의 질문은 무시하며 초점이 없고 주의집중을 못한다. 산만형의 자세와 동작은 부적절하고 지나치게 활동적이고 목적이 없는 것같이 보인다.
- **일치형** : 자신과 타인, 상황 모두를 존중하며 신뢰하는 의사소통 유형으로 개인의 특성을 존중하고 자신의 내적 · 외적 자원들을 사용하며 대화가 개방적이다. 일치된 말과 정서를 사용하며 일반적으로 현재의 메시지를 일관성 있게 정확하게 전해준다.

(2) 치료목표

경험적 가족치료의 궁극적인 목적은 내담자의 자아존중감을 향상시키는 것이며 가족규칙을 명확하게 하여 융통성을 확립하게 하는 것이고 의사소통 수준을 향상시키기 위함이라고 할 수 있다.

(3) 치료과정

경험적 가족치료의 치료적 변화과정은 다음 6단계로 진행된다.

① 내담자의 현재의 상태를 파악하고 이해하며 접근하는 단계
② 체계의 외부사람을 소개하고 변화를 위한 상황을 형성하는 단계
③ 혼란을 새로운 항상성을 형성하기 위한 변화과정으로 보는 단계
④ 새로운 선택과 통합의 단계

⑤ 새로운 선택의 반복적 연습과 격려하는 단계
⑥ 건강한 균형상태와 좀 더 만족하게 기능하는 가족관계의 새로운 항상성을 유지하고 발전시키는 단계

(4) 치료기법

가족 내의 의사소통을 분명히 하고 직접적이며 비언어적 표현과 일치되도록 도와 인간으로서 잠재력을 충분히 증진시키고 성숙하도록 하는 것이다.

다음은 구조적 가족치료의 치료기법을 정리한 내용이다.

① 가족조각

가족조각은 가족 구성원들로 하여금 가족행동의 중요한 측면을 재연하여 거리감이나 밀착된 몸짓, 자세를 통해 의사소통과 관계형태를 표현하도록 요구하는 것으로 가족구조를 시각적으로 묘사하는 기법이다.

② 비유

비유는 주제나 생각을 유사한 다른 상황과 연결시켜 표현하는 것이다.

③ 역할극

역할극은 가족구성원들이 자기 자신이나 다른 사람의 생활을 단막극으로 표현하는 것이다.

④ 재구성

재구성은 문제가 되는 행동과 반응을 재구성하고 긍정적인 의미를 부여하여 가족구성원들의 행동에 대한 지각을 변화시킴으로써 좀 더 바람직하게 상호작용하도록 돕는 것이다.

⑤ 유머

유머는 긴장을 풀고 친밀감 있는 분위기를 만들기 위하여 사용하며 가족이 긍정적으로 자신을 바라보고 기존의 방법을 변화시키도록 하는 강한 치료적 도구가 된다.

⑥ 접촉

접촉은 전문가가 의도적으로 손을 잡고 악수하는 등의 신체적 접촉을 하

여 환영과 비언어적 지지를 표현하는 것이 가족에게 강한 영향을 준다고 하였다.

3) Haley의 전략적 가족치료

전략적 가족치료는 기본적으로 인간의 문제행동이 일어난 원인에는 관심이 없으며, 단지 행동의 변화에만 관심을 가지고 가족의 문제를 해결하기 위한 전략을 고안하는 데 주안점을 둔다. 즉, 문제행동을 변화시키기 위한 해결방법에 초점을 맞추고 있다. 목표를 설정할 때는 반드시 가족이 호소하는 문제를 포함한 행동으로 드러난 특정의 문제를 해결하기 위하여 다양한 전략을 매우 구체적으로 수립한다.

(1) 주요 개념

① 관계규정(defining a relationship)

전략적 가족치료에서 관계규정은 가족체계 내에서는 필연적으로 관계가 형성되고 이 관계는 의사소통을 통해 이루어진다고 보는데 가족구성원들이 일치하지 않는 메시지로 의사소통을 하게 되면 위계질서의 혼란을 가져오게 되고, 관계에 문제가 발생한다고 보는 것이다. 관계의 성격은 대화의 내용보다 대화의 방식과 같은 의사소통 유형을 분석함으로써 알 수 있다고 보아 대칭적 관계, 보완적 관계, 초보완적 관계로 규정하고 있다. 대칭적 관계는 권력과 지위가 거의 비슷한 두 사람이 서로에게 비판과 충고 등의 행동을 교환하는 관계이고, 보완적 관계는 한 사람이 우월한 지위에서 충고와 지시를 하는 반면, 다른 사람은 종속적 지위에서 상대방의 요구와 지시를 수용하고 따르는 관계를 말한다. 초보완적 관계는 권력이나 지위가 낮은 사람이 실직적인 통제권을 갖고, 지배적인 위치에 있는 사람을 통제함으로써 오히려 주도권을 잡고 있는 경우를 말한다(남연희 외, 2021).

② **관계조정**(control in relationship)

관계조정을 위한 권력다툼은 관계를 규정하려는 시도나 전략을 통제하기 위한 싸움이라고 볼 수 있다. 이러한 권력 다툼은 가족구성원 간의 관계에서만 발생하는 것이 아니다. 예컨대 사회복지실천 현장에서 클라이언트와 사회복지사 사이에서도 종종 권력다툼은 일어날 수 있는데 사회복지사는 클라이언트의 변화를 이끌어 내기 위해 클라이언트와의 관계를 통제할 수 있어야 한다.

(2) 치료목표

전략적 가족치료의 목표는 현존하는 문제를 제거하는 것이다. 치료는 규명된 문제와 관련되는 사회적 상호작용에서 작은 체계적 변화를 만들려는 것이다.

(3) 개입과정

전략적 가족치료에서의 개입과정은 일반적으로 세 단계로 진행된다. 첫 번째 단계는 현재의 문제를 규정하고, 두 번째 단계는 구체적인 문제(증상)를 제거하기 위한 목표가 설정되며 치료전략을 수립하고, 세 번째 단계는 목표달성을 위해 치료적 개입을 단계적으로 분리하여 계획된다.

(4) 치료기법

① **역설적 개입**

치료적 목적을 위해 변화하지 말고 증상을 계속 유지하라고 주문하는 치료자에게 저항하도록 유도하여 가족을 스스로가 변화하도록 돕는 것으로 증상처방과 변화제지 기법이 있다. 증상처방 기법은 증상을 없애기 위해서 증상을 지속하게 하거나 증상을 과장 혹은 심지어 자발적으로 증상을 일으키라고 처방하는 것을 말한다. 변화제지 기법은 가족 스스로가 저항의 심리로 일어난 변화에 대해 치료자는 재발을 걱정하면서 변화속도를 통제하도록 요구하는 것을 말한다.

② 지시적 기법

치료자나 클라이언트 및 가족에게 특정 행동을 하도록 지시하거나 반대로 특정 행동을 하지 않고 다른 행동을 하도록 지시하는 기법을 말한다. 이때 지시는 작고 쉽게 실천할 수 있는 것이어야 하고 저항 없이 받아들여질 수 있는 적합한 것이어야 한다.

③ 시련기법

변화를 원하는 사람에게 증상보다 더 고된 체험을 하도록 과제를 주어 증상을 포기하도록 하는 기법을 말한다. 이때의 체험은 증상을 잊을 정도로 고통스러운 것이어야 한다. 이 체험과정에 2인 이상이 참여하도록 하고 클라이언트에게 도움이 되고 실천 가능하며 구체적인 체험을 제시하여야 한다.

④ 긍정적 함축

현재 가족 내에 존재하는 증상이 가족 내에서 오히려 긍정적 기능을 하는 것으로 보도록 재정의하는 기법을 말한다.

4) 해결중심적 가족치료

해결중심적 가족치료는 기존의 관점과는 다른 전략적 가족치료 이론에 뿌리를 두고 문제의 해결에 접근한다는 것이다. 가족의 문제가 무엇인지를 파악하는 것보다는 가족이 원하는 해결에 초점을 맞추어 가족을 돕고자 한다. 따라서 클라이언트가 긍정적으로 생각을 하도록 유도함으로써 문제를 축소시켜 나가는 것이다. 해결중심치료는 가족이 항상성의 원리로 운영된다고 보는 다른 치료방법과 달리 가족의 변화는 필수적이고 수시로 발생한다고 본다. 즉, 문제 상태에 작은 변화가 있을 시에는 그러한 예외를 해결의 실마리로 보는 것으로 그들이 겪는 문제 상황보다는 가족이 적용해 왔거나 또는 적용 가능한 해결책을 질문하게 된다.

(1) 기본 원리 및 주요 개념

① 정신건강 강조

이 원리는 클라이언트의 강점과 자원, 능력에 초점을 두며 결함이나 장애는 되도록 다루지 않으려고 하는 해결중심치료의 관점을 의미한다. 즉, 무엇이 잘못되었는지를 보는 문제 원인보다는 무엇이 잘 되었으며, 그것을 어떻게 활용하는지에 관심을 두는 관점을 말한다.

② 활용

이 원리는 클라이언트의 강점, 자원, 특성 등을 도출하는 활동을 통하여 문제를 해결하고자 하는 것을 말한다. 즉, 클라이언트의 과거의 실패나 잘못을 고치려고 노력하는 것보다 과거에 경험했던 성공이나 장점 그리고 클라이언트가 가지고 있는 자원, 지식, 사회관계망, 환경, 특성 등을 활용하는 것이 더 수월하며 효과적이라고 본다.

③ 탈이론적 · 비규범적 · 내담자 견해 중시

이 개념은 클라이언트가 경험하는 문제에 대해 어떠한 가정이나 견해를 제시하지 않는 대신 클라이언트가 호소하는 독특한 불평이나 클라이언트의 견해를 액면 그대로 수용하여 클라이언트 중심의 접근이 이루어지도록 한다는 것을 말한다.

④ 간략화

간략화의 개념은 작은 변화가 더 큰 변화를 가져올 수 있다는 신념으로, 클라이언트의 문제가 복잡한 문제라 할지라도 그 목표는 클라이언트가 달성할 수 있는 작은 것으로 계획하는 것이 중요하다는 것이다.

⑤ 변화의 불가피성

이 개념의 기본은 인간의 삶은 변화의 연속이라는 점이다. 그러므로 치료자는 클라이언트에게 긍정적인 변화가 일어나도록 돕고 이 과정에서 문제해결로 이어질 수 있도록 하는 것이다.

⑥ 현재와 미래지향성

이 개념은 과거를 연구하는 것이 아니라 클라이언트가 현재와 미래의 상황에 적응하도록 돕는 것에 일차적인 관심을 둔다. 즉, 클라이언트로 하여금 과거와는 멀어지게 하고 현재를 해결하고 미래를 지향하도록 해야 한다는 것을 말한다.

⑦ 협력

이는 해결 방안을 발견하고 해결하는 과정에서 클라이언트의 협력과 동시에 치료자도 클라이언트에게 협력하는 것을 강조하는 개념이다.

(2) 치료목표

해결중심치료의 목표는 작고 간단하며 현실적으로 성취 가능한 것이어야 하며 부정적이고 바람직하지 않은 행동을 없애는 것보다 긍정적인 행동을 증가시키는 것에 초점을 둔다. 이때에 변화는 클라이언트에게 의미 있고 또한 클라이언트가 원하는 것이어야 한다.

(3) 치료기법(임은희, 2010)

① 면담 전 변화에 대한 질문

치료자는 치료를 약속하고 오기까지 발생한 변화에 대하여 질문하여 스스로 노력한 것과 해결 능력을 인정하고 그러한 사실을 강화하고 확대할 수 있도록 격려한다.

② 예외질문

클라이언트가 일상생활에서 문제가 발생한 상황이 아닌 성공했던 경험을 발견하고 의도적으로 성공했던 행동을 하도록 강화시키는 전략이다.

③ 기적질문

기적질문은 문제가 해결된 상태를 상상해 보고, 해결하기를 원하는 것들을 구체화하고 명료화하며, 치료목표를 현실적이며 구체적으로 설정하기 위한 질문기법이다.

④ 척도질문

클라이언트에게 자신의 문제, 우선순위, 성공, 정서적 관계, 자아존중감,

문제해결의 가능성에 대한 확신, 변화를 위해 투자할 수 있는 노력, 변화를 위한 동기, 진행에 관한 평가 등의 수준을 수치로 표현하도록 하는 질문이다.

⑤ 대처질문

대처질문은 클라이언트에게 경험을 활용하게 하고 새로운 힘을 갖게 하며 내담자가 자신의 자원과 강점을 발견하도록 하는 데 도움이 된다.

5) Bowen의 다세대 가족치료

다세대 가족치료의 기본은 현재의 가족문제가 원가족의 미해결된 문제를 반영한다고 보고 여러 세대를 통해 반복되고 있는 가족구조를 파악하여 원가족으로부터 자기분화를 이끌어서 가족체계를 변화시키는 것이다.

Bowen은 가족을 하나의 체계로서 정서와 모든 체계의 결합체라고 보았다. 그리고 한 사람의 변화가 나머지 가족구성원에게 영향을 미쳐 전체의 변화가 시작될 수 있다고 설명한다. 그는 대부분의 경우 가족문제는 가족구성원이 자신의 원가족에서 심리적으로 분리하지 못하는 데 기인한다고 보고 분리되지 못한 가족구성원을 이러한 자아집합체로부터 분리시켜 독립적이고 자율적으로 기능할 수 있도록 지원하는 것을 목표로 삼았다.

(1) 주요 개념

① 자아분화

자아분화가 높은 사람은 합리적 사고하에 판단 · 행동하며 그 행동에 대하여 책임을 지며 발생하는 갈등상황에 용이하게 대처하는 어려움이 있다. 반면에 자아분화가 낮은 사람은 감정과 사실을 구분하는 데 어려움이 있다.

② 삼각관계

삼각관계는 두 사람의 불안 수준이 높아질 때 체계의 균형유지를 위하여 제삼자를 끌어들이는 정서적인 삼각관계를 만든다는 의미이다. 이러한 삼각관계는 불안이나 긴장, 스트레스를 일시적으로 감소시킬 수는 있으나 가족의 정서체계를 더욱 혼란스럽게 만들어 증상을 악화시키기도 한다.

③ 가족투사

가족투사란 가족들이 자신의 불안을 다른 가족구성원에게 투사하는 과정으로 미성숙한 부모가 가족체계나 부부체계를 안정시키기 위해 무의식적으로 자녀 중 가장 유아적이고 취약한 자녀를 투사 대상으로 선택하여 미분화된 정서를 자녀에게 전달하는 과정을 말한다. 분화수준이 낮은 가정일수록 투사경향이 심하다. 부부간의 낮은 자아분화 수준은 미분화에서 오는 불안상태에서의 긴장을 해결하기 위해 부모-자녀 간의 공생관계를 형성하게 되고 미분화된 자기문제를 자녀에게 투사함으로써 정서적 융합을 이루게 된다. 이때 미분화된 아버지-어머니-자녀의 삼각관계 안에서 한 자녀에게서 이상증상이 나타날 수 있다.

④ 정서적 단절

이 개념은 원가족의 투사과정에 많이 개입된 가족구성원이 원가족과의 관계에서 생기는 불안 및 갈등을 피하기 위해 원가족과 접촉을 끊는 행동을 말한다. 정서적 단절은 여러 가지 형태로 나타나는데 부모로부터 멀리 떠나거나 거리를 두기도 하고, 같이 살면서도 부모를 멀리하거나 거부하며 대화를 피하고, 부모가 중요시하는 것을 부인하기도 하며, 거부하는 등의 행동을 통하여 정서적으로 자신을 고립화하는 모습을 보인다.

⑤ 사회적 정서과정

이는 개인과 가족의 정서과정을 확장한 개념으로 가족이 만성적이고 지속적인 불안이 계속 유지될 경우 개인의 정서가 부모 혹은 가족과의 접촉을 피하기 시작하고 불만을 경감시키기 위하여 감정적으로 나타나는 반응을 말한다. 이런 과정의 결과는 증상이 발생하고 기능이 저하되어 퇴행하게 된다. 이런 정서적 과정은 사회체계에서도 발생하는데 이것은 가족에서 정신적 질병의 상태가 주기적으로 나타나는 것과 비슷하다.

(2) 치료목표

다세대 가족치료에서 치료목표는 치료목표인 동시에 성장목표이다. 가족의 주요문제를 불안과 정서적 융합에 있다고 보고 일차적 치료목표를 불안을 감소시킴으로써 증상을 완화하고 자아분화 수준의 향상을 통해 적응력을 향상시키는 데 둔다. 가족의 삼각관계 정서체계를 수정하고 가족구성원들이 보다 높은 자아분화를 할 수 있도록 도와주는 것이며 이때 치료자는 조정자로서의 역할을 수행한다.

(3) 치료과정

Bowen의 다세대 가족치료 과정은 다음 세 단계로 이루어진다.

첫 번째 단계는 문제를 인식하고 정의하는 일이다. 이때 전체가족의 배경을 이해하기 위하여 가계도를 활용하여 주된 삼각관계가 무엇인지를 파악하고 가족의 불안을 줄이기 위한 초점을 맞춘다.

두 번째 단계는 가족이 변화하도록 돕는 단계로서 중요한 가족구성원과 접촉하여 함께 계획을 세우고 정서적 반응을 예상한 후 새로운 치료방법을 가족에게 연습시키는 과정을 반복해야 한다. 연습을 통해 가족은 자신들의 불안을 인지하고 다루는 방법을 적극적으로 배우는 것으로 불안의 수준을 감소시켜 나가게 된다.

세 번째 단계는 가족구성원이 치료자의 입장이 되어 자신들 스스로 변화를 위한 계획을 세우고, 결과를 예상하며, 예상되는 문제 해결을 위한 연습과정을 반복적으로 해본다. 이때 치료자는 단지 가족을 돕는 조언자의 역할을 하게 된다.

(4) 치료기법

다세대 가족 치료의 목적은 확대가족까지 그 이해의 폭을 확장시켜 가족 내 자아분화 수준을 높이며 탈삼각관계화를 만들기 위함이다. 이때 활용하는 Bowen의 다세대 가족치료 기법은 다음과 같이 요약할 수 있다.

① 질문하기(과정질문)

과정질문은 클라이언트의 감정을 가라앉히고 정서적 반응에 의해 유발된 불안을 낮추며 사고를 촉진하는 질문기법이다. 이 질문기법을 통해 클라이언트의 사고와 감정을 구별하고, 가족 내 자신의 역할을 수정하기 위한 방법을 유도하며, 객관적인 입장에서 가족을 바라볼 수 있도록 돕는다.

② 가계도

가족체계에 관한 중요 자료를 수집하고 정리하기 위해 초반에 가계도를 그리게 한다. 이를 통해 가족과 함께 탐색할 수 있는 여러 가지 정보들과 가족의 세대를 통해 가족 안에 흐르는 정서과정의 역동 및 가족 생활사를 수집하고 평가해야 한다. 더불어 원가족과의 융합 문제, 미분화 문제, 핵가족 정서적 체계, 정서적 단절, 삼각관계 등의 문제를 파악해야 한다.

③ 탈삼각관계화

탈삼각관계란 가족 내 두 성인 간에 스트레스나 긴장관계가 발생했을 때 제3자를 두 사람의 상호작용체계로 끌어들여 형성된 관계가 삼각관계이다. 이 삼각관계에서 제삼자를 분리시켜 삼각관계를 벗어나게 함으로써 가족구성원이 자기분화를 할 수 있도록 지원하는 것이다. 이때 치료자는 이 두 성인과 새로운 삼각관계를 형성한 시스템에서 개입을 하게 된다.

④ 코칭

치료자가 클라이언트에게 개방적이고 직접적으로 접촉하여 클라이언트 스스로 자신의 가족문제를 직접 해결해 나가도록 조언하고, 가족구성원 개개인의 분화를 촉진하는 기법이다. 이때 가족의 정서적 과정들과 그 안에서의 자신의 역할을 발견하도록 돕기 위해 고안된 질문을 함으로써 관계구조를 수정하는 것을 돕는다는 의미이다.

⑤ 자기입장 취하기

상대방의 행동에 대하여 비난이나 지적 대신에 자신의 감정을 중심으로 느낌을 표현하도록 함으로써 정서적 반응의 악순환을 깨뜨리는 직접적인 방법이다. 이 기법은 말하는 사람의 상태를 이해하게 하여 반응적이고 악

순환적인 대화에서 벗어나도록 한다는 것에 초점을 두고 있다.

⑥ **자신의 이야기 듣기**[치환이야기(displacement stories) 기법]

클라이언트에게 자신의 치료 장면을 녹화한 것이나 녹음한 것 혹은 비슷한 문제를 가진 가족의 이야기를 예로 들어 보여주거나 들려주어 자신이 문제발생의 원인 중 하나라는 것을 통찰하도록 돕는 기법이다. 이 기법은 클라이언트가 논쟁이나 방어보다는 가족 내에서 자신의 역할과 기능을 인식하도록 돕는 역할을 한다.

⑦ **코칭**

코칭(coaching)기법은 치료자가 클라이언트에게 개방적이고 직접적으로 접근하여 가족문제에 대처하도록 돕는 것이다. 코칭은 사람에게 할 일을 말하는 것을 의미하는 것보다는 클라이언트에게 가족의 정서적 과정과 그 안에서의 자신의 역할을 발견할 수 있도록 고안된 질문을 사용하는 것을 의미한다.

3. 집단수준의 개입

사회복지실천에서의 집단개입은 1844년 William이 런던의 YMCA와 YWCA를 중심으로 시작한 것이 사회환경을 조직하고 개선하고자 하는 목적으로 발전되었고 초기 집단 개입 실천의 장으로 인보관을 들 수 있다. 이러한 집단개입은 1923년대 이후에는 사회변화뿐 아니라 개인의 치료와 변화를 목적으로 정신병동, 아동복지기관, 교도소, 학교 등에서 소그룹 활동이 활성화되면서 사회복지실천의 개입방법으로 성장하게 되었다(김혜영 외, 2022; NASW, 1996).

1) 집단개입의 목적과 원칙

집단대상 사회복지실천은 서로 관계를 가지고 있는 집단 내의 개인과 집단 스스로가 좀 더 효과적으로 기능할 수 있도록 돕는 과정이라고 할 수 있다.

집단개입의 목적과 원칙에 대하여 임은희(2010)가 제시한 내용을 바탕으로 요약하면 다음과 같다.

(1) 집단개입의 목적

집단개입의 목적은 집단활동을 통하여 개인의 사회화를 도우며, 개인이 나타내는 역기능을 미리 예방하고자 하는 것이고, 개인의 치료, 재활 및 성장과 더불어 전체 집단의 성장과 변화를 추구하는 것이다. 또한 사회적 위기를 제거하고, 사회행동을 통한 사회변화를 창출하는 것이 궁극적인 목적이라 할 수 있다.

(2) 집단개입의 원칙

① 각 성원의 고유한 상이성을 인정하여야 한다.
② 다양한 특성을 지닌 집단을 하나의 전체 집단으로 인정하여야 한다.
③ 성원 개개인이 장점과 단점을 모두 지니고 있는 존재임을 인정하여야 한다.
④ 집단성원과 의도적인 원조관계를 수립하여야 한다.
⑤ 집단성원 간에 상부상조하고, 협력적인 관계를 수립하도록 격려하여야 한다.
⑥ 집단과정을 적절히 수행하여야 한다.
⑦ 성원이 자신의 능력에 따라 참여하도록 격려하여야 한다.
⑧ 성원이 문제해결과정에 직접 참여하도록 하여야 한다.
⑨ 성원이 점진적으로 만족스러운 갈등해결방법을 경험할 수 있도록 원조한다.
⑩ 성원들에게 대인관계 그리고 성취와 관련된 새롭고 다양한 경험을 할 수 있는 기회를 제공하여야 한다.
⑪ 성원 개개인과 전체 상황에 대한 진단적 평가에 근거하여 적절한 제한을 가져야 한다.
⑫ 성원, 집단목적, 사회적 목적에 대한 적절한 진단적 평가에 근거하여 의도적이고 전문화된 프로그램을 개발하여 실시하여야 한다.

⑬ 개인과 집단 발달에 대해 지속적으로 평가하여야 한다.

⑭ 원만하고 절도 있게 자기 활용을 하여야 한다.

2) 집단역동(임은희, 2010)

집단성원들과 집단지도자 사이에 일어나는 상호작용과 에너지 교환을 집단역동이라 한다. 집단개입이 가능한 것은 바로 집단성원들의 상호작용을 통해 나오는 힘, 즉 집단의 역동 때문이다.

(1) 의사소통과 상호작용

집단성원들이 언어적 · 비언어적으로 의사소통하여 집단 내의 상호작용이 일어나게 된다. 상호작용은 집단중심일 수도 있고 리더중심일 수도 있다. 리더중심일 경우 성원들 간의 자유로운 상호작용을 방해한다는 점에서 바람직하지 못하다. 반면 집단중심은 자유로운 상호작용을 통해 집단과정을 촉진시킬 수 있으나 초점 없는 피상적인 이야기들로 인해 오히려 목표달성이 어려워질 수도 있다.

집단 내에서 이루어지는 사회적 상호작용은 힘의 역동적인 교환행동이다. 이 과정에 참여한 사람들 간의 접촉을 통하여 참여자의 사고, 감정, 행동 그리고 태도를 변화시키는 결과를 낳는다.

(2) 집단의 결속력

집단의 결속력은 집단성원들로 하여금 집단에 머물도록 하는 데 영향을 미치는 요인들의 합이다. 집단에 대한 결속력은 집단에 대한 매력에서 나오는데 이는 집단을 통해 얻는 것이 잃는 것보다 많을 때 생기게 된다. 집단의 결속력이 강할수록 성원들이 서로에게 미치는 영향력 또한 커진다.

(3) 사회적 통제

집단이 질서 있게 기능하기 위하여 성원들로 하여금 일정한 방식을 따르도록 하는 과정에서 통제력을 사용하게 된다. 사회적 통제에는 규범과 역할, 지위가 있다.

① **규범** : 집단상황에서 적절한 행동에 대한 성원들 간의 합의이며, 구체적인 행위뿐 아니라 집단 내에서 허용 가능한 전반적 행동패턴을 규정하는 것이다.

② **역할** : 집단 내에서 각 성원이 수행하기를 기대하는 기능에 대한 합의인데, 여기에는 노동과 적절한 힘의 분배가 포함된다.

③ **지위** : 집단 내의 다른 성원들에 비해 상대적으로 평가되는 각 성원의 위치이다.

(4) 집단문화

집단문화는 집단성원들이 공통적으로 가지는 가치, 신념, 관습, 전통을 의미한다. 이러한 문화는 구성원들이 동질적일수록 빠르게 형성되고, 이질적이면 늦게 형성되며, 집단에 대한 매력과 집단 내의 지지적 분위기에 상당한 영향을 미치게 된다.

집단성원들은 자신의 경험과 인종, 종교 등으로부터 고유한 문화를 집단으로 가져오지만 이러한 가치들은 의사소통과 상호작용하는 과정에서 서로 섞이게 되고 결국 새로운 일련의 집단문화를 형성하게 된다.

3) 집단개입을 위한 고려사항

집단개입에 있어서 고려하여야 할 사항은 아주 다양하다. 이에 대하여 조미숙 등(2021)은 다음과 같이 제시하였다.

(1) 집단의 장소와 분위기

집단 상담실의 위치, 크기 및 분위기는 집단성원의 수, 연령, 주된 활동 프로그램에 따라 다를 수 있으나 대체로 심리적인 안정감을 줄 수 있고 아늑하여 집단과정에 몰입하는 데 방해되지 않을 정도로 정돈되어 있고 참여자들이 자유롭게 신체적 활동도 할 수 있을 정도로 넓어야 할 것이다.

(2) 집단의 크기

집단의 적절한 크기의 기준은 대체로 그 구성원의 성숙도, 사회복지사의 경험, 집단의 유형, 탐색할 문제나 관심의 범위, 그리고 타인에 대하여 알고자 하는 집단성원의 요구 등의 여러 요인에 따라 다를 수 있다. 집단의 크기는 구성원의 만족도, 구성원 간의 상호작용, 집단개입 결과에 영향을 미친다.

(3) 집단의 구성

집단구성이란 구성원들을 동질적으로 구성할 것인가, 아니면 이질적으로 구성할 것인가 하는 문제에 해당된다. 사회적 성숙도, 성, 지적 능력, 교육수준, 성격의 차이, 문제영역, 사회경제적 수준 등의 여러 요인들이 이에 관련된다.

(4) 집단의 기간

집단의 기간을 결정할 때는 전체 세션 횟수와 각 세션의 시간에 대한 내용이 포함된다. 각 세션의 시간은 30분에서 120분까지 여러 가지로 정할 수 있으나, 보통 90분에서 120분 정도가 적당하다.

(5) 개방집단과 폐쇄집단

개방집단은 집단이 진행되는 중간에 기존의 집단성원 이외에 새로운 성원이 들어올 수 있도록 집단을 개방한 것으로 집단규범이 융통적일 수 있으나 불안정할 가능성도 있다.

폐쇄집단은 처음에 구성된 집단성원이 일정한 틀 내에서 집단활동을 하기 때문에 매우 기능적일 수 있으나 성원이 중도에 탈락할 경우 치명적이다.

4) 집단개입의 효과를 가져올 수 있는 치료적 요인

집단개입에 있어서 효과를 가져오기 위해서는 다양한 요소들이 치료적 요인으로 작용하게 된다. 이러한 치료적 요인에 대하여 조미숙 등(2021)은 다음과 같이 제시하였다.

(1) 희망 여부

집단에서 성원들은 자신보다 더 심한 문제를 가진 사람이 회복되는 것을 보면서 혹은 자신과 유사한 문제를 가진 사람이 효과적으로 문제에 대처하는 것을 보면서 희망을 갖게 된다.

(2) 보편성

다른 사람들의 문제가 자신과 비슷하다는 사실에 위로를 얻게 되고, '한 배를 탔다'는 느낌이 더 집단에 기여하게 된다.

(3) 해결능력 향상

집단리더와 성원들로부터 받게 되는 충고, 제안, 직접적인 안내 등은 많은 교훈적 역할을 하고 이렇게 정보를 주고받는 과정은 자신의 문제의 대한 통찰을 돕고 해결능력을 향상시키는 효과를 가져온다.

(4) 이타심

집단성원들끼리 서로 도움을 주고받는 과정에서 누군가를 지지, 제안, 충고로써 도움을 줄 수 있다는 것에 스스로를 가치 있는 존재라고 느끼게 된다.

(5) 교정적 가족관계의 회복

집단은 가족과 유사하여 각 성원들은 리더나 다른 성원들에게 가족과의 상호작용을 반복하게 된다(교정적 반복). 즉, 집단 내에서 정형화된 행동을 지적받고 현실에 비추어 보며 다른 새로운 행동을 해보도록 끊임없이 격려 받으므로 고정적 행동패턴을 수정하게 된다.

(6) 대인관계 및 사회기술의 개발

집단의 규칙으로 인해 성원들은 부적응, 혹은 비사회적 행동에 대한 피드백을 받음으로써 또 다른 성원이나 리더의 행동을 모방하고 학습함으로써 사회적 기술과 대인관계 기술을 학습한다.

(7) 카타르시스

자신을 지지해 준다고 믿는 집단에서의 강한 감정표현은 자유로움을 느낄 수 있고 새로운 기분으로 자신의 문제에 대한 통찰력을 갖게 한다. 그러나 치명적인 경험을 한 성원의 경우 감정의 표현에 대한 제한이 필요하다.

5) 집단개입 방법

집단개입 방법은 집단의 기능에 따라 사회적 목표모델, 치료모델, 상호작용모델 세 가지로 구분할 수 있다(사회복지교육연구센터 편, 2010; 신성자, 2008; 이영실 외, 2010).

(1) 사회적 목표모델

사회적 목표모델은 초기 집단사회사업 목표 성취의 기본적 모델이며 민주주의를 유지·발달시키려는 사회적 목표를 강조한다. 인보관, YMCA, YWCA, 보이스카우트와 같은 초기의 사회복지단체와 조직에서 인간관계의 의식적인 훈련, 지도력의 실험, 민주적 과정의 학습, 시민참여 등의 집단 활동을 통해서 사회적 의식, 사회적 책임의 목적을 달성하기 위하여 활동한 것은 사회적 목표모델로 설명될 수 있다.

(2) 치료모델

치료모델은 시설보호아동의 치료에서 발전되었으며, 집단은 개인의 치료를 위한 수단임과 동시에 상황으로 보고 있다. 그렇기 때문에 이 모델에서 사회복지사의 역할은 지시적이고 계획적이며 목표지향적인 변화촉진자, 전문가, 조력자, 중개자의 역할을 수행한다.

(3) 상호작용모델

상호작용모델에서 집단은 모든 집단구성원과 사회복지사가 이루는 하나의 체계로 보며 각 체계 또는 집단은 그 자체가 유기체이므로 하나의 실체로서 이해된다.

사회복지사의 역할은 개인과 집단, 지역사회 사이의 상호관계의 중개자, 매개자로서 활동하며 그 초점은 이들 삼자의 체계적 상호의존성에 둔다.

이 모델은 개입모델, 인본주의 모델 등으로 불리며 그 이론적 기초는 사회체계이론과 장 이론에 근거를 두고 있다.

4. 지역사회수준의 개입

지역사회수준의 개입이란 지역사회의 복지를 증진시키기 위한 사회복지실천방법의 하나로서 지역사회에 초점을 둔다. 전문 혹은 비전문 인력이 지역사회 수준에서 개입하여 지역사회에 존재하는 각종 제도에 영향을 주고 지역사회의 문제를 예방하고 해결하고자 하는 일체의 사회적 노력을 의미한다.

지역사회수준에서의 개입방법에 대하여 김기태 등(2007)은 사회적 지지체계의 개발, 서비스 조정, 프로그램 개발, 클라이언트 집단을 위한 옹호활동 등으로 구분하였다.

1) 사회적 지지체계의 개발

인간은 누구나 타인으로부터 자신의 행동과 판단, 사고 등에 대해 지지받기를 원한다. 이것이 사회적 지지이며 일반적으로 인간은 타인과의 관계 속에서 타인의 행동을 통해 정서적 안정과 보호, 자신의 생각이 남과 크게 다르지 않다는 위로, 경제적 · 물질적 도움이나 원조, 그리고 자신의 과업 수행과 사고방식이 옳다는 지지 등을 받는다고 지각하게 된다. 사회적 지지가 부족한 상황에서 많은 신체 · 심리 · 사회적 문제가 발생하므로 사회복지사는 클라이언트가 가지고 있는 기존의 사회적 지지체계를 활성화시키거나 적절한 지지체계가 없다면 새로운 지지체계를 개발해 주는 것이 필요하다.

(1) 자연적 지지체계의 활성화

전문가가 기존의 체계들이 클라이언트의 욕구의 맞게 적절히 기능하도록 돕는다.

자연적 지지체계는 가족, 친척, 친구, 이웃사람, 종교단체 등이 포함된다. 특히 확대가족 친족 조직망은 클라이언트와 멀리 떨어져 생활하더라도 효과적인 유대관계를 가지고 지원할 수 있으며, 이 친족은 영속성을 가진 지지체계라 할 수 있다.

(2) 공식적 지지체계의 활용

지역사회의 다양한 공식적 기관들이 클라이언트의 문제를 해결하여 사회적 상호작용을 위한 기능을 수행할 수 있다. 클라이언트가 지역사회 내에 존재하는 다양한 기관 및 조직체 자원들에 접근하고 이를 이용하도록 돕기 위해 사회복지사들은 활용 가능한 자원들에 대한 충분한 이해를 가져야 한다.

(3) 자원봉사자의 활용

자원봉사자의 도움을 필요로 하는 클라이언트의 욕구에 부응하기 위해 자원봉사자를 모집, 선발, 훈련, 임무부여, 사후 지도하는 것을 포함한다.

2) 서비스 조정

여러 가지 문제를 가진 클라이언트에게 복합적인 서비스가 주어질 때 조정이 필요하다. 공동의 목적을 달성하기 위해 흩어져 있는 서비스들이 적절한 시기에 적절한 방법으로 클라이언트를 도울 수 있도록 조정하는 것을 의미한다.

(1) 서비스 연결

복합서비스를 제공하는 한 기관의 여러 전문가들이 특정한 클라이언트에게 관심을 가지고 서로 연결되는 것이다.

(2) 의뢰

의뢰체계를 통해서 서로 다른 기관의 전문가들이 연결되어 서비스를 제공하는데 서비스가 제대로 전달되고 있는지 그리고 그 결과가 어떤지를 평가하는 것까지를 모두 포함한다.

(3) 사례관리

전문가는 서비스 연결뿐만 아니라 직접적으로 서비스를 제공하기도 한다. 서비스 제공자들이 함께 일할 수 있도록 하기 위해 서로 의사소통을 할 수 있고, 전체의 목적에 서로가 기여한 바를 인정하고 존중할 수 있도록 도와야 한다.

(4) 서비스 조정을 위한 사회복지사의 역할

① 상황에 관련된 체계들이 적절하게 의사소통할 수 있도록 공통점과 상이점을 파악하는 기술
② 참여자들과 효과적으로 의사소통하는 기술
③ 조정과정에 참여하는 체계들이 각자가 조정서비스로부터 얻는 이득을 인식할 수 있도록 동기화시키고 격려하는 기술

3) 프로그램 개발

클라이언트의 욕구와 문제를 해결하기 위한 서비스가 지역사회 내에 없을 경우 사회복지사는 클라이언트의 욕구를 만족시킬 수 있는 프로그램 및 자원을 개발하여야 한다. 사회복지사는 지역 내의 영향력을 가진 사람들이 문제를 인식하도록 정보와 자문을 제공하고 지역주민들을 대상으로 욕구조사를 실시하여 그 문제의 심각성과 프로그램 개발의 필요성을 설득하고 요청하여야 한다.

다음은 프로그램을 개발하는 과정이다.

- **문제의 확인** : 문제의 규모와 심각도를 조사한다.
- **욕구의 파악** : 여러 관계집단을 대상으로 문제해결의 욕구를 파악한다.
- **목적 및 우선순위 설정** : 목적 및 하위목적의 설정과 우선순위를 결정한다.
- **성취목표의 구체화** : 각 하위목적 달성을 위한 대안의 선택에 앞서 그 하위목적의 달성 여부를 측정할 수 있는 목표들을 구체화한다.
- **제공서비스** : 각 목표별로 이를 달성할 수 있는 여러 대안들을 가지고 비용–효과 분석을 한다. 각 서비스의 비용과 효과를 예측한다.
- **대안의 선택** : 각 대안별로 총비용(예산)을 계산하여 각 대안이 가져올 사회적 편익, 혹은 효과를 계산한 뒤 하위목표별로 비용–효과 분석, 비용–편익 분석을 실시, 최소의 비용으로 최대의 효과를 낼 수 있는 대안을 선택한다.
- **세부 프로그램 설계** : 세부 프로그램을 설계한다.
- **예산** : 프로그램들의 우선순위에 따라 예산이 배분된다.
- **집행** : 배분된 예산으로 규정된 금액을 계획에 맞춰 실행에 옮긴다.
- **평가** : 각 하위 프로그램들이 각각의 하위목적을 달성하였는지 그리고 하위목적들이 모여 전체목적을 달성하였는지를 평가하게 된다.
- **피드백** : 문제 정의, 욕구, 목표설정, 대안선택 등의 전 과정에 다시 피드백되어 사업의 확대, 조정을 결정한다.

4) 클라이언트 집단을 위한 옹호활동

옹호란 클라이언트가 자원이나 서비스로부터 소외되었을 때, 그리고 현존하는 정책이나 서비스가 클라이언트에게 불리한 영향을 미치고 있을 때, 이를 수정하기 위해서 또는 필요한 자원이나 서비스를 위해 새로운 입법이나 정책의 입안이 필요할 때, 클라이언트를 위해 클라이언트와 하는 활동을 말한다.

사회복지사는 부적절한 혹은 불평등한 사회적, 법률적, 제도적 기능 및 사회복지기관으로 인해 욕구를 충족할 수 없는 클라이언트 개인이나 집단을 위해 옹호활동을 하게 된다. 사회복지사가 옹호활동을 하기 위해서는 불이익을 당하는 개인이나 집단의 참여가 절대적으로 필요할 뿐 아니라 이러한 문제를 인식하고 있는 전문가들의 참여 또한 중요하다.

5) 지역사회수준 개입의 과정

지역사회수준의 개입 과정은 다섯 단계로 구분할 수 있다. 첫 번째 단계는 문제를 파악하는 단계로 실태조사, 여론조사, 좌담회, 토론회 등의 사회조사를 통하여 지역사회의 문제를 면밀히 검토, 파악하는 동시에 주민의 문제의식 정도, 문제의 발생원인, 욕구와 사회자원과의 관계 등의 지역사회의 진단을 하는 단계이다. 두 번째 단계는 계획수립 단계로 사업계획, 조직계획, 재정계획, 홍보활동의 계획 등을 수립하는 단계이며, 세 번째 단계는 두 번째 단계에서 수립한 계획을 실시하면서 촉진하는 단계이다. 이때 지역사회주민이 주체적으로 문제를 해결할 수 있도록 지지하며, 지역사회에서 활동하는 자원봉사자 등의 사회자원을 개발할 필요가 있다. 네 번째 단계는 인적, 물적, 사회적, 기타 각종 자원을 동원하는 단계이며, 마지막 단계는 수립한 계획을 중심으로 활동을 하고 활동한 내용을 평가하는 단계이다.

요점정리

개인수준의 개입

- 개인의 변화
- 정서변화를 목표로 하는 개입 : 감정적 표현 촉진과 자기인식 확장을 통한 정서적 변화, 인지수정을 통한 정서의 변화, 행동체험을 통한 정서의 변화(격려, 재보증, 일반화, 환기법)
- 행동변화를 목표로 하는 개입 : 강화, 처벌, 소거, 모델링
- 인지변화를 목표로 하는 개입 : 초점화, 직면, 재명명, 조언
- 관계의 변화
- 문제 상황에 대한 대처방식 변화 : 스트레스 관리, 스트레스 면역훈련(SIT), 문제해결 기술 향상

가족수준의 개입

- 체계이론에서의 가족개념 : 가족구조, 가족 항상성, 삼각관계 형성, 가족규칙과 가족신화, 경계와 하위체계
- 구조적 가족치료 모형 : 상호교류 유형의 실연, 경계 만들기, 긴장의 고조, 과제부여, 증상활용
- 경험적 가족치료 모형 : 자기존중과 자기가치, 가족규칙, 가족조각, 비유, 역할극, 재구성, 유머, 접촉
- 전략적 가족치료 모형 : 권력, 삼각관계, 위계질서, 역설적 개입, 지시적 기법, 시련기법, 긍정적 함축
- 해결 중심적 가족치료 : 면담 전 변화에 대한 질문, 예외질문, 기적질문, 척도질문, 대처질문
- Bowen의 체계적 가족치료 : 자아분화, 가족투사, 가계도, 탈삼각관계과정, 관계 경험, 코칭, 자기입장 취하기

집단수준의 개입

- 집단역동 : 의사소통과 상호작용, 집단의 결속력, 사회적 통제, 집단문화, 사회적 기술훈련 집단, 자치집단, 레크리에이션집단
- 집단유형
  - 치료집단 : 지지집단, 교육집단, 성장집단, 치료집단, 사회화집단
  - 과업집단 : 위원회, 행정집단, 협의회, 치료회의, 사회행동집단
- 집단의 발달 단계 : 출발단계(계획단계) – 오리엔테이션 단계 – 탐색과 시험단계(시작단계) – 문제해결단계 – 종료단계
- 집단개입을 위한 고려사항 : 집단의 장소와 분위기, 집단의 크기, 집단의 구성, 집단의 기간, 개방집단과 폐쇄집단

- 집단개입의 효과를 가져올 수 있는 치료적 요인 : 희망 여부, 보편성, 충고, 제안, 직접적인 안내, 이타심, 교정적 가족관계의 회복, 대인관계 및 사회기술의 개발, 카타르시스
- 집단개입방법 : 사회적 목표모델, 치료모델, 상호작용모델

지역사회 수준의 개입

- 사회적 지지체계의 개발과 강화 : 자연적 지지체계의 활성화, 공식적 지지체계의 활용, 자원봉사자의 활용
- 서비스 조정 : 서비스 연결, 의뢰, 사례관리
- 프로그램 개발
- 클라이언트 집단을 위한 옹호활동
- 지역복지개입의 과정 : 문제의 파악 – 계획수립단계 – 계획의 실시와 실행의 촉진 – 자원의 활용 및 동원 단계 – 활동 평가 단계

13

CHAPTER

사회복지실천 과정 - 평가 및 종결

1. 평 가
2. 종 결

- **개요**

이 장에서는 사회복지실천의 마지막 단계로 평가단계와 종결단계가 포함된다. 지금까지 클라이언트와 함께 실천해 왔던 모든 활동에 대해서 객관적으로 활용하여 평가하게 된다. 특히 클라이언트의 긍정적인 변화를 위하여 수립하였던 목표가 얼마나 달성되었는지를 확인하는 것이 중요한 과업이라고 할 수 있다. 모든 평가 과정을 마치게 되면 종결단계에 이르게 된다. 종결은 의도된 목적이 달성되어 종결을 할 수도 있고, 다른 요인에 의해서 계획되지 않게 종결될 수도 있다. 이 시기에 클라이언트의 이별의 감정을 다루고 사후관리 등에 대한 계획을 수립해 볼 수 있다.

- **학습목표**

  - 사회복지실천 과정의 평가의 개념과 목적에 대해 이해한다.
  - 사회복지실천 과정의 평가의 유형에 대해 알아본다.
  - 사회복지실천 과정의 종결의 개념과 목적에 대해 이해한다.
  - 사회복지실천 과정의 종결의 유형에 대해 알아본다.

13 CHAPTER

사회복지실천 과정 – 평가 및 종결

1. 평 가

1) 평가의 개념 및 목적

(1) 평가의 개념

평가란 사회복지실천에서 개입활동의 결과가 효율적 · 효과적이었나를 사정하는 것을 말한다. 여기에는 사회복지사와 클라이언트는 사회복지실천이 성공적으로 진행되었는지, 개입의 목적과 목표가 달성되었는지, 그리고 바람직한 결과가 성취되었는지에 대한 평가가 포함된다. 평가는 개입의 전 과정에서 지속적으로 시행되지만 특히 개입이 끝날 때 더욱 중요하다. 평가를 통해 사회복지사와 클라이언트는 의도한 바대로 서비스계획을 이행했는가의 여부와 목적들이 성취되었는가를 결정짓고 이를 토대로 문제나 목표, 서비스계획 등이 수정될 수 있으며 동일한 서비스계획을 다른 방식으로 수행할 수도 있다(김기태 외, 2007). 이러한 측면에서 평가는 사회복지실천의 과학성과 전문성을 강화해 주고 클라이언트에 대한 책임성을 높여준다는 면에서 매우 중요한 의의가 있다고 할 수 있다.

(2) 평가의 목적(엄명용 외, 2020)

① 프로그램이 목적을 어떻게 효과적으로 충족시키는가를 확인해야 하기 때문이다.

② 프로그램을 재구성하거나 더욱 효과적으로 관리하기 위한 정보를 얻기 위해서이다.

③ 다른 사람들이 따라야 할 모델을 파악하거나 문제에 대한 이론이나 접근법을 시험해야 할 필요성이 있기 때문이다.
④ 효과성을 위해 스텝구성원들이 무엇을 필요로 하는가를 발견하기 위해서이다.
⑤ 클라이언트의 관점에서 프로그램이 어떻게 잘 시행되고 있는가, 그리고 더욱 효과적이 될 수 있는가에 대하여 확인해야 하기 때문이다.
⑥ 공공기관과의 관계 및 기금마련 노력을 개선하기 위해서이다.
⑦ 재원의 요구사항들을 만족시키기 위해서이다.

2) 평가의 유형

평가의 유형은 평가의 내용에 따라 차원에 따른 분류와 평가목적에 따른 분류로 나뉘며 일반적으로 결과평가, 과정평가, 사회복지사 평가, 프로그램 평가로 구성된다. 다음은 임은희(2010)가 구분한 평가의 유형을 중심으로 살펴본 내용이다.

(1) 결과평가

결과평가란 설정된 목표의 달성 여부를 사정하는 것을 의미한다. 설정했던 목표들이 얼마나 달성되었는지, 개입과정을 통해 원했던 변화가 일어났는지를 평가하게 된다. 결과를 사정하는 방법은 사정단계 동안 사용된 방법에 의해 결정된다. 결과평가지에는 질문지 척도 사용이나 기초선을 비교하는 객관적 방법이 있다. 여기에서 말하는 기초선이란 기초선 개입 이전의 표적행동이 일어나는 빈도, 강도, 그리고 기간 등을 말하는 것으로 수일 또는 수주에 걸쳐 관찰하여 기록한 내용이 된다.

① **일반적 진전 평가**(general progress)

일반적 진전을 사정하기 위해서는 클라이언트들이 각자가 성취해야 할 진전 정도에 관하여 클라이언트의 의견을 유도해 내고 동의했던 목표를 참조하는 것이다. 이 방법은 클라이언트의 인식에 근거하므로 현명한 평가라고 할 수는 없지만 클라이언트의 목표달성을 설명하는 실질적인 것이므로 클라이언트의 목표달성에 관한 의문을 줄 수 있다.

② **사전 · 사후 비교 방법**(pretest-posttest)

개인이나 집단에 대한 평가로서 문제나 표적행동의 빈도를 측정할 수 있다면 최근의 측정치에 기초선을 비교하는 객관적인 방법인 사전 · 사후 비교방법이 있다. 이 방법은 평가하고자 하는 문제와 그 측정도구를 명확히 하고 개입하기 전에 문제가 어느 정도인지를 측정하고, 개입 후 다시 같은 방법으로 문제의 정도를 측정하여 그 변화를 개입의 결과로 보는 것이다.

③ **통제집단과 실험집단의 비교**

개입을 한 집단과 개입을 하지 않은 집단, 즉 실험집단과 통제집단을 비교하여 그 차이를 개입의 결과로 추정하는 것이다. 그러나 이 방법은 개입이 필요한 집단에 의도적으로 개입을 하지 않는다는 것이 사회복지윤리에 맞지 않고 두 집단 간에 다른 변수의 영향이 거의 통제되었다는 전제가 되어야 하는데 실제 그런 집단을 설정하기가 현실적으로 어렵기 때문에 사전, 사후를 비교하는 것이 좋다.

(2) 과정평가

과정평가란 원조과정에 대한 클라이언트의 인식을 의미한다. 즉, 원조과정이 클라이언트에게 유용하였는지 또는 손해를 보게 했는지에 대한 클라이언트의 평가이다. 특히 사회복지사가 목표를 달성하기 위해 사용한 방법이나 기법, 어떤 기술이 진전을 시켰고 또 어떤 기술은 효과가 없었는지, 또 다른 기술은 문제를 제거했는지, 그리고 어떤 특별한 구별된 기법을 사용했는지에 관한 클라이언트의 피드백이다.

(3) 사회복지사 평가

사회복지사에 대한 평가는 사회복지사 자신의 행동, 태도, 속성 등이 개입과정에 긍정적이거나 부정적인 영향을 받는 클라이언트 태도, 행동, 특질에 대한 피드백에서 보여주는 평가이다. 부정적인 피드백은 비록 고통스럽지만 주의를 산만하게 하거나 반치료적인 행동, 태도, 매너리즘을 알려준다는 점에서 역시 도움이 된다.

(4) 프로그램 평가(김기태 외, 2007)

① **욕구사정** : 프로그램 실행에 필요한 실행 가능성 혹은 타당성을 결정짓는다.

② **평가 가능성 사정** : 프로그램이 평가될 수 있는지를 결정한다. 프로그램에 요청되는 자원과 예측되는 프로그램 활동들 그리고 예견된 프로그램 결과들이 규정된다.

③ **과정분석** : 원조의 최종결과보다는 원조가 제공된 과정들에 초점을 둔다. 이는 사회복지사가 예측된 진전이 있었는가의 여부를 사정하는 데 도움을 준다.

④ **결과분석** : 프로그램 효과성에 대한 평가로서 프로그램 결과 측정이 이루어진다. 이는 프로그램 비용 측정과 병행되면서 프로그램 비용 효과성을 산출한다.

⑤ **프로그램 모니터링** : 자원, 활동 및 결과 등에 대한 프로그램 데이터를 지속적으로 수집하고 분석한다. 과정 분석 및 결과 분석은 한 번으로 이루어지는 평가임에 반해 프로그램 모니터링은 여러 번에 걸쳐 이루어지는 지속적 특성을 가지고 있다.

3) 평가방법

평가는 서비스의 성과를 수치로 측정하는 양적 평가와 성과를 언어적 의미로 서술하는 질적 평가로 구분할 수 있다. 다시 말해, 양적 평가는 서비스 계획단계에서 수립한 목표에 적합한 변화가 일어났는지를 측정하기 위해 빈도, 강도 등 수치화할 수 있는 지표를 활용하여 평가한다. 이에 비해 질적 평가는 서비스 과정을 통해 발생한 변화에 대한 구체적인 기술과 의미에 대한 해석을 하는 것이다.

(1) 양적 평가방법

직접적 서비스에서 가장 많이 사용되는 양적 평가방법은 단일사례평가이다. 이 기법은 개입 전에 기준선을 설정할 수 있어야 하고, 빈도, 강도, 지속기간 등으로 손쉽게 측정 가능한 구체적 행동이 있거나 개입의 초점이 명확할 때 적용할 수 있다.

① **단일사례설계** : 한 사례의 클라이언트를 개입과정, 개입 후를 반복적으로 관찰하고 변화를 기록하는 것으로서 목표가 달성되었는지, 개입의 결과가 어떠한지에 대해서 알아볼 수 있는 사회복지실천에서 가장 보편적으로 활용되고 있는 방식이다. 단일사례설계는 개입 이전의 상태와 개입 이후의 상태를 비교하는 것으로 흔히 AB설계라고도 한다. 여기에서 A는 개입 이전의 상태, B는 개입상태를 말한다.

② **목표달성척도** : 목표달성척도에서는 사회복지사와 클라이언트가 함께 설정하였던 개별화된 목표의 달성 정도를 평가하기 위한 것으로 개입의 목표가 특정 개인에게만 해당되는 고유한 것이라 할지라도 개입의 평가가 가능해진다. 목적달성척도는 목표설정 및 계약단계부터 적용되기 시작하여 세분화된 클라이언트의 기능수행 영역을 개입 후의 각 영역이 어느 정도 향상되었는지를 평가한다.

③ **과업성취척도** : 과업성취척도는 사회복지실천에서 과제중심모델을 활용한 경우에 적합한 방법으로 사회복지사와 클라이언트가 계획하였던 과제를 어느 정도 완수하였는가를 평가하는 것이다. 이 척도는 개입의 효과성을 평가하기 위해 단일사례설계를 사용하기 어려울 때 사용되는 방법으

로 개입 전에 기준선을 설정하기 어려운 사례를 평가하거나 사회복지사와 클라이언트가 1~2회 정도 만나게 되는 단기 서비스 개입에 사용하기 유용하다.

(2) 질적 평가방법

질적 평가는 사물의 양을 숫자로 단순화하지 않고, 그것이 가지고 있는 속성, 가치, 유용성을 파악하는 것으로 단순히 수치의 변화를 나타내는 것이 아니라 실천과정에 대한 많은 유용한 정보들을 풍부하게 제공해 주는 장점을 가지고 있지만 인터뷰, 관찰 등 방법을 사용해야 하므로 시간과 노력이 좀 더 요구된다고 할 수 있다.

(3) 조사절차 및 기법선택 시 사회복지사가 준수해야 할 사항

① 구체적 측정도구들은 반드시 타당성을 지녀야 한다.
② 선택된 도구들은 반드시 신뢰성을 지녀야 한다.
③ 측정절차는 클라이언트가 사용하기에 쉽고 간략해야 한다.
④ 측정절차는 변화유형의 차이점뿐만 아니라 다소 미미한 변화수준 또한 발견할 수 있어야 한다.
⑤ 측정절차는 비반응적이어야 하며 현재 측정되고 있는 현상을 변화시키거나 영향을 미치지 않으면서 차이점을 발견할 수 있어야 한다.
⑥ 단일체계 디자인을 사용할 경우 측정 디자인은 변화를 추적하고 모니터링하며 평가하는 데 적합해야 한다.

2. 종 결

1) 종결의 개념 및 이유

(1) 종결의 개념

종결단계는 사회복지사와 클라이언트 간의 개입과정 종결, 즉 원조과정의 해제를 위한 체계적 절차라 할 수 있는데 클라이언트와 사회복지사 모두에게 이별과 관련된 복잡한 감정을 갖게 된다. 이때 클라이언트가 보이는 반응은 사회복지사에 대한 애착 정도, 목표의 성취 정도, 그리고 어린 시절 이별 경험에 따라 다양하게 나타날 수 있다. 그러나 일반적으로 클라이언트는 일정 기간 자신과 관련된 모든 이야기를 들어주고 자신을 수용하며 긍정적으로 돌보아 준 사회복지사와의 이별을 큰 상실과 슬픔으로 느낀다. 종결과정에서의 목표는 클라이언트를 도와서 그가 당면하고 있는 문제를 해결하는 것뿐만 아니라 앞으로 당면할 문제들을 극복할 수 있도록 클라이언트를 강화시키는 것이다.

(2) 종결의 이유

종결을 하는 이유는 크게 사회복지실천에서는 발생하는 다양한 상황들로 인한 경우와 모든 치료 과정이 끝나서 종결하는 경우로 들 수 있다. 다음은 조미숙 등(2021)이 제시한 종결의 이유를 중심으로 정리한 내용이다.

① 사회복지실천에서 일어날 수 있는 종결의 다양한 상황들

- 사전에 동의된 목표들이 정해진 기간 내에 성취된 경우
- 클라이언트가 그 동안의 원조가 충분했다고 결정한 경우
- 사회복지사가 전근이나 이직 등으로 해당 지위를 떠나거나 클라이언트가 다른 지역으로 이사한 경우
- 법정요청이 만료되었을 경우
- 기관의 정책이 일정한 시간제한을 두었을 경우

- 자원의 한계 상황이 일어났을 경우
- 시간의 부족과 업무 부담감으로 인한 경우
- 슈퍼바이저로부터 충고가 있었을 경우
- 다른 기관들로부터의 영향력으로 인한 경우
- 클라이언트가 사망한 경우

② **치료가 종결되는 경우**

- 예정된 기간 내에 설정된 목표가 달성되었을 경우
- 클라이언트가 종결을 원할 경우
- 클라이언트와 사회복지사가 외적인 이유로 계속하기 어려운 경우
- 이송이 필요한 경우
- 치료가 클라이언트의 생활양식이 되고 주요 이차적 이득의 근원이 될 경우

(3) 종결과정에서의 과업

① **진행의 평가** : 목표 성취, 목표변경, 성취되지 못했다면 이유 등을 검토한다.

② **양가성의 결과** : 양가감정을 발산하도록 격려한다.

③ **진행과정의 검토** : 현재까지의 과정을 검토하고, 진행되어 온 사항을 인식하고, 변화를 가져온 구체적인 면을 클라이언트와 더불어 탐색한다.

④ **문제해결** : 클라이언트가 근래에 획득한 지식과 기술을 활용하여 지역사회 내에서 새로운 역할을 발견하고 새로운 관계를 발전시키거나 강화하는 등 클라이언트의 노력을 지지한다.

⑤ **과도기의 처리** : 종결단계는 과도기적 성격을 지니고 있는데 클라이언트의 정서적 반응을 조절하기 위하여 사회복지사가 떠날 때 유발되는 정서를 조절하고, 비성공적인 결과를 초래한 종결에 대한 부가적인 원조 요청에 대해 논의되어야 한다.

⑥ **변화결과를 확고히 하기** : 개입의 전 과정을 다시 한번 더 클라이언트와

점검하면서 그 과정이 어떻게 진행되었는지를 클라이언트가 되새길 수 있도록 돕는다.

2) 종결의 유형

다음은 김기태 등(2007)이 제시한 종결의 유형을 중심으로 정리한 내용이다.

(1) 계획된 종결

① 일정 기간만 제공되는 계획된 종결

개입의 목표가 정해진 기간 내에 달성되었기 때문에 종결하는 경우, 가장 이상적인 종결의 유형으로 미리 알려진 것이므로 클라이언트 입장에서는 갑작스럽게 종결을 맞는 것보다 충격이 적고 그에 대한 대비를 할 수 있어 종결에 따른 감정을 해소할 충분한 시간을 갖게 된다. 그러나 그 기간 내에 문제가 해결되지 않았을 때 클라이언트는 진행 도중에 서비스가 중단되었다고 생각할 수 있고 전문가는 종결에 대한 감정처리 이외에 남아 있는 문제를 해결하기 위해 다른 기관에 의뢰해야 하는 이중부담을 가지게 된다.

② 시간 제한적 종결

초기부터 사회복지사와 클라이언트가 개입의 시간을 미리 정하고 시작하는 것이다. 정서적 애착과 의존을 줄여주고 종결에 따른 상실감도 줄여주지만 나름대로의 종결에 대한 반응은 나타난다. 전문가는 클라이언트가 개입을 통해 얻는 것을 분명히 하고, 지속적인 개입이 필요한 경우 또 다른 계획을 세우며, 개입기간에 배운 바를 클라이언트가 일상생활에 어떻게 적용할 것인지를 확인한다. 그리고 사후 세션을 계획한다.

③ 시간제한이 없는 종결

언제 종결할 것인가를 결정하는 것이 중요하다. 세션에서 얻는 이득이 점차 줄어들어 중요성이 없어질 때가 종결할 때라고 한다. 장기간의 개입 과정에서 클라이언트의 의존성이 증가되고 전문적 관계를 통해 얻는 이득에 만족하는 경우 종결은 어려워진다.

(2) 계획되지 않은 종결

① 클라이언트에 의한 조기 및 일방적 종결

- 클라이언트가 갑자기 약속을 어기거나 이런저런 이유로 올 수 없음을 핑계대고 더 이상 자신의 문제를 노출시키지 않으면서 종결을 원하는 경우이다.
- 대부분 해결되지 못한 저항 때문이거나 문제가 이미 해결되었다는 비현실적인 믿음 때문일 수 있으므로 직면하여 토론하는 것이 좋다.
- 그러나 계속 진행할 것을 강요해서는 안 되며 언제든지 다시 올 수 있는 여지가 있음을 분명히 알려야 한다.
- 조기종결과 일방적인 종결은 종종 해결되지 않은 저항의 표현이므로 저항을 해결할 기회를 부여할 필요가 있다.
- 남아 있는 성원들은 떠나는 성원에 대한 분노, 죄책감, 그동안 가져왔던 소중한 관계에 대한 상실, 이 집단을 계속 지속시켜야 하는지에 대한 의심 등을 가지게 된다. 그리고 떠나는 성원도 역시 떠나는 것에 대한 양가감정, 상실감, 떠나는 것에 대한 죄책감, 계속 남아 있도록 강요하는 집단에 대한 분노 등을 경험하게 된다. 전문가는 집단 내에서 이러한 반응을 다룰 수 있어야 한다.

② 사회복지사의 사정으로 인한 종결

- 사회복지사가 직장을 바꾸거나 업무의 재담당으로 인해 클라이언트의 치료를 종결할 경우이다.
- 이 경우 부모에 의해 거절된 경험이 있는 클라이언트는 특히 상처 받기 쉽다.
- 시간을 허락하는 한 감정표현을 허용하고 다른 사회복지사에게 의뢰하는 것을 수용하도록 도와야 한다.
- 사회복지사는 클라이언트의 상황을 다양한 측면에서 탐구하여 클라이언트에 의한 조기 종결이 이루어지는 경우를 최소화하도록 노력해야 한다.

3) 종결의 반응

종결은 그 자체의 독특한 감정과 특성을 가지고 있다. 종결은 부정, 저항, 분노, 애도나 비탄 등의 반응을 동반할 수 있다. 사회복지사 또한 자신이 충분한 노력을 했는가에 대한 회의에서 오는 죄책감, 노력의 효과성에 대한 불확실성, 상실감 등의 일종의 종결반응들을 보인다(조미숙 외, 2021).

(1) 종결의 단계

종결의 단계를 다음의 다섯 단계로 구분하기도 한다(조미숙 외, 2021; Shulman, 1992).

① 부정의 단계

클라이언트는 종결에 직면했을 때 가끔 종결이 임박했다는 것을 부정하거나 그 경험이 가치 있었다는 것을 부정한다. 부정은 임박한 분리를 피하고 분리와 관련된 상실감과 불안을 피하려는 방어로서 작용한다. 클라이언트는 헤어질 준비가 되지 않았다거나 문제가 다른 어느 때보다 더 악화되었다고 저항을 하기도 한다.

사회복지사가 클라이언트에게 분리의 의미를 탐구하려고 할 때에 주제를 바꾸기도 하고, 정해진 날짜를 잊어버리거나 자신이 준비가 되어 있지 않으므로 면접이 연장되어야 한다고 요청하기도 한다.

사회복지사와 클라이언트는 그들의 감정을 정리하고 이 단계를 생산적으로 활용하도록 준비할 수 있는 시간을 제공하는 것이 중요하다.

② 분노의 직접적 및 간접적 표현

분노의 감정과 슬픈 감정을 직접적으로 표현하는 경우가 있고, 종결에 대한 간접적인 단서에도 직접적으로 반응한다. 이러한 신호를 지각하는 사회복지사는 클라이언트에게 그 단계의 역동성을 지적해야 한다.

③ 애도의 기간

클라이언트가 표현하는 분노의 감정 저변에는 종종 슬픔의 감정이 있다.

적극적으로 참여하던 클라이언트도 갑자기 냉담하고 둔감해진다. 면접에서 침묵의 시간이 길고 소극적이며 말의 시작이 느리고 끝맺는 것보다는 궤도를 잃게 되는 대화를 하는 것이 특징이다. 애도의 감정은 아동, 노인, 장애인 등과 같이 환경에 많이 의존할수록 더 강하다.

④ 시험을 해봄

클라이언트가 마지막 면접으로 이행해 감에 따라 사회복지사는 종종 독자적으로 일을 할 수 있는 클라이언트의 능력과 새로운 기술을 시험해 보려고 한다. 사회복지사는 클라이언트의 성취에 대한 긍정적 감정을 가지고 클라이언트를 신뢰하며 혼자 힘으로 하는 클라이언트의 능력에 대하여 직접적으로 인정하는 것 등으로 구성되는 기술을 적용한다.

⑤ 고별파티 증후군

모든 치료는 긍정적인 면과 부정적인 면을 가진다. 사회복지사는 지나치게 긍정적인 감정에 사로잡혀서 내용과 과정에 대한 정직한 분석을 소홀히 해서는 안 된다. 사회복지사는 고별파티에 도취되지 않도록 하기 위하여 부정적 평가에 관한 기술도 활용해야 한다.

(2) 종결의 반응(Levinson, 1977)

종결 시 클라이언트들은 긍정적인 반응과 부정적인 반응을 나타낸다. 그러한 반응들에 대하여 Levinson(1977)이 설명한 내용을 중심으로 다음과 같이 제시한다.

① 긍정적인 종결 반응

일반적으로 클라이언트는 원조관계에서의 이점이 상실감보다 크기 때문에 긍정적 감정을 경험한다. 원조관계에서 참여자들은 깊고 진실한 개인적 만남을 경험하면서 풍성함을 느끼고 각 개인의 자아는 다른 사람들과 접촉하면서 성장한다.

② 부정적인 종결 반응

사회복지사에게 지나치게 의존적이었던 클라이언트는 사회복지사와의 이별을 누구와도 대체할 수 없는 사람을 상실한 것과 같이 경험한다.

- **사회복지사에게 매달리는 반응** : 클라이언트에게 독립적으로 문제를 해결하는 것이 목표였음을 강조한다.
- **과거 문제 재발** : 문제에 초점을 두지 않고 종결 이후 삶에 대한 불확실성, 두려움에 초점을 두어 세션을 진행하며 감정보다는 클라이언트가 세션을 통해 획득한 자원과 장점을 강조하여 자기효율성을 높여준다.
- **새로운 문제 호소** : 종결 단계에 들어가 새로운 문제가 발생했다고 하거나 이제까지 말하지 않았던 비밀을 밝히는 경우가 있다. 사회복지사는 그 문제를 다루기 전에 먼저 종결에 따른 감정을 탐색해야 한다.
- **사회복지사를 대체할 대상을 찾는 경우** : 사회복지사를 대신하고 그 상실을 보상해 줄 수 있는 대상을 찾는 것은 의존심을 지속시키고자 하는 욕구 때문이다. 클라이언트로 하여금 그 역할을 인식하도록 돕고 그 결과가 어떻게 될지 생각해 보도록 한다.

③ 사회복지사가 떠날 때 발생하는 감정 다루기

사회복지사가 기관을 떠나면서 종결한다면 클라이언트는 종종 슬픔을 경험하기 전에 다른 반응을 표현한다. 클라이언트가 자기감정을 직면하도록 돕기 위해 사회복지사는 종결이라는 주제를 다시 거론하며 클라이언트가 자신이 떠난 후에도 목표를 달성하도록 계속 노력할 수 있도록 돕고 싶다는 바람을 표현하는 것이 좋다. 또 사회복지사가 떠날 때 클라이언트가 흔히 경험하는 상처, 분노, 거절의 감정이 나타나는 것에 대한 이해를 구하는 감정이입적 의사소통이 필요하다.

4) 종결기술과 사회복지사의 역할

사회복지실천의 종결과정에서 사회복지사가 수행하여야 하는 기술과 역할에 대하여 한국전문대학사회복지교육협의회(2005)에서 제시한 내용은 다음과 같다.

(1) 종결의 기술

① 종결을 지적한다

종결 날짜를 처음부터 정해 두었거나 목표가 적절한 수준에 도달되었기 때문에 클라이언트와 사회복지사가 종결 날짜를 서로 동의하에 결정했거나 더 이상 성취될 것이 없다든지 하는 경우 등에 종결이 이루어지는바, 사회복지사는 마지막 면접이 언제 이루어질지 알게 된다.

② 간접적인 암시에 대한 직접적인 반응을 한다

부정적인 감정이 있을 경우에 활용하는 것이 좋다. 클라이언트의 간접적인 암시는 종결의 현실이 인정되지만 거절의 형태로 지각되는 경우에 있을 수 있다. 따라서 사회복지사는 간접적으로 표현하는 클라이언트의 감정을 직접적으로 표현하도록 격려하며 직접적인 표현을 수용하고 비방어적으로 대한다.

③ 클라이언트의 종결감정을 인정하고 사회복지사의 종결감정을 클라이언트와 공유한다

사회복지사가 전문적인 도움만을 주는 사람이기보다는 다차원적인 인간으로서 모습을 보여주는 경우 클라이언트에게 더욱 많은 도움이 된다는 것이다.

(2) 사회복지사의 역할

① 진행의 평가

클라이언트의 문제해결의 과정과 현재 상황을 평가하는데 기관 또는 사회복지사가 클라이언트에게 제공하는 서비스의 질과 클라이언트의 서비스 활용을 사정하게 된다.

서비스의 종결이 고려될 때에는 항상 목표의 성취에 대한 검토가 있어야 하며, 처음 설정한 목표가 변경되었는가, 목표가 어떻게 성취되었으며, 성취되지 못하였다면 왜 성취되지 못하였는가를 검토해야 한다.

② 양가성의 결과

종결에 대한 양가감정을 발산하도록 격려하는 것이 이 단계 동안에 사회복지사가 해야 할 주요 과업 중의 하나이다. 양가감정이 잘 탐색되면 과업성취나 문제해결을 위한 클라이언트의 에너지가 더욱 방출되기 때문에 클라이언트는 서비스 종결의 경험을 통하여 상실과 분리를 조정하는 방법을 배울 수 있다.

③ 진행과정의 검토

종결과정에서 사회복지사는 클라이언트가 증상이나 특별한 행동에 대하여 논의하도록 클라이언트에게 질의를 하고 변화에 대한 그의 아이디어를 표현하도록 한다.

마지막 면접에서 공통된 주제는 현재까지의 과정을 검토하고 클라이언트가 느끼는 사항에 관한 평가를 하는 것이다. 사회복지사의 활동이 가장 중요한 부분은 진행되어 온 사항을 인식하고 변화를 가져온 구체적인 면을 클라이언트와 더불어 탐구하는 것이다.

④ 문제해결

사회복지사는 클라이언트가 근래에 획득한 지식과 기술을 테스트하고 활용하여 지역사회 내에서 새로운 역할을 발견하고 새로운 관계를 발전시키거나 강화하는 등 클라이언트의 노력을 지지한다.

⑤ 과도기의 처리

종결단계는 과도기적 성격을 지니고 있는데 과도기에는 클라이언트와 밀접한 관련을 가지고 있는 사람과 어떤 상호작용이 있을 수 있다. 따라서 종결에서 클라이언트의 정서적 반응을 조절하기 위하여 사회복지사는 특히 다음과 같은 사항에 유의해야 한다.

- 사회복지사가 떠날 때 유발되는 정서의 조절

사회복지사가 기관을 떠남으로 인해 종결이 될 경우에 클라이언트는 슬픔을 경험하기 앞서 다른 반응을 보인다. 자존심이 저하되어 있거나 거절의 경험을 가진 클라이언트는 거절감, 배신감, 분노, 원한 등의 감정이 더욱 민감하게 나타날 수 있다. 이 경우에 사회복지사는 이러한 감정들을 발산하는 데 역점을 둔다.

- 비성공적인 결과를 초래한 종결
  원조과정이 비성공적으로 끝날 경우 종결에서는 더욱 좋은 결과를 성취하는 데 방해가 된 요인과 장차 부가적인 원조를 요청하는 데 대한 클라이언트의 감정에 대해 논의되어야 한다. 본질적으로 여기에 대한 정서적 반응을 조절하는 데는 감정이입적인 커뮤니케이션, 수용, 온정, 강점의 인정, 이해, 진실성 그리고 가벼운 직면 등이 활용된다.

⑥ 변화결과를 확고히 하기

개입과정에서 사회복지사의 마지막 활동은 진행되는 동안 달성한 결과를 안정시키고 그것을 클라이언트의 일상생활에 일반화시키는 것이다. 이를 위해 사회복지사는 개입의 전 과정을 다시 한번 클라이언트와 점검하면서 그 과정이 어떻게 진행되었는지를 클라이언트가 되새길 수 있도록 돕는다.

5) 사후관리와 의뢰

(1) 사후관리(follow-up)

사후관리란 종결한 후 1개월에서 6개월이 지났을 때 클라이언트가 잘 적응하고 있는지를 점검하는 과정을 말한다. 사후관리는 사회복지사가 종결 이후에도 클라이언트에게 계속 관심을 가지고 있다는 것을 보여줌으로써 변화를 지속할 수 있는 동기를 제공한다. 방법으로는 직접 가정을 방문한다든지, 메일 및 전화로 확인하기도 하고, 내방하여 면접을 할 수도 있다.

사후관리는 사회복지사가 클라이언트에게 종결 후에도 계속적으로 관심을 가지고 있음을 표현하는 수단이 되기도 하며 클라이언트가 필요하다면 추가 서비스를 제공할 수도 있다(조미숙 외, 2021).

(2) 의뢰(referrals)

종결과정의 마지막 과업은 의뢰이다. 의뢰는 종결 후 클라이언트를 다른 기관이나 전문가에게 보내 추가적인 서비스를 제공하고자 할 때 행해진다. 의뢰과정은 제한된 기간 동안 클라이언트의 문제나 욕구가 충분히 해결되기를 기대하기 어렵고, 한 기관에서 클라이언트가 요구하는 서비스를 다 제공하지 못하는 경우 사회복지사가 다른 기관이나 외부의 자원들과 클라이언트를 연결시켜 주는 것을 말한다. 이때 사회복지사는 의뢰과정을 조심스럽게 다루어야 하며 의뢰에 대해서 클라이언트와 충분한 의논을 해야 한다(김기태 외, 2007).

요점정리

평가의 유형

- 결과평가 : 성취된 결과들에 대한 사정, 이미 결정된 방식에 따라 사정, 일반적 진전평가, 사전·사후 비교방법, 통제집단과 실험집단의 비교
- 과정평가 : 원조과정이 클라이언트에게 유용하였는지 또는 손해를 보게 했는지에 대한 클라이언트의 평가
- 사회복지사에 대한 평가와 프로그램 평가

평가 방식

- 단일체계 연구방식 : 한 사례의 클라이언트를 개입과정, 개입 후를 반복적으로 관찰하고 변화를 기록하는 것

종결의 유형

- 계획된 종결 : 일정 기간만 제공되는 계획된 종결, 시간 제한적 종결, 시간제한이 없는 종결
- 계획되지 않은 종결 : 클라이언트에 의한 조기 및 일방적 종결, 사회복지사의 사정으로 인한 종결

종결의 단계

- 부정의 단계, 분노의 직접적 및 간접적 표현, 애도의 기간, 시험을 해봄, 고별파티 증후군

종결의 반응

- 긍정적인 종결 반응과거 문제 재발
- 부정적인 종결반응 : 사회복지사에게 매달리는 반응, 과거 문제 재발, 새로운 문제 호소, 사회복지사를 대치할 대상을 찾는 경우

종결의 기술

- 종결을 지적한다.
- 간접적인 암시에 대한 직접적인 반응을 한다.
- 클라이언트의 종결감정을 인정하고 사회복지사의 종결감정을 클라이언트와 공유하는 것

종결에서의 사회복지사의 역할

- 진행의 평가, 양가성의 결과, 진행과정의 검토, 문제해결, 과도기의 처리, 변화결과를 확고히 하기

사후관리와 의뢰

- 사후관리 : 종결한 후 1개월에서 6개월이 지났을 때 클라이언트가 잘 적응하고 있는지를 점검하는 과정
- 의뢰 : 종결과정의 마지막 과업인 의뢰는 종결 후 클라이언트를 다른 기관이나 전문가에게 보내 추가적인 서비스를 제공하고자 할 때 행해진다.

14

CHAPTER

사례관리

1. 사례관리의 등장배경 및 이론적 배경
2. 사례관리의 개념 및 목적
3. 사례관리의 개입원칙 및 과정
4. 사회복지실천과 사례관리

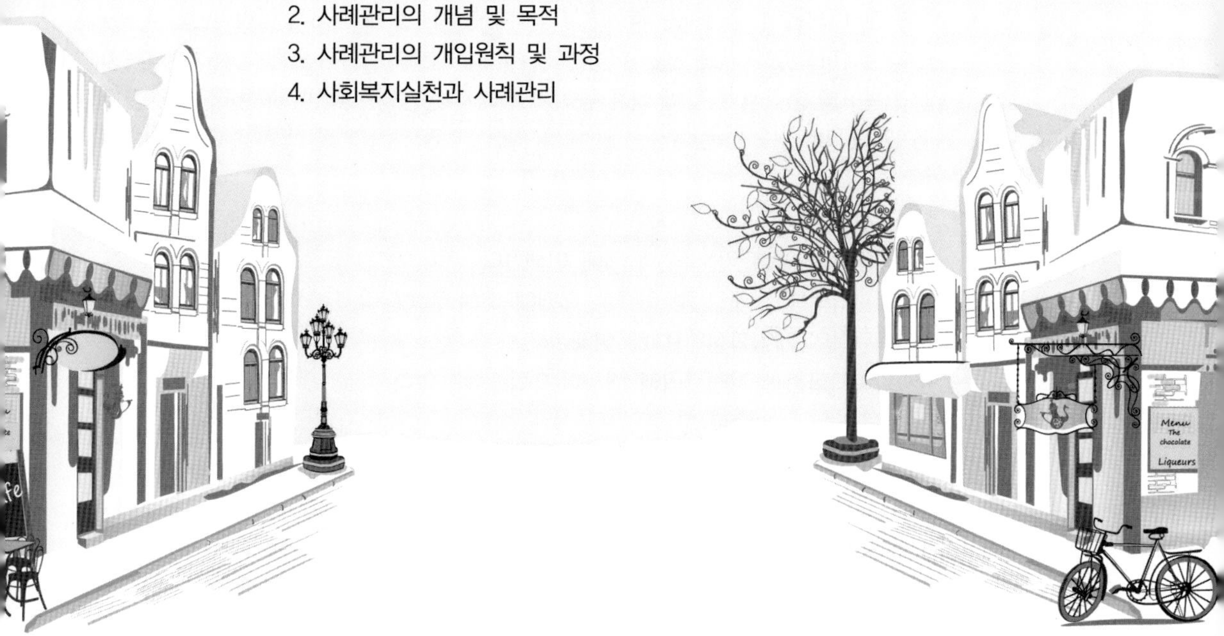

■ 개요

사례관리는 사회복지사에게 가장 중요한 도구이다. 이 장에서는 이러한 사례관리에 대하여 정의하고, 사례관리의 개념과 목적을 이해하며, 사례관리의 개입과정을 알아보도록 한다. 오늘날 급변하는 사회현상과 다양한 사회문제 안에서 클라이언트의 욕구는 다양해지고 있으며, 문제는 더욱 복합적이다. 사회복지실천 현장의 사례관리는 이들의 욕구를 충족시켜 삶의 질을 높이기 위해서 진행되는 다양한 서비스의 조정 및 관리임을 알아보고자 한다.

■ 학습목표

- 사례관리의 개념 및 목적에 대해 이해한다.
- 사례관리의 등장배경 및 이론적 배경에 대해 알아본다.
- 사례관리의 개입과정에 대해 이해한다.
- 사회복지실천과 사례관리에 대하여 이해할 수 있다.

14
CHAPTER

사례관리

1. 사례관리의 등장배경 및 이론적 배경

1) 사례관리의 등장배경

(1) 탈시설화의 경향

탈시설화는 원조대상자들이 기존의 시설보호의 영역에서 벗어나서 가정과 같이 지역사회로의 복귀를 의미한다. 선진국에서는 한정된 시설 체계 안에서 제공되는 서비스가 행정적 관료주의에 치우쳐 있고, 공적 부담비용이 크다는 단점으로 탈시설화를 꾀하여 지역사회 중심의 재가복지 서비스 정책으로 전환되고 있다. 그러나 시설보호가 재가복지서비스로의 전환에 있어서 몇 가지 약점이 나타나고 있는데 이를 정리하면 다음과 같다.

① 다양한 클라이언트의 욕구에 대하여 각기 다른 여러 기관에서 원조가 이루어지기에 서비스가 단편화되고 분산된다는 점이다.
② 클라이언트의 욕구에 대응하는 사회자원의 이용체계가 확립되어 있지 않아 서비스를 받기가 어렵다.
③ 만성적 질환(정신질환자, 치매노인, 요양이 필요한 노인 등)으로 인해 심한 의존성을 가진 클라이언트에 대한 가족의 보호 기피가 원조기관의 부담으로 대두되고 있다는 등의 문제점들이 생겨나게 되었다.

따라서 이러한 문제를 극복할 수 있는 보다 지속적이고 포괄적인 서비스 제공의 필요성이 대두되었다.

(2) 다양하고 분산된 서비스 체계

다양하고 분산된 서비스 지원체계를 통합하고, 연계하기 위한 활동이다. 지역사회에서 정신건강 운동의 초기 서비스전달체계는 주로 공공부문에서 주도하였으나 점차 민간의 영역으로 옮겨오게 되면서 서비스 간의 조정을 담당하는 역할장치가 거의 없어지게 되었다. 서비스의 망이 점차 고도로 복잡해지고 분산됨으로써 서비스의 중복 현상이 나타나기도 하고, 서비스 간의 연계성이 부족하게 되었다. 이러한 서비스의 복잡화 현상은 클라이언트가 각 서비스마다 다른 기관을 방문해야 하는 문제를 야기하였으며, 심지어 접근의 기회마저 차단하는 경우가 발생하게 되었다. 따라서 사례관리는 이러한 서비스들의 연계성을 확보하고자 나타난 것이다.

(3) 복합적인 욕구를 가진 인구의 증가

복합적인 욕구의 증가는 장애인, 노인 인구의 증가로 인해 소득, 주택, 사회화, 재활, 의료 중에서 두 가지 이상의 서비스를 필요로 하는 클라이언트의 증가를 의미한다. 이와 같이 복합적인 욕구를 가진 클라이언트는 자신들의 욕구를 지원해 줄 수 있는 전달체계가 확립되지 못하면 지역사회에서의 생활이 곤란하게 된다. 때문에 이들이 지역사회에서 살아가도록 하는 모든 서비스를 조직화하고 통합하여 상호 연계되는 서비스 전달체계가 필요하게 되었다.

(4) 기존 서비스의 단편성(조정과 통합의 요구)

기존 서비스의 단편성은 대인 복지 서비스의 분류가 대부분 단편적으로 이루어져 자원과 자격 요건 측면에서 서비스의 공급주체가 연결되고 조직화되어 있지 않음을 의미한다. 이로 인해 두 가지 이상의 욕구를 가진 클라이언트인 경우 서비스 공급 기관 간의 상호조정과 연계를 통한 통합적인 서비스전달이 이루어지는 경우가 드물다. 때문에 서비스 공급자들이 서비스의 편파성과 범주적인 분류에서 벗어나 상호작용할 수 있는 서비스 전달체계가 필요하게 되었다.

(5) 사회적 지지체계와 지원망의 중요성에 대한 인식의 증가

사회적 지지체계(social support system)와 지원망(support network)의 중요성에 대한 인식의 증가는 가족, 친구, 친족, 이웃 등의 비공식적인 지지체계와 사회적 중요성에 대한 필요성을 인식함을 의미한다. 실제로 대인 복지 서비스에서 클라이언트의 삶의 질을 높이기 위한 사회적 지원체계와 지원망의 영향은 매우 크다. 그러나 사회적 지지체계와 지원망이 공적인 서비스와의 통합이나 조정이 이루어지지 않을 때에는 그 효과를 거두지 못할 수도 있다. 따라서 공적인 서비스와 비공식적 지지체계 간의 통합 조정의 서비스 전달체계가 필요하게 되었다.

(6) 비용억제의 필요성

비용효과에 대한 인식의 증가는 대인 복지 서비스에 있어서는 결핍된 자원 내에서 서비스의 효과를 최대화하려는 측면과 서비스 전달에 소요되는 비용을 억제함을 의미한다. 시대와 지역을 막론하고 자원의 부족과 그로 인해 제기되는 서비스의 효과성은 중요한 쟁점으로 부각되어 왔다. 때문에 대인 복지 서비스의 효과성 · 책임성에 기초하여 서비스의 중복을 점검하고, 서비스 계획을 관리하며, 서비스 전달의 효과성을 최대화할 수 있는 서비스 전달체계가 필요하게 되었다.

2) 사례관리의 이론적 기반

사례관리는 자원관리와 조정 등의 간접적 서비스를 직접적 서비스와 함께 실천하는 점을 강조한다. 따라서 사례관리는 인간을 둘러싼 환경체계에 관한 종합적인 사정이 가능한 체계이론, 생태체계이론 등을 주요 이론적 기반으로 활용한다.

(1) 체계이론

체계란 상호 의존적이며 상호작용하는 부분들로 구성된 전체이다. 일반체계이론에서는 체계는 기능하고, 성장하고, 발달하고, 다른 체계와 상호작용한다는 원칙을 설명한다.

(2) 생태체계이론

생태체계적 관점은 클라이언트 체계가 대처하고, 생존하며, 필요한 자원을 위한 경쟁을 위해 변화하는 환경에 적응하는 다양한 방법을 이해할 수 있도록 돕는다. 상황적 · 환경적 맥락에서 클라이언트 체계를 보기 때문에 사정과 계획단계에서 유용하게 활용될 수 있다.

2. 사례관리의 개념 및 목적

1) 사례관리의 개념

사례관리는 클라이언트가 필요로 하는 원조영역을 확인하여 개인적 자원 및 지역사회 자원을 연결하는 것으로 특별한 지지와 격려가 필요한 사람들에게 지역사회에서 지속적인 지원을 보장하고 통합적인 서비스를 제공하기 위하여 개입과정을 조직, 연결, 조정하는 실천방법이다. 또한 클라이언트나 집단에게 제공되는 사회복지서비스의 조정과 관리를 통해 전문화를 꾀하는 사회복지실천 방법이다. 즉, 사례관리란 다양하고 복합적 욕구를 가진 클라이언트를 대상으로 그들의 욕구를 충족시키고 사회생활상의 어려움을 극복할 수 있도록 돕기 위해 자원 및 서비스의 조정을 통하여 연속적이고 포괄적인 서비스 제공과 효율적 서비스를 전달하는 일련의 과정이다(엄명용 외, 2008).

(1) 서비스 체계 중심의 개념

사례관리를 서비스 전달체계의 문제해결 방법으로 정의한다면, 탈시설화의 영향으로 인해 서비스 전달체계에서 나타난 서비스의 단편성, 분산성, 불연속성, 비접근성, 중복성 등의 문제를 해결하기 위한 방법으로 사례관리의 간접적 서비스 제공의 기능을 강조한다.

(2) 클라이언트 체계 중심의 개념

클라이언트와 사례관리자와의 치료적 관계를 바탕으로 클라이언트의 정신내적, 대인관계적, 환경적 개입이 상호 연합하는 것을 의미한다.

(3) '상황 속의 인간'을 강조하는 개념

체계적 관점의 개념 틀을 기반으로, 개인과 환경의 상호작용이라는 입장에서 클라이언트 차원의 개념과 서비스 체계 차원의 개념을 포괄적으로 수용하는 견해이다.

2) 사례관리의 목적

사례관리의 궁극적인 목적은 클라이언트가 자신의 삶을 스스로 살아갈 수 있도록 역량을 갖추게 하는 데 있다고 할 것이다.

Intagliata(1992)는 서비스의 통합성, 보호의 연속성, 서비스의 접근성, 사회적 책임과 효율성 등을 사례관리의 목적으로 제시하고 있다. 그의 논의를 바탕으로 사례관리의 목적을 다음과 같이 정리할 수 있다(권진숙 외, 2012).

(1) 보호의 연속성

클라이언트의 회복과 재발의 순환으로 지역사회와 시설 사이에서 이동하는 것과 같이 어떤 일정한 장소나 기간 내에서 계속적으로 서비스를 제공하는 보호의 연속성을 보장하는 것이다.

서비스의 시작인 전화 통화부터 서비스가 종료될 때까지 중단되지 않고 제공되는 것을 의미한다.

(2) 서비스의 통합성

복합적이고 변화하는 이용자의 욕구를 해결하기 위해 많은 기관의 서비스와 기능을 통합한 체계를 확보해야 하는 것을 의미한다.

사례관리자는 클라이언트의 복합적인 욕구를 해결하기 위해서 많은 기관과 지역사회의 자원을 통합적으로 활용한다. 이러한 서비스 통합은 서비스의 파편화와 중복을 감소시키고 제공된 서비스들의 상호작용을 촉진시킨다.

(3) 서비스 접근성

클라이언트들은 서비스 제공자나 기관의 복잡성, 프로그램의 복잡성, 서비스에 대한 정보와 인식 부족 등으로 인해 서비스 접근이 제한되는 경우가 있다. 사례관리는 평등한 서비스 접근으로 서비스 이용자의 적격성, 기준, 규정, 정책, 절차 등과 관련된 서비스의 접근에 대한 장애물을 극복하고 개인이 필요한 서비스에 쉽게 접근할 수 있도록 원조하는 것을 말한다.

(4) 사회적 책임성

사회적 책임이란, 서비스 제공의 효율성과 효과성의 문제로서 이용자의 욕구에 적합한 효과적인 서비스와 한정된 자원으로 가장 많은 효과를 거둘 수 있는 효율적인 서비스를 제공해야 함을 의미한다. 즉, 서비스가 클라이언트의 욕구에 적합하고, 적당한 시기에 적절한 방식으로 제공될 수 있도록 하며, 동시에 서비스가 중복되지 않도록 관리하는 것으로 보호의 효율성과 효과성이 담보되어야 한다. 또한 높은 전문성, 높은 수준의 보호, 지속적인 개선 등이 요구된다는 것을 말한다.

(5) 클라이언트의 역량 강화

사례관리 목적은 클라이언트가 직면한 문제를 극복하기 위해서 직접적 서비스를 충분히 제공하고 클라이언트를 자원과 연결시키고, 간접적인 서비스들을 충분히 제공함으로써 클라이언트가 사례관리자의 도움 없이도 자원들과의 연결을 유지할 수 있도록 하는 것이다. 이러한 클라이언트의 역량강화는 클라이언트의 강점과 이익을 키우고, 파트너십 역할을 갖게 하고, 자립할 수 있는 개인으로 클라이언트를 존중하는 것이다.

3) 사례관리의 기능

사회복지 사례관리의 기능은 전인적인 관점(holistic perspective)을 통해 삶에 영향을 미치는 다양한 이슈에 개입하고자 하는 관점에 잘 부합하는 것으로, 클라이언트와 환경이라는 이중 관점을 적용하여, 클라이언트를 대상으로 하는 직접적 실천과 클라이언트가 처해 있는 환경에 대한 간접적 실천을 수행한다.

전미사회복지사협회에서는 사례관리자 인증제(NASW, 2010)를 제공하여 사례관리가 수행하는 일곱 가지 기능을 다음과 같이 제시하고 있다.

- **관여** : 클라이언트 확인과 아웃리치
- **사정** : 욕구 사정, 기능 사정, 생리적 · 심리적 · 사회적 사정, 강점, 포괄적인 인테이크 사정, 사회문화적 사정, 자원 및 재정 사정
- **계획** : 개입, 치료, 보호, 재활, 전략, 지원, 위기 개입 계획
- **실행 · 조정** : 서비스 연계, 서비스 점검, 서비스 전달, 프로젝트 실행 및 클라이언트 지원
- **옹호** : 체계 향상, 클라이언트 복지와 기능, 연계와 중재
- **재사정 · 평가** : 서비스 점검, 효율성, 효과성, 자료 수집 및 분석
- **분류** : 서비스 분류 계획, 의뢰, 그리고 종결

이처럼 사회복지 사례관리 기능은 사회복지실천 전반에서 일관된 목표를 공

유하고 있다. 즉, 클라이언트의 다양하고 복잡한 욕구에 가장 효과적으로 부응하고자 하며, 질적인 서비스를 제공하여 궁극적으로 클라이언트의 기능을 최적화하고자 한다. 또한 사회복지 사례관리의 기능으로 치료적 과정을 강조한다(클라이언트와의 관계형성, 의사소통기술, 정서적 지원 등의 직접적인 기능 강조). 다시 말해, 클라이언트와 사회복지사와의 만남 자체가 클라이언트의 변화를 이끌어 낼 수 있는 치료적 관계가 되어야 한다는 것이다.

4) 사례관리의 의의

사례관리란 사회복지의 여러 영역들에 해당하는 아동복지, 장애인복지, 노인복지, 여성복지, 가족복지, 지역사회 정신건강, 의료 · 보건사업 등과 같은 문제상황에 직면해 있음으로 인해 기본적인 욕구충족이 해결되지 않고 있는 도움이 필요한 개인을 대상으로 하는 복지서비스에 사용되는 사회복지실천양식에 해당하는 것이다. 이러한 사례관리는 현재 지역사회 안에서의 만성 장애인, 중증 장애 등을 가지고 있는 클라이언트들에게 그 사용범위가 점차적으로 확대되고 있는 가운데 그들의 지속적인 보호와 지원을 제공하는 중요수단으로 여겨지고 있다는 데서 그 의의를 찾을 수 있다.

이처럼 사례관리는 전통적인 사회복지방법론과는 전혀 다른 보다 새로운 실천형태가 아니라 클라이언트에게 통합적인 방법으로 활용하고자 하는 모델이다. 즉, 특정 대상을 위한 직접적인 서비스 및 지역사회실천에서의 간접서비스를 통합한 모델이라고 할 수 있는 것으로, 이러한 사례관리는 클라이언트들에게 좀 더 포괄적이면서도 지속적인 서비스를 제공한다는 측면에서 커다란 의의를 찾을 수 있다.

과거 전통적인 사회복지서비스가 기관의 서비스와 프로그램에 기초한 서비스인 반면에 사례관리는 클라이언트들의 욕구에 보다 큰 초점을 두면서 기관의 범위를 뛰어넘어 지역사회 차원에서 더욱 적극적이고 능동적인 복지서비스의 제공과 함께 해당 서비스의 점검을 강조하는 모델이다. 따라서 사례관리는 클라이언트 중심의 철학을 바탕으로 하여 보다 적극적인 지역사회 보호를 지향한다는 관점에서 비롯된 실천모델로서의 의의가 있는 동시에 이러한 점은 전통적인 사회복지의 관점과 구별되는 차이점이라 할 수 있다.

사례관리에서 중시하고 있는 관점인 클라이언트 중심의 철학이라는 것은 클라이언트를 기존의 복지 프로그램에 맞추는 것을 의미하는 것이 아니라 클라이언트의 욕구를 바탕으로 해서 각 개별 클라이언트들에게 알맞은 맞춤형 복지서비스를 개발하고 이의 실천을 통해 서비스를 제공하고자 하는 것을 의미한다.

5) 사례관리의 기본적인 가치

- **기본 권리에 대한 존중** : 모든 사람들은 자신의 삶의 목적을 성취하고, 문제를 해결하고, 인간으로서 잠재력을 실현하기 위해 도움이 될 수 있는 자원이나 서비스에 대한 동등한 접근기회를 가진다.
- **사회적 책임감** : 가족, 교육, 정부, 사회복지 같은 사회제도를 인본주의적으로 만들고 인간의 욕구에 반응하도록 만들어야 한다.
- **자기 결정에 대한 지지** : 인간의 다양성을 존중하고, 개인들이 자신에 대해 내린 결정을 존중한다.
- 클라이언트의 강점을 찾는 것이다.
- **전문적인 기술과 지식** : 사례관리를 위한 훈련이 필요하다.
- **사례관리의 임상적 요소들** : 개입에 있어 감정이입의 사용, 기술적인 신뢰의 발달, 역할의 명확화, 목적을 구체화하기 위한 사정, 클라이언트의 상황 이해, 장애물을 구체화하는 것 등 임상기술을 필요로 한다.
- **문화적 자산** : 클라이언트의 상황을 이해하기 위해서는 문화적인 이해와 문화적 다양성을 존중한다.
- 목적에 초점을 둔 계획을 수립한다.

6) 사례관리의 특징

사례관리는 지역사회를 기반으로 보호 서비스 및 지지를 활용하는 하나의 체계적인 지원방법으로, 각종 사회자원의 동원과 원조관계망의 효율적인 연계와 조정에 관심을 두는 활동이다. 서비스보다는 욕구중심적, 다시 말해 클라이언트를 기관중심의 서비스에 끼워 맞추기보다는 클라이언트의 욕구에 맞추어 서비스를 융통적으로 배정하는 것에 강조점을 두는 활동이다. 복합적인 욕구를 가진 클라이언트 개인 및 가족들을 위한 개입방법으로서 대인봉사 영역에서 유일하게 활용되는 방법이고, 지속적인 책임과 비용의 효과성을 강조하는 활동이다. 이와 같이 연속적인 기능들을 시간 순서적으로 수행하는 문제해결 과정이며, 클라이언트에 대한 포괄적, 총체적, 장기적 보호서비스를 제공하는 전문적 활동이다. 또한 심리치료에 깊이 관여하지 아니하는 실제적인 생활 문제나 지역사회에서의 생존에 관련한 문제를 잘 다루도록 도와주므로 치료보다는 보호에 초점을 두는 활동이다.

3. 사례관리의 개입원칙 및 과정

1) 사례관리의 기본 원칙

사례관리는 클라이언트의 복합적인 욕구에 초점을 두고 개별화된 서비스 계획에 기반을 둔 실천이라고 할 수 있다. 이러한 사례관리의 개입에 있어서 임은희(2010)가 제시한 기본 원칙을 바탕으로 다음과 같이 정리하고자 한다.

(1) 서비스의 개별화

클라이언트의 독특한 신체적 · 정서적 · 사회적 상황에 따라 각 클라이언트의 욕구에 맞게 서비스를 제공하는 것이다. 즉, 클라이언트 개개인의 고유한 문제해결을 위하여 적절한 서비스가 제공되어야 한다.

(2) 서비스 제공의 포괄성

지역사회에서 클라이언트의 다양한 욕구를 충족시키기 위해서 지역사회에서 기능하는 데 필요한 광범위한 지지를 연결하고 조정 · 점검하는 것이 필요하다. 이때 필요한 도움의 유형과 범위는 매우 다양하기 때문에 사례관리자들은 지역사회에 존재하는 잠재적 지역사회 자원에 대한 철저한 지식을 가지고 이를 활용할 수 있어야 한다.

(3) 클라이언트의 자율성 극대화

클라이언트의 선택에 대한 자유를 최대화하고 지나친 보호를 하지 않는 것을 의미한다. 이는 클라이언트의 자기결정권을 가능한 한 보장하고자 하는 것이다.

(4) 서비스의 지속성

사례관리자가 클라이언트의 욕구를 점검하여 서비스를 지속적으로 제공하여야 한다. 1회의 단편적인 서비스 제공이 아니라 클라이언트가 자신의 생활현장에 잘 적응할 수 있도록 지속적으로 원조해야 한다.

(5) 서비스의 연계성

복잡하고 분리되어 있는 서비스 전달체계를 연결하는 것을 의미한다. 예를 들어, 클라이언트에게 필요한 서비스가 여러 기관에 분산되어 있을 때 적절한 서비스나 기관으로 클라이언트를 의뢰하여 서비스를 받도록 함으로써 서비스가 분산되지 않도록 하고자 하는 것이다. 이때 사례관리자는 다른 서비스 전달체계 간 중개자 혹은 권익 옹호자의 역할을 하게 된다.

2) 사례관리의 개입과정

일반적으로 사례관리의 개입과정은 접수 및 계약, 사정, 실천계획 및 목표설정, 개입, 점검과 재사정, 평가, 종결의 7단계로 나누고 있다. 이에 대하여 양정남 등(2012)이 제시한 내용을 바탕으로 다음과 같이 정리하고자 한다.

(1) 접수 및 계약

사례를 발견하고 클라이언트를 확인한 후 서비스를 제공할 것을 약속하고 계약하는 과정이다. 필요한 서비스에 접근하기 어려운 클라이언트를 위해 사례관리자는 출장원조, 의뢰, 정보제공 등의 적절한 사례발견 전략을 선택해야 한다.

계약은 효과적인 서비스를 위한 관계를 형성하는 과정이다. 계약과정의 주요 내용은 클라이언트로서의 자격요건이 조사되고 경제적 상황이 평가된다. 또한 클라이언트에게는 기관이 제공하는 서비스의 내용과 한계 등에 관한 정보가 제공된다.

(2) 사정

사정은 클라이언트의 주위 환경을 포함한 그의 상황을 이해하는 집중적이고도 체계적인 과정으로 클라이언트가 해결해야 할 문제와 클라이언트가 가지고 있는 문제를 해결하는 데 필요한 자원과 클라이언트가 자원을 활용하는 데 있어서 가지고 있는 장애요인을 파악하는 것이다.

사정은 다음과 같은 분야에서 구체적으로 이루어져야 한다.

① 욕구 및 문제사정

문제에 대한 정확한 사정은 사례관리의 목적 달성에 매우 중요하다. 사례관리자는 클라이언트와 함께 욕구 및 문제 목록을 만들고 이 중 우선순위를 정해야 한다. 욕구 및 문제에 관한 정확한 사정은 사례관리의 출발점이 되며 개입의 근거를 제시하는 것이다.

클라이언트의 욕구에 대한 확인은 클라이언트 자신의 진술을 토대로 사례관리자의 관찰과 함께 이루어지며, 가족이나 클라이언트의 중요한 지인 및 이전의 서비스 제공자의 진술과 기존의 자료를 활용하기도 한다.

이 과정에서 클라이언트의 생활변천과 관련된 스트레스 요인을 포함하는 문제와 위기상황을 평가한다.

② 클라이언트의 능력사정

사례관리자는 클라이언트가 자신의 욕구를 충족시키고 문제를 해결하려는 동기가 있는지, 스스로의 힘으로 이들을 해결할 수 있는 능력을 가지고 있는지를 확인한다. 이때 클라이언트의 긍정적이고 발전적인 요소에 초점을 두어야 하며, 클라이언트의 신체적, 인지적, 정서적, 행동적, 사회적, 경제적 기능과 과거의 병력과 기능의 한계에 대한 사정도 이루어져야 한다.

③ 클라이언트의 자원 사정

중요한 문제들을 구체화한 이후에는 그 문제를 해결하는 데 도움이 되는 공식적 · 비공식적인 자원을 클라이언트와 함께 사정한다. 이때 사례관리자는 클라이언트의 욕구를 충족시키기 위한 비공식적 지원체계와 공식적인 지원체계도 함께 사정하는 것이다. 여기에서 자원이라고 하는 것은 우리가 삶을 지탱하고 성장과 발달을 계속하기 위해 필요한 재화와 서비스를 제공하는 사람들 혹은 사회기관들을 말한다.

④ 장애물 사정

클라이언트가 문제를 해결하기 위한 자원을 적극적으로 활용하지 못하는 것은 세 형태의 장애물이 있기 때문인데 외부장애물, 선천적인 무능력, 내부장애물이 그것이다.

먼저 외부장애물은 클라이언트가 처한 환경에서 다음 사항 중 적어도 한 가지 이상이 부족한 상황이 발생할 수 있다.

- 자원이 없거나 욕구를 충족시키기에는 부적합하다.
- 자원이 일반적으로 유용하지만 어떤 클라이언트에게는 유용하지 않다.
- 유용한 자원이 있으나 정보, 교통수단, 아동보호 등의 부족으로 접근하기 어렵다.

다음은 선천적인 무능력으로 클라이언트 통제 밖의 것으로 사회복지실천 과정에서 클라이언트와의 효과적인 의사소통과 적극적인 참여를 제한시키는 것이다. 예컨대 장애나 약물중독 등의 문제를 고려할 수 있다.

마지막은 내부장애물로 클라이언트가 가지고 있는 신념, 태도, 가치 등은 필요한 도움을 찾거나 받아들이는 방식인 행동패턴을 결정짓는다. 예컨대, 잘못된 신념 혹은 행동패턴에는 비관주의, 비판주의, 운명주의, 냉소주의가 있다.

(3) 실천계획 및 목표설정

계획은 사정에서 수집한 정보를 클라이언트에게 도움이 되는 일련의 활동으로 전환하는 과정이다. 계획은 사정을 자세히 할 수 있도록 도와주며 사례관리 활동을 위한 합리적인 기초가 된다. 이때 계획은 가설적인 것이어서 사례관리 과정에서 변화할 수 있다. 또한 사례관리자는 정기적인 검토를 통해 필요한 계획의 변화를 시도할 수 있다.

공식적이고 구조화된 계획은 다음과 같이 5단계로 이루어진다.

① 1단계 : 상호 간의 목적 수립하기

사례관리자는 클라이언트와 함께 목적을 수립한다. 이때의 전제조건은 첫째, 사례관리자와 클라이언트 사이의 신뢰관계를 형성해야 하며, 둘째, 욕구, 요구사항, 능력 및 자원에 대한 충분한 사정을 통하여 클라이언트의 현재 상황에 관해 잘 파악하고 있어야 한다.

② 2단계 : 우선순위 정하기

클라이언트의 중요한 욕구를 명확히 하고 문제를 파악하여 목적들 중에서 우선순위를 정한다. 우선순위를 정하는 데 있어서 기준이 되는 사항은 첫째, 클라이언트가 가장 중요하다고 인식하는 것, 둘째, 클라이언트의 삶에 즉각적인 위험을 미칠 가능성이 있는 것, 셋째, 달성하기 쉬운 것의 순서로 결정하는 것이다. 이 외에 실행 가능성, 자원의 유용성 및 적합성 등을 고려하여 우선순위를 결정할 수 있다.

③ 3단계 : 전략 수립하기

목적달성을 위한 방법을 선택하는 것으로 기법, 전략, 개입이라고도 한다. 전략 수립은 클라이언트와 함께 이루어져야 하며, 이때 브레인스토밍 등의 방법을 활용할 수 있다.

④ 4단계 : 최선의 전략 선택하기

클라이언트의 참여를 기초로 여러 가지 전략이 만들어지면 이 중에서 클라이언트의 현재 상황, 즉 능력, 보유자원 등을 기초로 최선의 전략을 선택해야 한다. 이때 현실과 실행 가능성을 고려한 선택이 매우 중요하다.

⑤ 5단계 : 전략 실행하기

선택된 전략을 실행하기 위해 시간과 절차 등을 구체화한다. 전략의 실행 및 전략의 성공 여부에 대한 평가를 통해 미달성 목적은 계획과정으로 다시 환류한다.

(4) 개입

계획이 세워지고 개입의 목적과 전략이 결정되면 사례관리자는 개입을 하게 된다. 이때의 개입은 크게 내부자원의 획득을 위한 직접적 서비스 제공과 외부자원 획득을 위한 간접적 서비스 제공으로 나누어진다.

직접적 서비스 제공의 경우 사례관리자는 이행자, 안내자, 교육자, 정보제공자, 지원자로서 기능을 하게 된다. 반면 간접적 서비스 제공의 경우에는 중개자, 연결자 및 옹호자로서의 역할을 한다. 이 외에 사회적 망에 대한 개입을 통해 클라이언트의 사회적 지원체계의 확장을 도모하거나 공식적 대인서비스 제공, 사회적 망 구성원과의 기술적 조력 및 협력 등의 기능을 하게 된다.

(5) 점검과 재사정

① 점검은 서비스 전달체계를 통해서 클라이언트의 변화와 진척사항을 추적하는 방법으로 사례관리자에 의해 행해지는 활동적이고 유동적인 과정을 의미한다. 이러한 점검은 다음과 같은 목적을 가진다.

- 서비스 계획이 적절하게 이루어지는지 그 정도를 검토한다.
- 클라이언트에 관한 서비스와 지원계획의 목표에 대한 성취를 검토한다.
- 서비스와 사회적 지지의 산출을 검토한다.
- 클라이언트의 요구 변화를 점검하여 서비스 계획의 변화 여부를 검토한다.

② 재사정은 클라이언트에 대해 장기간 보호 목적을 전제로 할 때에는 상황에 따라 클라이언트 관리상황의 반복적인 평가를 실시하는 것이 필수적이며, 이러한 평가는 시간적인 간격을 두고 한다. 재사정은 공식적 혹은 비공식적일 수 있으며, 주기적 혹은 계속적인 것일 수도 있고, 때로는 빈번하게 행해질 수 있다.

(6) 평가

평가란 사례관리자에 의해 형성되고 조정되는 서비스 계획, 구성요소, 활동 등이 과연 시간을 투자할 만한 가치가 있는지 여부를 측정하는 과정이다. 평가와 점검은 그 개념상 구별된다. 점검이 '정해진 활동이 계획대로 잘 이루어지고 있는지'를 살펴보는 것이라면, 평가는 '사례관리자의 활동이 클라이언트의 삶에 어떤 차이점을 만들어 가고 있는지'를 보는 것이다.

사례관리 평가에 관한 접근은 클라이언트에 관한 서비스와 개입계획에 관한 평가, 목적 달성에 관한 평가, 사례관리 서비스의 전반적인 효과성에 관한 평가, 클라이언트의 만족도에 관한 평가로 구분된다.

(7) 종결

사례관리를 종결하는 것은 단기개입을 종결하는 것보다 복잡한 과정이다. 이는 많은 클라이언트들이 만성적이고 지속적인 문제로 사례관리를 받아오고 있기 때문이며 클라이언트가 일생 동안 사례관리를 받아야 하는 경우도 많다. 사례의 목표가 달성되었거나, 서비스가 클라이언트의 복지를 위해 필요하지 않거나, 클라이언트의 중대한 변화로 인하여 사례관리 과정을 계속 수행할 수 없을 경우에 사례관리를 종결한다. 그러나 사례가 종결되었더라도 클라이언트가 다시 서비스를 필요로 할 경우에 사례관리자에게 접근할 수 있도록 의사소통의 통로를 지속적으로 유지하는 것이 좋다.

4. 사회복지실천과 사례관리

1) 사회복지실천으로서의 사례관리

사례관리는 사회복지실천의 전통적인 방법인 개별실천, 집단실천 및 지역사회복지의 몇 가지 측면을 통합적으로 적용한 사회복지실천의 핵심적인 기술 중의 하나이다.

사회복지실천의 개별사회사업과 사례관리 사이에는 유사한 측면이 많음에도 불구하고, 접근방법을 포함한 여러 가지 측면에서 사례관리는 종래의 사회복지실천 방법의 개별실천과는 상이한 특성을 가지고 있다.

그 상이한 점에 대하여 엄명용 등(2020)이 비교한 내용을 바탕으로 〈표 14-1〉과 같이 제시하고자 한다.

〈표 14-1〉 사회복지실천과 사례관리의 비교

구 분	사회복지실천의 개별적 접근	사례관리
개 념	스스로 해결하기 곤란한 문제를 가진 개인에게 성격발달과 사회적응을 도모하기 위하여 전문가가 행하는 개별적, 의식적인 문제해결 과정	복합적인 욕구를 가진 클라이언트의 욕구충족과 사회적 기능 향상을 위해서 그들과 사회자원과의 연결과 조정을 통하여 그들을 보호하는 과정
대 상	• 특정한 문제 혹은 문제를 가지고 있는 클라이언트 • 아동, 청소년, 가족, 여성 등 • 대체로 문제해결이 가능하고, 문제가 해결되면 정상적인 기능을 수행하며 생활이 가능	• 만성적인 장애를 가지고 있는 클라이언트 • 요보호 아동이나 노인, 장애인 등 • 장애인이나 발달장애아동, 노인 그리고 만성정신장애인, 만성신부전증, 만성심장병 등 의존적이고 장애를 가지고 있는 사람 • 이로 인해 사회적 기능수행에 어려움이 있는 사람

		• 문제가 다양하고 복합적이고 지속적 • 대체로 완전한 문제해결이 용이하지 못하기 때문에 정상적인 생활이나 자립생활을 유지하는 일이 어려움
문 제	사회부적응, 음주, 흡연, 청소년비행, 가족해체, 가정폭력, 부부갈등, 부모-자녀문제, 학교폭력, 매춘 등 각종 사회-개인적인 문제 등 대체로 한 사람의 클라이언트가 특정한 문제를 가지고 있음	경제적인 문제, 의료적인 문제, 가정생활을 지속하는 데 어려움, 정보접근 등 사회적 자원의 활용이 용이하지 못한 점, 교통과 환경적인 장벽으로 인한 이동문제, 사회적인 낙인문제로 인한 교육, 고용의 차별과 이들 가족의 문제 등 다양한 문제를 한 사람의 클라이언트가 동시에 가지고 있음
목 적	성격의 발달과 사회적응능력의 향상	보호의 연속성, 비용효과성, 접근성과 책임성, 일차집단의 보호능력의 향상, 사회적 기능의 향상
장 소	사회복지기관을 비롯한 상담소, 학교, 가정 등	클라이언트의 가정, 클라이언트가 속해 있는 생활시설, 병원, 요양원, 지역사회 재활시설 등
과 정	초기접수-문제사정-개입목표 수립, 개입방법 활용에 의한 개입-개입목표 달성 후 종결, 사후관리 등 개입의 시작과 끝이 있음	• 대상자 발견-문제사정-개입목표 수립-개입-개입과정을 모니터링과 재사정-과정평가에 의한 환류, 새로운 문제·욕구발견-개입전략의 수정-개입-모니터링-개입 등 재사정과 환류에 의해 새로운 개입이 지속적으로 이루어짐 • 대체로 클라이언트에 대한 지속적인 관리가 이루어지는 특징이 있음. 다만, 소수의 클라이언트만이 기대하는 수준의 재활을 통해 지역사회 내의 자립생활이 가능한 경우 종결이 이루어짐
선결 조건	실천과정에 클라이언트의 참여와 문제해결의지	• 공적 차원에서 사례관리를 지원하는 각종 법률 및 제도와 정책적인 기반이 마련되어야 함. 예를 들어, 각종 연금, 급여, 수당제도 마련, 지역사회보호기금의 활용, 자원활용에 따른 예산 지원, 각종 자립생활지원기금의 확충 등 • 클라이언트가 사회구성원으로서 사회통합과 정상화가 가능할 수 있도록 사회구성원들의 사회적 성숙이 우선적으로 이루어져야 함 • 사례관리자에 의해 클라이언트의 자신, 가족자원 및 지역사회의 인적·물적 자원이 총망라되어 개발되고 조직되어 활용됨

원 칙	개별화, 의도적인 감정표현, 통제된 정서적 관여, 수용, 비심판적 태도, 클라이언트의 자기결정, 비밀보장	성장과 변화에 대한 신념, 장점과 잠재력의 강조와 개발, 클라이언트의 자기결정, 책임성과 보호의 연속성, 서비스 제공의 포괄성, 지역사회 자원의 적극적인 개발과 동원, 권리와 비밀보장 등
전문가의 특징	• 특정 전문가에 의한 개입이 가능 • 사회복지사는 상담자 혹은 치료자의 역할이 강조됨	• 다양한 전문가들에 의한 팀 접근이 요구됨 • 사회복지사는 클라이언트 차원에서 옹호와 대변자의 역할이 강조되며, 팀 차원에서는 조정자 역할이 요구됨

2) 사례관리자의 역할

사례관리자는 클라이언트를 대상으로 직접 서비스를 제공하는 한편 클라이언트에게 자원을 효과적으로 연결시키기 위해 다른 서비스 제공자들과 긴밀한 관계를 유지하면서 서비스가 적절한 시기에 제공될 수 있도록 협상하고 조정·연계하는 등 다양한 역할을 수행하게 된다.

사례관리자의 역할에 대해 Sheafor와 Horejsi(2008)는 정보수집과 사정활동, 서비스 계획, 옹호자 활동, 프로그램 배치와 서비스 제공 및 조정 활동, 사례계획의 수행 정도 점검, 지속적이고 원활한 의사소통, 지역사회활동 등으로 구분하였다. 또한 박희숙 등(2018)은 사례관리의 주요 기능에 따라 직접서비스를 제공하는 임상가, 위기 상황에서의 위기개입자, 단기치료를 하는 임상가, 사회복지기관 등 다양한 자원을 연결하는 중개자 및 용이하게 하는 자, 문제해결 능력을 향상시키기 위한 능력부여자·교사·중개자, 클라이언트 대신 목소리를 내는 옹호자, 서비스를 조정하는 서비스 조정자, 사례관리종결 이후에도 반복적으로 발생할 수 있는 문제를 추적하고 관리하는 사후점검 및 관리자 등의 역할로 설명하고 있다.

이 외에도 많은 학자들이 사례관리자의 역할을 설명하고 있는데, 여기서는 엄명용 등(2008)이 설명한 사례관리자의 역할을 바탕으로 다음과 같이 정리하였다.

(1) 사정자로서의 역할

사정자로서의 사례관리자는 클라이언트의 약점, 역기능, 결함, 질병, 증상 등과 같은 부정적인 요소보다는 클라이언트의 강점, 능력, 잠재력, 건전한 기능, 성장과 발전의 가능성, 자원 등의 긍정적인 요소에 중점을 두고 사례관리 대상자의 욕구들을 수집하고 분석하며 종합한다.

(2) 계획자로서의 역할

계획자로서의 사례관리자는 사례관리대상자가 지닌 욕구충족과 문제해결을 위한 사례의 계획과 치료, 서비스의 통합, 기관의 협력 및 서비스의 망을 설계한다.

(3) 상담자로서의 역할

상담자로서 사례관리자의 역할은 클라이언트에 대한 이해를 발전시키고 클라이언트 스스로 지지망과 같은 자원들을 개발하고 유지할 수 있는 방법들을 알 필요가 있다는 것을 가르치는 것이다. 때때로 클라이언트는 새로운 지식이나 기술이 필요하기도 하고, 때로는 그들 자신에 대해서 새로운 것을 학습할 필요가 있다. 사례관리자는 클라이언트와의 신뢰관계를 발전시키는데 이러한 관계는 클라이언트의 행동 속에 있는 역기능적 측면을 점검하는 것을 가능하게 하고 보다 유용한 측면의 개발을 촉진시킨다.

(4) 조정자로서의 역할

조정자로서 사례관리자란 클라이언트가 가지고 있는 문제와 원조자들로부터 도움이 필요한 욕구들을 사정하고, 원조를 수행하는 과정에서 클라이언트가 지닌 욕구와 자원들과의 관계 및 클라이언트와 원조자 간의 관계에서 필요한 타협과 조정의 책임이 있다는 것을 말한다. 이에 사례관리자는 계획을 수립하고, 클라이언트가 이러한 원조자들과 효과적 접촉을 할 수 있도록 도우며,

사례관리자는 갈등을 감소시키고, 지지망의 효과성들을 증진시키기 위하여 원조자들과 의사소통을 하는 것이다.

(5) 중개자로서의 역할

중개자로서의 사례관리자는 클라이언트에게 필요한 자원들을 사회기관으로부터 제공받지 못하거나, 능력이나 지식이 부족하여 다른 유용한 자원들을 사회기관으로부터 제공을 받지 못하는 경우, 혹은 능력이나 지식이 부족하여 다른 유용한 자원들을 활용하지 못할 경우에 다른 유용한 자원들과 클라이언트를 연결시키는 역할을 수행하게 된다.

(6) 평가자로서의 역할

평가자로서의 사례관리자는 프로그램의 효과성과 효율성 및 비용효과성에 대한 검토를 수행하기 위하여 사례관리 과정의 전반에 대한 정보와 자료들을 수집하고 분석한다. 평가에서 사례관리자는 개별 클라이언트의 담당사례와 서비스 계획, 서비스의 전달체계, 서비스 활동 및 지원체계로서의 효과성을 분석한다.

(7) 옹호자로서의 역할

대체로 사례관리가 필요한 클라이언트의 경우, 스스로 자기 자신을 대변하고 옹호할 수 있는 능력이 부족하다. 그럼에도 불구하고 클라이언트에게 필요한 자원들이 존재하지 않거나 자원을 필요로 하는 클라이언트에게 제대로 자원이 공급되지 않는 경우가 많다. 이때 사례관리자는 클라이언트를 대변하여 클라이언트의 요구사항을 구체화하고 가능한 한 자원이 클라이언트에게 적절히 공급될 수 있도록 노력하며, 클라이언트 대신 목소리를 내는 옹호자로서의 활동을 하는 것이다.

요점정리

사례관리의 개념

- 사례관리는 클라이언트가 필요로 하는 원조영역을 확인하여 개인적 자원 및 지역사회 자원을 연결하는 것으로 사회복지실천의 한 방법

사례관리의 목적

- 서비스와 자원들을 활용하여 가능한 한 클라이언트 자신의 생활기술을 증진
- 사회적 망과 관련된 대인복지서비스 제공자들의 능력을 향상
- 가장 효율적인 방법으로 서비스 및 지원을 전달

사례관리의 등장배경

- 탈시설화의 경향
- 서비스전달의 지방 분권화
- 복합적인 니즈(needs)를 가진 인구의 증가
- 기존 서비스의 단편성
- 사회적 지지체계와 지원망의 중요성에 대한 인식의 증가
- 비용억제의 필요성

사례관리의 기본원칙

- 서비스의 개별화
- 서비스 제공의 포괄성
- 클라이언트의 자율성 극대화
- 서비스의 지속성
- 서비스의 연계성

사례관리의 개입과정

- 접수 및 계약
- 사정 : 욕구 및 문제사정, 클라이언트의 능력과 자원사정, 장애물 사정
- 실천계획 및 목표설정
- 개입
- 점검과 재사정
- 평가
- 종결

사례관리자의 역할

- 계획자, 사정자, 조정자의, 옹호자, 상담자, 평가자의 역할

부록

[부록 1] 한국사회복지사협회 사회복지사 윤리강령
[부록 2] 가족사정기록지
[부록 3] 초기상담기록지

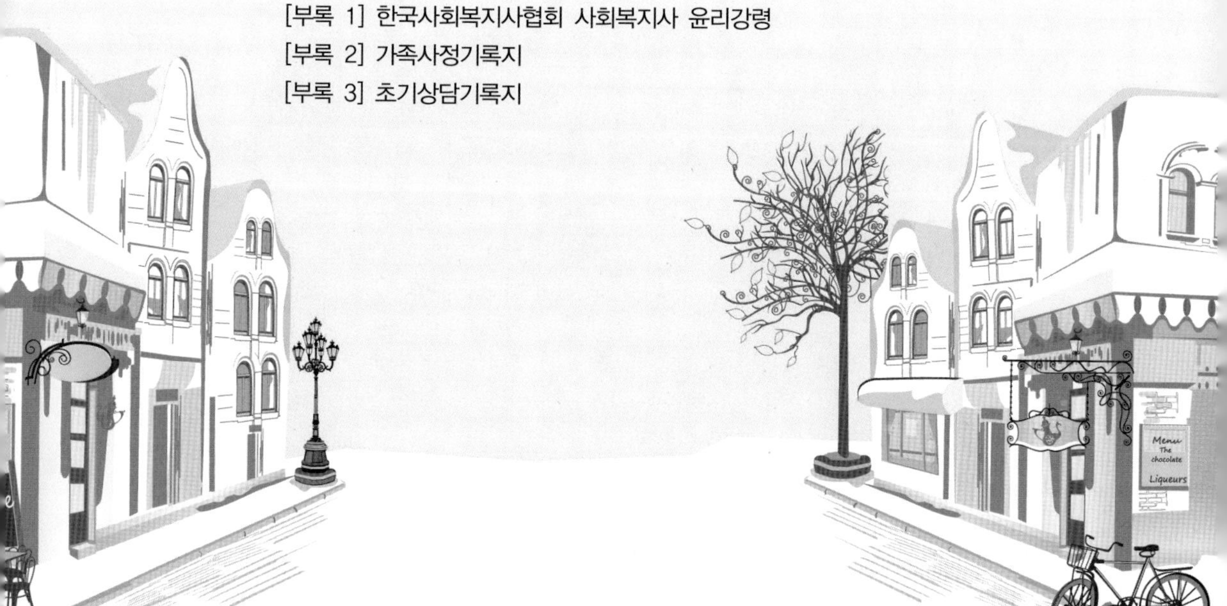

[부록 1]

한국사회복지사협회 사회복지사 윤리강령

전문

사회복지사는 인본주의 · 평등주의 사상에 기초하여, 모든 인간의 존엄성과 가치를 존중하고 천부의 자유권과 생존권의 보장활동에 헌신한다. 특히 사회적 · 경제적 약자들의 편에 서서 사회정의와 평등 · 자유와 민주주의 가치를 실현하는 데 앞장선다. 또한 도움을 필요로 하는 사람들의 사회적 지위와 기능을 향상시키기 위해 저들과 함께 일하며, 사회제도 개선과 관련된 제반활동에 주도적으로 참여한다.

사회복지사는 개인의 주체성과 자기결정권을 보장하는 데 최선을 다하고, 어떠한 여건에서도 개인이 부당하게 희생되는 일이 없도록 한다. 이러한 사명을 실천하기 위하여 전문적 지식과 기술을 개발하고, 사회적 가치를 실현하는 전문가로서의 능력과 품위를 유지하기 위해 노력한다.

이에 우리는 클라이언트 · 동료 · 기관 그리고, 지역사회 및 전체사회와 관련된 사회복지사의 행위와 활동을 판단 · 평가하며 인도하는 윤리기준을 다음과 같이 선언하고 이를 준수할 것을 다짐한다.

윤리기준

Ⅰ. 사회복지사의 기본적 윤리기준

1. 전문가로서의 자세

1) 사회복지사는 전문가로서의 품위와 자질을 유지하고, 자신이 맡고 있는 업무에 대해 책임을 진다.
2) 사회복지사는 클라이언트의 종교 · 인종 · 성 · 연령 · 국적 · 결혼상태 · 성적 지향 · 경제적 지위 · 정치적 신념 · 정신, 신체적 장애 · 기타 개인적 선호, 특징, 조건, 지위를 이유로 차별 대우를 하지 않는다.

3) 사회복지사는 전문가로서 성실하고 공정하게 업무를 수행하며, 이 과정에서 어떠한 부당한 압력에도 타협하지 않는다.
4) 사회복지사는 사회정의 실현과 클라이언트의 복지 증진에 헌신하며, 이를 위한 환경 조성을 국가와 사회에 요구해야 한다.
5) 사회복지사는 전문적 가치와 판단에 따라 업무를 수행함에 있어, 기관 내외로부터 부당한 간섭이나 압력을 받지 않는다.
6) 사회복지사는 자신의 이익을 위해 사회복지 전문직의 가치와 권위를 훼손해서는 안 된다.
7) 사회복지사는 한국사회복지사협회 등 전문가단체 활동에 적극 참여하여, 사회정의 실현과 사회복지사의 권익옹호를 위해 노력해야 한다.

2. 전문성 개발을 위한 노력

1) 사회복지사는 클라이언트에게 최상의 서비스를 제공하기 위해, 지식과 기술을 개발하는 데 최선을 다하며 이를 활용하고 전파할 책임이 있다.
2) 클라이언트를 대상으로 연구하는 사회복지사는 저들의 권리를 보장하기 위해, 자발적이고 고지된 동의를 얻어야 한다.
3) 연구과정에서 얻은 정보는 비밀보장의 원칙에서 다루어져야 하고, 이 과정에서 클라이언트는 신체적, 정신적 불편이나 위험·위해 등으로부터 보호되어야 한다.
4) 사회복지사는 전문성을 개발하기 위해 노력하되, 이를 이유로 서비스의 제공을 소홀히 해서는 안 된다.
5) 사회복지사는 한국사회복지사협회 등이 실시하는 제반교육에 적극 참여하여야 한다.

3. 경제적 이득에 대한 태도

1) 사회복지사는 클라이언트의 지불능력에 상관없이 서비스를 제공해야 하며, 이를 이유로 차별대우를 해서는 안 된다.
2) 사회복지사는 필요한 경우에 제공된 서비스에 대해, 공정하고 합리적

으로 이용료를 책정해야 한다.

3) 사회복지사는 업무와 관련하여 정당하지 않은 방법으로 경제적 이득을 취하여서는 안 된다.

Ⅱ. 사회복지사의 클라이언트에 대한 윤리기준

1. 클라이언트와의 관계

1) 사회복지사는 클라이언트의 권익옹호를 최우선의 가치로 삼고 행동한다.
2) 사회복지사는 클라이언트에 대하여 인간으로서의 존엄성을 존중해야 하며, 전문적 기술과 능력을 최대한 발휘한다.
3) 사회복지사는 클라이언트가 자기결정권을 최대한 행사할 수 있도록 도와야 하며, 저들의 이익을 최대한 대변해야 한다.
4) 사회복지사는 클라이언트의 사생활을 존중하고 보호하며, 직무 수행 과정에서 얻은 정보에 대해 철저하게 비밀을 유지해야 한다.
5) 사회복지사는 클라이언트가 받는 서비스의 범위와 내용에 대해, 정확하고 충분한 정보를 제공함으로써 알 권리를 인정하고 존중해야 한다.
6) 사회복지사는 문서 · 사진 · 컴퓨터 파일 등의 형태로 된 클라이언트의 정보에 대해 비밀보장의 한계 · 정보를 얻어야 하는 목적 및 활용에 대해 구체적으로 알려야 하며, 정보 공개 시에는 동의를 얻어야 한다.
7) 사회복지사는 개인적 이익을 위해 클라이언트와의 전문적 관계를 이용하여서는 안 된다.
8) 사회복지사는 어떠한 상황에서도 클라이언트와 부적절한 성적관계를 가져서는 안 된다.
9) 사회복지사는 사회복지 증진을 위한 환경조성에 클라이언트를 동반자로 인정하고 함께 일해야 한다.

2. 동료의 클라이언트와의 관계

1) 사회복지사는 적법하고도 적절한 논의 없이 동료 혹은, 다른 기관의 클라이언트와 전문적 관계를 맺어서는 안 된다.

2) 사회복지사는 긴급한 사정으로 인해 동료의 클라이언트를 맡게 된 경우, 자신의 의뢰인처럼 관심을 갖고 서비스를 제공한다.

Ⅲ. 사회복지사의 동료에 대한 윤리기준

1. 동료

1) 사회복지사는 존중과 신뢰로서 동료를 대하며, 전문가로서의 지위와 인격을 훼손하는 언행을 하지 않는다.
2) 사회복지사는 사회복지 전문직의 이익과 권익을 증진시키기 위해 동료와 협력해야 한다.
3) 사회복지사는 동료의 윤리적이고 전문적인 행위를 촉진시켜야 하며, 이에 반하는 경우에는 제반 법률규정이나 윤리기준에 따라 대처해야 한다.
4) 사회복지사가 전문적인 판단과 실천이 미흡하여 문제를 야기시켰을 때에는, 적절한 조치를 취하여 클라이언트의 이익을 보호해야 한다.
5) 사회복지사는 전문직 내 다른 구성원이 행한 비윤리적 행위에 대해, 제반 법률규정이나 윤리기준에 따라 조치를 취해야 한다.
6) 사회복지사는 동료 및 타 전문직 동료의 직무 가치와 내용을 인정 · 이해하며, 상호 간에 민주적인 직무관계를 이루도록 노력해야 한다.

2. 슈퍼바이저

1) 슈퍼바이저는 개인적인 이익의 추구를 위해 자신의 지위를 이용해서는 안 된다.
2) 슈퍼바이저는 전문적 기준에 의해 공정하게 책임을 수행하며, 사회복지사 · 수련생 및 실습생에 대한 평가는 저들과 공유해야 한다.
3) 사회복지사는 슈퍼바이저의 전문적 지도와 조언을 존중해야 하며, 슈퍼바이저는 사회복지사의 전문적 업무수행을 도와야 한다.
4) 슈퍼바이저는 사회복지사 · 수련생 및 실습생에 대해 인격적 · 성적으로 수치심을 주는 행위를 해서는 안 된다.

Ⅳ. 사회복지사의 사회에 대한 윤리기준

1) 사회복지사는 인권존중과 인간평등을 위해 헌신해야 하며, 사회적 약자를 옹호하고 대변하는 일을 주도해야 한다.
2) 사회복지사는 필요한 사회서비스를 개발하기 위한 사회정책의 수립 · 발전 · 입법 · 집행에 적극적으로 참여하고 지원해야 한다.
3) 사회복지사는 사회환경을 개선하고 사회정의를 증진시키기 위한 사회정책의 수립 · 발전 · 입법 · 집행을 요구하고 옹호해야 한다.
4) 사회복지사는 자신이 일하는 지역사회의 문제를 이해하고, 그것을 해결하는 일에 적극적으로 참여해야 한다.

Ⅴ. 사회복지사의 기관에 대한 윤리기준

1) 사회복지사는 기관의 정책과 사업 목표의 달성 · 서비스의 효율성과 효과성의 증진을 위해 노력함으로써, 클라이언트에게 이익이 되도록 해야 한다.
2) 사회복지사는 기관의 부당한 정책이나 요구에 대하여, 전문직의 가치와 지식을 근거로 이에 대응하고 즉시 사회복지윤리위원회에 보고해야 한다.
3) 사회복지사는 소속기관 활동에 적극 참여함으로써, 기관의 성장발전을 위해 노력해야 한다.

Ⅵ. 사회복지윤리위원회의 구성과 운영

1) 한국사회복지사협회는 사회복지윤리위원회를 구성하여, 사회복지윤리실천의 질적인 향상을 도모하여야 한다.
2) 사회복지윤리위원회는 윤리강령을 위배하거나 침해하는 행위를 접수받아, 공식적인 절차를 통해 대처하여야 한다.
3) 사회복지사는 한국사회복사협회의 윤리적 권고와 결정을 존중하여야 한다.

[부록 2]

가족사정기록지

1. 의뢰 및 상담자

상담 일시		상담 시간		상담자	
상담 장소	□ 방문 □ 내방 □ 전화	의뢰 기관		의뢰자	
				관 계	

2. 가족의 일반적인 특성

주소					
전화 번호		긴급 연락처			
		성명		관계	
종교	□ 기독교 □ 천주교 □ 불교 □ 없다 □ 기타				
학력	□ 무학 □ 초퇴/졸/재 □ 중퇴/졸/재 □ 고퇴/졸/재 □ 대재 □ 대졸 이상				
보장 구분	□ 일반수급 □ 조건부수급 □ 자활특례 □ 차상위 □ 일반(상 / 중 / 하)				

가족 사항	구분	관계	성명	성별	연령	주민번호	학력	직업	동거 여부	건강 및 장애상황	비고

가계도	

3. 의식주 영역

항목		가족종합평가	특정가족원의 평가
1) 의생활	구비여부 (속옷, 계절옷)	□ 적절 □ 부족 (경제적 문제, 의식의 문제)	□ 적절 □ 부족 (경제적 문제, 의식의 문제)
	욕구부합	□ 만족 □ 보통 □ 불만족	□ 만족 □ 보통 □ 불만족
	청결	□ 상 □ 중 □ 하(사유 :)	□ 상 □ 중 □ 하(사유 :)

의생활 종합평가					
사정 내용		기제공 서비스		요구되는 서비스	

항목		가족 종합평가	특정가족원의 평가	사유
2) 식생활	(1)식사 횟수		□ 양호	
			□ 1끼 결식	□ 건강문제 □ 경제문제 □ 귀찮아서 □ 보호상의 문제
			□ 2끼 결식	□ 건강문제 □ 경제문제 □ 귀찮아서 □ 보호상의 문제
	(2)식사의 질		□ 3찬 이상의 질 높은 식사를 하고 있다	
			□ 3찬 미만의 질 낮은 식사를 하고 있다	□ 건강문제 □ 경제문제 □ 귀찮아서 □ 보호상의 문제
	(3)부식비지출 (1인 기준)	□ 5만 원 미만(사유 :) □ 5~10만 원 □ 10~15만 원 □ 15만 원 이상(사유 :)		
식생활 종합평가				
사정 내용		기제공 서비스		요구되는 서비스	

3) 주거 환경	항목	내용	
	안정성	□ 안정 □ 불안정 ( )	
	형 태	□ 아파트 □ 단독주택 □ 다세대주택 □ 빌라 □ 기타 □ (반)지하 □ 1층 □ 2층 □ 3층 이상 □ 옥탑	방 개
	환 경	□ 부엌 □ 화장실(단독, 공용) □ 식수(단독, 공용) □ 목욕시설 □ 난방 □ 세탁기 □ 냉장고 □ 전화 □ TV	
	기능성	□ 적절 □ 노후(사유 :)	
	안전성	□ 안전 □ 불안전 ( ) □ 고장( ) □ 마비( )	
	쾌적성	□ 청결/쾌적 □ 보통 □ 불결/불량( )	
주거환경 종합평가			
사정 내용		기제공 서비스		요구되는 서비스	

4. 신체 · 정신건강 영역

	□ 있다	누구		종류	□ 신체 □ 정신 □ 장애
	□ 없다				
신체 · 정신건강 종합평가					
사정 내용		기제공 서비스		요구되는 서비스	

5. 여가생활 영역

<table>
<tr><th colspan="2">여가생활 종합평가</th></tr>
<tr><td>개인</td><td>가족이 함께하는 활동</td></tr>
<tr><td>• 가족 개개인이 여가를 어떻게 활용하는지 체크하며 건강한 여가생활을 하는지 기록한다.</td><td>• 가족이 함께하는 여가활동이 어떤 것이 있으며 건강한 가족 여가 활동이 이루어지고 있는지 기록한다.</td></tr>
<tr><td>기제공 서비스</td><td>필요서비스</td></tr>
<tr><td></td><td></td></tr>
</table>

6. 경제영역

<table>
<tr><th colspan="3">수입</th><th colspan="3">지출</th></tr>
<tr><td>월 급</td><td colspan="2"></td><td>집세(임대료)</td><td colspan="2"></td></tr>
<tr><td>공적 부조</td><td colspan="2"></td><td>주거관리비
(수도+전기 등)</td><td colspan="2"></td></tr>
<tr><td>후원금</td><td colspan="2"></td><td>부채상환</td><td colspan="2"></td></tr>
<tr><td>자녀(친척)의
경제적 지원</td><td colspan="2"></td><td>의료비</td><td colspan="2"></td></tr>
<tr><td rowspan="5">기타 수입
(이자수입, 폐품수집) 등</td><td rowspan="5" colspan="2"></td><td>교육비</td><td colspan="2"></td></tr>
<tr><td>난방비</td><td colspan="2"></td></tr>
<tr><td>주 · 부식비</td><td colspan="2"></td></tr>
<tr><td>저축 · 보험</td><td colspan="2"></td></tr>
<tr><td>기 타</td><td colspan="2"></td></tr>
<tr><td>합 계</td><td colspan="2"></td><td>합 계</td><td colspan="2"></td></tr>
<tr><td colspan="6">경제 종합평가</td></tr>
<tr><td>사정
내용</td><td></td><td>기제공
서비스</td><td></td><td>요구되는
서비스</td><td></td></tr>
</table>

7. 교육영역

가족 구성원	교육 욕구	교육참여 여부	평 가

8. 종합평가

영역		사정내용	기제공 서비스	요구되는 서비스	가능여부	서비스 자원	장애요인
의식주	의생활						
	식생활						
	주거 환경						
건강	신체 건강						
	정신 건강						
여가생활							
경제영역							
교육영역							
생활주기		기능적 역기능적					
총평							

출처 : 최선희 외(2005). 건강가정실천 프로그램 매뉴얼 I . 한국성서대학교 특성화 사업단 건강가정서비스 연구센터. '가족사례관리 기록지'를 재구성함.

[부록 3]

초기상담기록지

작성일시		면접자		면접장소	
의뢰경로		의뢰자		의뢰일시	
의뢰사유					

세대유형				
세대유형	보호유형	□ 일반수급 □ 조건부수급 □ 자활특례 □ 차상위 □ 일반(상 / 중 / 하)	책정연도	
		□ 의료보험 □ 의료급여1종 □ 의료급여2종 □ 기타( )		
	양육형태	□ 부모 □ 편부 □ 편모 □ 조부모 □ 친척양육 □ 기타( )		

소득현황			지출현황		
소득현황	총 월소득		지출현황	총 월지출	
	주 소득원			주요 지출내역	

주거환경					아동환경		
주거환경	주거형태	□ 자가(소유주) □ 전세(보증금 만 원) □ 월세(보증금 만 원 / 월세 만 원) □ 공공임대 □ 무상임대 □ 기타			아동환경	침실 / 놀이공간	□ 양호 □ 협소 □ 무
	주택유형	□ 아파트 □ 연립 □ 단독주택 □ 다가구주택 □ 기타				컴퓨터	□ 유 □ 무
	거주기간		이사계획	□ 유 □ 무		주변환경	□ 소음 □ 악취 / 불결 □ 환기부적절 □ 채광부족 □ 대로변 □ 유흥가
	동거인원		방				

가족의 주요문제 / 걱정거리	가족이 원하는 도움 / 지원의 종류

성명 (주 양육자)		성별	□ 남 □ 여	주민번호	
주소		전화번호			

가족사항	연번	관계	성명	생년월일	직업	학력	질병유무/장애	동거여부	비고
가족사항	1								
	2								
	3								
	4								

참고문헌

강병철 외(2013). 최신사회복지실천의 이해. 동문사.

권진숙 외(2012). 사례관리론. 학지사.

김기태 외(2007). 사회복지실천론. 공동체.

김길숙 외(2022). 사회복지실천기술론. 양서원.

김동배 · 이희연(2003). 사회복지실천의 생태체계 패러다임과 연구방법론에 대한 고찰(1). 연세사회복지연구, 9.

김융일 외(2009). 사회사업실천론. 나남출판사.

김혜영 외(2015). 사회복지실천론. 공동체.

김혜영 외(2022). 사회복지실천론. 공동체.

김효선 외(2022). 사회복지실천론. 공동체.

남연희 외(2021). 사회복지실천기술론. 지식공동체.

박석돈 외(2004). 사회복지학개론. 삼우사.

박태영 · 채현탁(2014). 지역사회복지론. 정민사.

박희숙 외(2018). 사회복지실천론. 공동체.

송유미(2021). 사회복지실천론. 공동체.

신성자 외(2000). 사회복지실천론. 고헌출판부.

양옥경 외(2005). 사회복지실천론. 나남출판사.

양옥경 외(2021). 사회복지실천론. 나남출판사.

양정남 외(2012). 사회복지실천론. 양서원.

엄명용 외(2008). 사회복지실천론. 학지사.

엄명용 외(2020). 사회복지실천의 이해. 학지사.

윤찬중(2005). 사회복지의 실천론. 창지사.

이무석(2006). 30년만의 휴식. 비전과 리더십.

이영실 외(2010). 사회복지실천론. 양서원.

이은희(2018). 인간행동과 사회환경. 공동체.

이효선 · 정푸름(2012). 사회복지실천론. 정민사.

임상사회사업연구회(1999). 사회복지실천과 임상사회사업. 학문사.

임은희(2010). 사회복지실천론. 학지사.

임정문 외(2019). 사회복지의 이해. 동문사.

전재일 외(2015). 사회복지실천론. 형설출판사.

조미숙 외(2021). 사회복지실천론. 동문사.

조휘일 외(2000). **사회복지실천론.** 학지사.

차흥봉(2001). 12세기 한국 사회복지의 도전과 과제. 한국사회복지학회 학술대회논문집.

최선화(2020). **풀어쓴 사회복지실천기술론.** 공동체.

최승희(2004). 사회복지실천에서 클라이언트의 자기결정에 관한 고찰 : 미혼모를 중심으로. **사회과학연구, 제8집.**

최옥채 외(2022). **인간행동과 사회환경.** 양서원.

최옥채(2017). **사회복지실천론.** 양서원.

최해경(2009). **사회복지실천론.** 학지사.

최혜지 외(2013). **사회복지실천론.** 학지사.

한국전문대학사회복지교육협의회(2005). **사회복지실천론.** 양서원.

허정철 외(2019). **사회복지실천론.** 지식공동체.

Biestek, F. P.(1957). *The Casework Relationship.* Illnois : Loyla Univ. Press.

Bronfenbrenner, V.(1979). *The Ecology of Human Development.* Cambridge, MA : Harvard University Press.

Brown, J. A.(1992). *Handbook of Social Work Practice.* Springfild, Ⅱ : Charles C Thomas Publisher.

Carol Meyer(1970). *Social Work Practice : A Response to the Urban Crisis.* The Free Press.

Compton, B. R., & Galaway, B.(1999). *Social Work Processes*(6th ed.). CA : Brooks/cole.

Congress, Elaine P.(1999). *Social Work Values and Ethics.* Wadsworth/Thomson Learning.

Friedlander, W., & Apte, R.(1980). *Introduction to Social Welfare.* Englewood Cliffs, N.J. : Prentice-Hall.

Levinson, H.(1997). *Termination of Psychotherapy : In Some salient issues.* Social Casework.

NASW(1995). *Overview of a decade of Adjudication.* Washington, D. C.

Nichols & Schwartz(1995). *Family Therapy : Concepts and methods*(3rd ed.). Allyn & Bacon.

Perlman, H. H.(1957). *Social Case Work : A Problem-Solving Process.* Chicago : The Univ. of Chicago Press, 6.

Pincus, A., & Minahan, A(1973). *Social Work Practice : Model and Method.* Itasca, IL : Peacock.

Richmond, M.(1917). *Social Diagnosis.* New York : Russell Sage Foundation.

____________(1922). What is Social Case *Work?.* New York : Russell Sage Foundation.

Sheafor, B., & Horejsi, C. R.(2008). *Technique and Guidelines for Social Work Practice*(8th ed.). Pearson Education, Inc.

Trattner(1989). *From Poor Low to Welfare State : A History Welfare*(4th ed.) New York : Free Press.

Zastrow, C. H.(1992). *The Practice of Social Work*(4th ed.). Belmont : Wadsworth.

____________(1995). *The Practice of Social Work*(5th ed.). Belmont, California : Wadworth Publishing Company.

____________(1999). *The Practice of Social Work*(6th ed.). Belmont, California : Wadworth Publishing Company.

대전사회복지관협회(2020.2) http://djaswc.or.kr/bbs/board.php?bo_table=local&wr_id=29

법제처(2021). www.moleg.go.kr

저/자/소/개

■ 이승연
서울시립대학교 대학원 사회복지학 석사
단국대학교 보건복지대학원 보건복지학 박사(수료)
현 지역아동센터경기북부지원단 단장

■ 탁순자
광운대학교 정보복지대학원 사회복지학 석사
단국대학교 보건복지대학원 보건복지학 박사
현 서정대학교 사회복지학과 교수

■ 현영렬
연세대학교 사회사업학과 학사
동경도립대학교 대학원 사회복지학 석사
서울시립대학교 대학원 사회복지학 박사
현 서정대학교 사회복지학과 교수

【제2판】
사회복지실천론

|공저자| 이승연 · 탁순자 · 현영렬

|1판 1쇄| 발행 2022년 8월 25일
|2판 1쇄| 발행 2023년 3월 10일
|2판 2쇄| 발행 2023년 8월 30일
|2판 3쇄| 발행 2024년 7월 30일
|2판 4쇄| 발행 2024년 10월 2일

|발행인| 김동훈
|발행처| 공동체

|주소| 경기도 고양시 일산동구 호수로 358-39, 동문타워 1차 905호(백석동)
|전화| 031)814-3000(대표)
|팩스| 031)814-3100
|홈페이지| http://www.compub.co.kr
|전자우편| compub@naver.com
|출판등록| 2005년 10월 6일
|등록번호| 제396-2005-36호

|ISBN| 979-11-6725-297-5
정가 20,000원